부동산
투자론

부동산투자론

초판 1쇄 펴낸날 2020년 9월 1일

지은이 | 민성훈
펴낸이 | 박명권
펴낸곳 | 도서출판 한숲
출판신고 | 2013년 11월 5일 제2014-000232호
주소 | 서울시 서초구 방배로 143 그룹한빌딩 2층
전화 | 02-521-4626 **팩스** | 02-521-4627
전자우편 | klam@chol.com
편집 | 김선욱 **디자인** | 윤주열 **출력·인쇄** | 한결그래픽스

ISBN 979-11-87511-21-2 93320

::이 도서의 국립중앙도서관 출판예정도서목록(CIP)은 서지정보유통지원시스템 홈페이지(http://seoji.nl.go.kr)와
국가자료종합목록 구축시스템(http://kolis-net.nl.go.kr)에서 이용하실 수 있습니다. (CIP제어번호 : CIP2020033696)

부동산
투자론

민성훈 지음

Real Estate Investment

철학이나 물리학과 같이 역사가 긴 학문의 개론서를 읽다 보면, 저자가 달라도 목차는 비슷하다는 사실을 발견하게 된다. 오랜 세월을 거치는 동안 그 학문을 공부하는 사람이 반드시 알아야 하는 지식에 대해 공감대가 형성된 것이다.

비교적 최근의 학문인 부동산투자론에 대해서는 아직 그러한 공감대가 자리 잡지 않은 것 같다. 그동안 강의나 연구를 위해 참고했던 여러 개론서들은 각자의 관점에서 서로 다른 내용을 강조하고 있었다. 여기에는 짧은 역사뿐 아니라 변화무쌍한 시장을 대상으로 하는 응용학문이라는 점도 한몫했을 것이다. 그래서 이 책을 쓰는 동안 가장 어려웠던 작업이 목차를 정하는 것이었다.

그렇다고 해서 이 책을 통해 부동산투자론의 바람직한 전형을 제시하려는 것은 아니다. 우리 경제에서 부동산이 차지하는 위상은 변하고 있고, 부동산투자론 역시 자신의 정체성을 찾아가는 중에 있다. 이 책도 다른 개론서들과 마찬가지로 부동산투자를 바라보는 또 하나의 관점을 제시할 뿐이다.

이 책은 자본시장과 기관투자자에게 주목한다. 과거 부동산투자라고 하면 개인이 재테

크를 위해 집을 사고파는 것만을 떠올리던 시절이 있었다. 그러나 지금은 상황이 다르다. 1990년대 말 우리 경제의 구조를 흔들어 놓은 외환위기 이후, 부동산은 기관투자자의 포트폴리오에서 빠르게 비중을 높여 왔다. 그 결과, 주식이나 채권과 함께 자본시장에서 큰 축을 형성하게 되었다.

간혹 자본시장에서 기관투자자가 개인투자자와 경합한다고 해서, 그들의 투자성과가 개인의 삶과 관련 없다고 여기는 경우가 있다. 그러나 이는 올바른 인식이 아니다. 연금기금·보험회사·공제회와 같은 기관투자자는 가입자의 노후생활이나 위기상황을 대비하는 역할을 한다. 국민 모두의 사회안전망 기능을 하는 것이다. 그러니 기관투자자의 장기적이고 안정적인 수익은 국가적인 관심사가 아닐 수 없다. 부동산투자를 바라보는 새로운 관점이 필요한 이유가 여기에 있다.

이 책은 부동산투자를 배우는 전공자와 부동산투자에 종사하는 전문가를 위한 교과서 또는 참고서로 기획되었다. 그들이 자본시장과 기관투자자라는 거시적 관점에서 부동산을 이해하고, 실제 투자를 위한 미시적 지식도 습득할 수 있도록 내용을 갖추고자 고심하였다. 그 결과, 전체적인 체계를 개념·이론·실제·전략 네 편으로 구성하고, 다음과 같이 열두 개의 장으로 나누었다.

개념 편은 투자와 투자자 두 장으로 구성하였다. 부동산투자론을 '투자란 무엇인가?'라는 질문으로 시작하는 것은 매우 자연스러운 일이다. 이 책은 그와 함께 '투자자란 누구인가?'라는 질문도 같은 비중으로 다룬다. 금융·투자산업에 대한 이해를 바탕으로 투자의 개념에 접근해야 한다고 생각하기 때문이다.

1장 투자에서는 투자의 정의를 내린 다음, 자본시장에서 이루어지는 투자의 유형을 투자자산에 따라 구분하여 하나씩 살펴본다. 특히 최근 중요성이 부각되고 있는 대체투자를 중점적으로 다루되, 그중 가장 비중이 클 뿐 아니라 이 책의 관심 대상인 부동산투자에 대해 자세히 설명한다.

2장 투자자에서는 전문적인 투자자의 유형과 그들이 수행하는 투자업무의 위계를 금융투자산업의 관점에서 살펴본다. 특히 기관투자자와 그들의 자금을 위탁받아 운용하는 자산운용자에 대해 자세히 설명한다. 그 과정에서 부동산과 관련된 대표적인 투자기구인 부동산펀드와 리츠에 대해서도 알아본다.

이론 편은 가치와 가격, 수익과 위험, 현대포트폴리오이론, 대안적 투자이론 네 장으로 구성하였다. 이 중 가장 중심적인 부분은 현대포트폴리오이론이다. 가치와 가격, 수익과 위험은 현대포트폴리오이론의 기초이며, 대안적 투자이론은 현대포트폴리오이론의 대안이다.

3장 가치와 가격에서는 혼동하기 쉬운 두 용어의 차이를 정리하고, 가치평가방법과 가격결정모형을 소개한다. 가치에 대해서는 부동산의 수익가치를 평가하는 현금흐름할인법과 자본환원법을, 가격에 대해서는 임대료와 매매가를 분석하는 특성가격모형을 중점적으로 설명한다.

4장 수익과 위험에서는 투자에 있어서 핵심적인 역할을 하는 두 변수의 관계를 살펴본다. 수익은 투자의 목적이고, 위험은 목적이 달성되지 않을 가능성이므로, 두 변수를 이해하는 것은 곧 투자의 본질을 이해하는 것이라고 할 수 있다. 이 장에서는 특히 수익률과 위험지표의 측정방법을 상세하게 다룬다.

5장 현대포트폴리오이론에서는 마코위츠의 포트폴리오선택이론과 샤프의 자본자산가격결정모형을 중심으로 현대포트폴리오이론을 살펴본다. 시장의 효율성과 투자자의 합리성에 기반하여 1950~60년대에 개발된 현대포트폴리오이론은 지금도 재무 분야에서 가장 영향력 있는 이론으로 자리 잡고 있다.

6장 대안적 투자이론에서는 현대포트폴리오이론을 개량한 가격결정모형, 현대포트폴리오이론이 다루지 않은 옵션가격결정이론, 현대포트폴리오이론에 비판적인 행동재무이론 등, 대안적인 투자이론을 다룬다. 이 책에서는 그중 부동산투자에 시사하는 바가 큰 내용을 선별하여 소개한다.

실제 편에서는 기관투자자의 자산운용과정을 계획·실행·평가 세 단계로 나누어 하나씩 설명한다. 단, 다룰 내용이 많은 실행을 다시 투자과정과 타당성검토 두 부분으로 나누어 네 장으로 구성하였다.

7장 계획에서는 기관투자자의 자산배분 과정을 살펴본다. 특히 자산배분을 위한 전제조건인 투자의 목적과 원칙, 자산배분의 결과로 도출되는 목표수익률과 허용위험한도를 구체적으로 다룬다.

8장 실행: 투자과정에서는 취득·보유·처분으로 이어지는 부동산투자의 실무적인 과정을 자세하게 살펴본다. 투자론에서 다루는 용어나 모형 중에는 실무적인 필요에 의해 개발된 것이 많다. 따라서 투자과정을 이해하는 것은 그 자체로도 의미가 있지만, 이론을 이해하는 데도 도움이 된다.

9장 실행: 타당성검토에서는 8장에서 설명한 부동산투자의 과정에서 중요한 역할을 하는 재무적 타당성검토를 자세히 알아본다. 타당성검토는 투자판단에 있어서 결정적인 요소인 만큼 엄밀하게 진행할 필요가 있다. 타당성검토는 3장에서 다루는 가치평가와 연관성이 크므로, 이 둘을 비교하면서 구체적인 기법을 설명한다.

10장 평가에서는 투자의 성과를 측정하고, 이를 벤치마크와 비교하여 시사점을 도출하는 과정을 살펴본다. 특히 부동산투자에 활용할 수 있는 국내외 벤치마크를 자세히 소개한다. 성과평가는 우리나라가 해외 선진국에 비해 아직 미진한 영역 중 하나다. 따라서 발전가능성 또한 큰 영역이므로 관심을 가질 필요가 있다.

전략 편은 스타일과 윤리 두 장으로 구성하였다. 부동산투자에 있어서 스타일투자와 책임투자 또는 ESG투자는 국내외를 막론하고 큰 관심을 받고 있다. 이 책은 두 가지 트렌드의 맥락을 개괄적으로 소개한다.

11장 스타일에서는 스타일투자의 개념과 역사를 살펴본 후, 그것이 부동산투자에 적용되는 현황을 구체적으로 설명한다. 기관투자자의 부동산투자에 있어서 스타일투자는 가장 중요할 뿐 아니라 광범위하게 활용되는 전략이다. 우리나라에서도 스타일투자가 확산되고 있는 만큼, 기본적인 개념과 기법을 이해할 필요가 있다.

12장 윤리에서는 윤리투자의 개념과 역사를 살펴본 후, 글로벌 기관투자자를 중심으로 확산되고 있는 책임투자 또는 ESG투자의 동향을 구체적으로 설명한다. ESG이슈에 대한 관심은 세계 각국의 규제 강화와 함께 급속도로 커지고 있다. 이러한 경향은 앞으로도 이어질 것이므로 예의주시할 필요가 있다.

이 책은 투자와 투자자의 개념으로 시작해서 스타일과 ESG라는 최근의 트렌드로 끝을 맺는다. 그 과정에서 자본시장을 이해하는 데 필요한 이론과 기관투자자의 실제 자산운용과정을 구체적으로 다룬다. 이는 현대 사회에서 부동산투자에 종사하는 전문가나 그러한 전문가가 되기 위해 준비 중인 전공자가 알아야 하는 지식이다. 부동산투자론의 역사는 짧지만, 부동산투자의 역사는 그 어떤 자산에 대한 투자의 역사보다도 길다. 이 책이 그러한 역사에 참여하는 독자에게 조금이나마 도움이 되기를 바란다.

2020년 9월 지은이 민성훈

Contents

16 개념

52 이론

150 실제

236 전략

그림 목차

표 목차

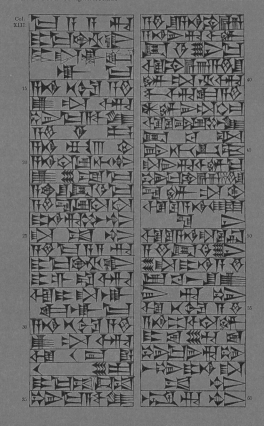

§ 45.

❧ If a man rent his field to a tenant for crop-rent and receive the crop-rent of his field and later Adad (*i. e.*, the Storm God) inundate the field and carry away the produce, the loss (falls on) the tenant.

§ 46.

❧ If he have not received the rent of his field and he have rented the field for either one-half or one-third (of the crop), the tenant and the owner of the field shall divide the grain which is in the field according to agreement.

기원전 18세기의 것으로 추정되는 고대 바빌로니아 함무라비법전은 토지의 임대차에 관한 규칙도 상세하게 정하고 있다.
특히 고정임대료에 관한 45조(Col. XIII 35~36)와 성과임대료에 관한 46조(Col. XIII 47~57)는 수익과 위험의 배분 측면에서
현재의 임대차 관행과 매우 유사하다. 투자의 법칙도 자연의 법칙처럼 변하지 않는 것일까?

Robert Francis Harper, *The Code of Hammurabi, King of Babylon: about 2250 B.C.*, Chicago: University of Chicago Press, 1904, p.214(설형문자) & p.27(번역영문)

개념

1

투자

1.1. 투자란

투자의 정의

일상생활에서 '투자'라는 단어는 넓은 의미로 사용된다. 투자를 위해 투입하는 것이 돈일 수도 있고, 책을 읽는 시간일 수도 있다. 그리고 투자로부터 산출되는 것이 더 큰 돈일 수도 있고, 책에 담긴 지식일 수도 있다. 투자론에서 말하는 투자의 의미도 본질적으로 그와 같다. 더 나은 미래를 위해 현재를 희생한다면, 그것은 투자다. 하지만, 실제로 투자론이 다루는 영역은 자본시장에서 이루어지는 투자, 즉 돈 문제에 국한된다.

투자론을 공부하는 동안에는 투자의 의미를 경제학에서 말하는 바와 잘 구분해야 한다. 전통적인 경제학은 '기업이 생산활동을 위해 자본재를 구입하는 것'만을 투자라고 부르기 때문이다. 비록 공장이나 기계를 구입했다 할지라도, 생산에 사용할 목적이 아니면 경제학은 투자로 보지 않는다. 따라서 어느 날 뉴스에서 "올해 우리나라 기업의 설비투자가 증가했다."는 기사와 "올해 우리나라 금융기관의 해외투자가 증가했다."는 기사를 본다면, 두 기자가 사용한 투자의 의미가 다르다는 것을 알아채야 한다. 전자는 경제학, 후자는 투자론의 의미를 말하고 있다. 참고로 경제학 이론서에 나오는 투자의 정의 중 이러한 취지가 잘 드러나는 것을 하나 인용하면 다음과 같다.

> "여기서 말하는 투자는 직접적으로 생산활동이 수반되지 않는 단순한 소유권의 이전, 예컨대 유가증권이나 부동산의 구매 등과 같이 일반인들이 투자라고 부르는 것과는 그 의미가 상당히 다르다. 다시 말해서 직접적인 생산활동을 위한 지출, 즉 자본재의 증가나 유지를 위한 지출만을 의미한다는 점에 주의할 필요가 있다."[1]

반면 투자론은 투자의 주체를 기업에 국한하지 않으며, 투자의 목적도 생산에 국한하지 않는다. 경제학과 마찬가지로 자본재를 중요하게 취급하지만, 투자의 대상을 자본재뿐 아니라 토지, 천연자원, 증권 등으로 폭넓게 확대한다. 다만 투자의 대상에 대해 조건을 하나 요구하는데, 바로 수익창출의 기회를 제공해야 한다는 것이다.

자본재는 내구성이 강해서 쉽게 소멸하지 않으며, 시장상황에 따라 가격이 상승하거나 하락한다. 이는 토지와 천연자원도 마찬가지다. 특히 주식이나 채권과 같은 증권의 경우, 시시각각 가격이 변하면서 그것을 소유한 투자자에게 이익이나 손실을 안겨준다. 그래서 이들은 투자의 대상이 될 수 있다.

투자론에서는 수익창출의 기회를 제공하는 실물자산이나 증권을 자본자산Capital Asset 또는 자산Asset이라고 하며, 수익을 위해 이러한 자산을 취득하는 행위를 재무적 투자Financial Investment 또는 투자Investment라고 한다. 이제 투자의 정의를 내려 보자.

---

1. 정운찬, 『거시경제론』, 4판, 다산출판사, 1996, p.311.

투자란 수익을 위해 자산을 취득하는 것

비록 적절한 표현이지만, 투자를 이렇게만 이해하기에는 부족함이 있다. 수익의 실현에 뒤따르는 불확실성Uncertainty과 시간Time의 의미가 드러나지 않기 때문이다. 투자를 위한 지출은 현재 확실한 금액으로 이루어진다. 그러나 투자로부터 얻는 수입은 미래에 발생하며, 현재로서는 얼마일지 알 수 없다. 따라서 수입에서 지출을 뺀 수익도 미래의 불확실한 값이 된다. 이것은 피할 수 없는 투자의 본질이며, 따라서 그 속에 '미래의 불확실한 수입과 현재의 확실한 지출'이라는 의미가 내포되어 있다는 것을 알아야 한다. 투자의 정의를 풀어서 써 보자.

투자란 미래의 불확실한 수입을 위해 현재의 확실한 지출로 자산을 취득하는 것

불확실성과 시간의 의미를 내포하는 투자의 성질은 투자자에게 기대Expectation와 할인Discount이라는 두 가지 작업을 요구한다. 기대는 불확실성 때문에, 할인은 시간 때문에 필요하다. 투자 여부를 판단하기 위해서는 수입과 지출을 비교해야 한다. 지출보다 수입이 많아야만 투자할 가치가 있기 때문이다. 그런데, 투자 여부를 판단하는 현재 시점에는 미래 수입이 불확실하므로, 기댓값의 형태로 예측할 수밖에 없다. 게다가 그 기댓값은 미래의 금액이므로, 현재의 지출과 비교하기 위해서는 현재가치로 할인해야 한다. 사람은 미래보다 현재의 화폐에 더 큰 가치를 부여하기 때문이다. 결국 투자는 아래 조건을 충족해야 가능해진다.

미래의 불확실한 수입의 기댓값의 현재가치 > 현재의 확실한 지출

재무적 이해

재무제표Financial Statements란 어떤 경제주체에 대해서 특정 시점의 재무상태나 일정 기간의 경영성과를 정리한 장부를 말한다. 가장 대표적인 재무제표는 재무상태표Statement of Financial Position[2]와 포괄손익계산서Statement of Comprehensive Income[3]인데, 여기에는 투자에 관한 내용도 일목요연하게 수록된다. 재무제표의 구체적인 형식과 작성 방법은 경제주체가 누구인가에 따라, 즉 어떤 회계기준을 적용받는가에 따라 달라진다. 여기서는 투자를 업으로 하는 주식회사를 대상으로 기본적인 개념만 알아보자.

투자를 위해서는 먼저 자금을 조달해야 한다. 자금조달은 자기자본Equity과 타인자본Debt의 두 가지 방법으로 할 수 있다. 전자는 주식Stock을 발행해서 조달하는 자본금Capital Stock이, 후자는 채권Bond을 발행하거나 차입Loan을 해서 조달하는 부채Liability가 대표적이다. 자기자본을 제공한 자를 주주라고 하고, 타인자본을 제공한 자를 채권자라고 한다.

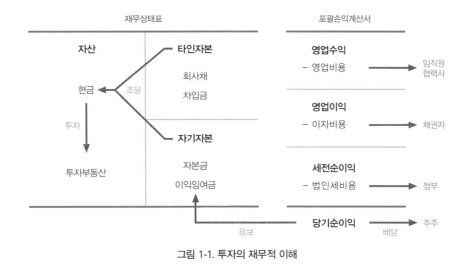

그림 1-1. 투자의 재무적 이해

---

2. 또는 대차대조표(Balance Sheet)
3. 또는 손익계산서(Income Statement)

이러한 내용은 재무상태표의 우측에 기재된다.

조달한 자금은 현금이라는 자산Asset[4]이 된다. 이 현금을 다른 자산과 교환하는 행위가 바로 투자다. 만약 회사가 제품을 생산하기 위해 공장을 구입하면, 현금이 감소하고 유형 자산Tangible Asset이 증가한다. 이는 경제학에서 말하는 투자에 해당한다. 반면 회사가 수익을 위해 부동산을 구입하면, 현금이 감소하고 투자부동산Investment Real Estate이 증가한다. 이는 투자론에서 말하는 투자에 해당한다. 같은 토지와 건물이라도 취득하는 목적에 따라 회계처리의 계정이 달라진다. 이러한 내용은 재무상태표의 좌측에 기재된다.

자금을 조달하고 부동산도 취득했으니, 이제 돈을 벌 차례다. 투자부동산은 보유기간 중 운영수익을, 처분시점에는 자본이득을 낳는다. 이는 포괄손익계산서에 영업수익Operating Revenue으로 인식된다. 한편 영업수익을 얻기 위해서는 인건비·재료비·경비 등 각종 비용을 지출해야 하는데, 이를 영업비용Operating Expense이라고 한다. 영업수익에서 영업비용을 뺀 값은 영업이익Operating Income이라고 한다.

영업이익은 비록 이익이지만 전액 주주에게 귀속되지 않는다. 타인자본에 대해 이자를 지급해야 하기 때문이다. 영업외비용인 이자비용Interest Expense은 채권자의 몫이다. 반대로 회사가 보유한 현금에서 이자수익이 발생하면 영업외수익으로 인식된다. 영업이익에서 이자비용을 차감한 값을 법인세차감전순이익이라고 한다. 그런데, 이 세전순이익도 전액 주주에게 귀속되지 않는다. 벌어들인 돈에 대해서 소득세Income Tax를 내야 하기 때문이다. 주식회사와 같은 법인이 내는 소득세는 법인세Corporate Tax라고 한다. 세전순이익에서 법인세비용까지 뺀 값을 당기순이익Net Income이라고 하는데, 이것이 주주가 마음대로 처분할 수 있는 돈이다.

---

4. 여기서 자산은 회계용어로서, 앞에서 설명한 투자대상으로서의 자산과 의미가 다르다. 회계에서의 자산은 어떤 주체가 보유한 경제적 자원을 포괄적으로 지칭하는 계정명이다. 이 외에도 회계용어와 재무용어는 일치하지 않는 경우가 많으므로, 문맥에 맞게 의미를 잘 구분해야 한다.

주주는 이 돈을 배당Dividend을 통해 가져가거나, 유보Reservation를 통해 회사에 재투자할 수 있다. 배당하지 않고 회사에 유보한 자금을 이익잉여금Retained Earning이라고 하는데, 이는 회사에게 자본금과 별도의 자기자본이 된다. 즉, 이익잉여금이 있다는 것은 자기자본이 이전보다 커진 것을 의미한다.

투자의 주체가 반드시 주식회사인 것은 아니다. 투자자는 유한회사와 같은 다른 형태의 회사일 수도 있고, 회사가 아닌 신탁이나 조합일 수도 있다. 심지어는 개인일 수도 있다. 투자자의 법적 형태가 다르면 재무제표의 구체적인 내용도 달라진다. 예를 들어 신탁의 경우, 발행하는 지분증권의 이름이 주식이 아니라 수익증권이다. 하지만, 투자자의 법적 형태가 다르다고 해서 재무제표의 구조가 다르지는 않다. 주식회사를 기준으로 살펴본 재무적 이해는 모든 형태의 투자자에게 비슷하게 적용될 수 있다.

1.2. 투자자산

전통자산

투자란 '자산을 취득하는 것'이라고 하였다. 그렇다면, 구체적으로 어떤 자산이 투자의 대상이 될까? 앞에서 자본재·토지·천연자원과 같은 실물자산과 주식·채권과 같은 증권을 언급한 바 있다. 자본시장에서는 이들 자산을 크게 전통자산과 대체자산으로 분류한다.

자본시장에서 거래되는 가장 대표적인 자산은 주식이나 채권과 같은 증권Securities이다. 증권이 출현한 것은 불과 수백 년 전으로서, 부동산과 같은 실물자산에 비해 역사가 아주 짧다. 그러나 증권은 형식이 표준화되고, 적은 금액으로 분할되며, 거래소Exchange라는 공개시장에 상장될 경우 유동성도 높기 때문에, 자본주의의 발전을 견인해 왔다. 따라서 현대적 의미의 자본시장에서, 증권은 전통자산Traditional Asset이라 불리고 있다. 단, 주식의 경우 상장된 것만을 전통자산으로 본다.

전통자산 중 상장주식은 고위험 고수익, 채권은 저위험 저수익의 특성을 가지고 있다. 상장주식의 가치는 거시경제·산업동향·기업성과로부터 영향을 받고, 채권의 가치는 이자율·잔여만기·신용등급으로부터 영향을 받는다. 재무이론은 증권, 특히 상장주식을 중심으로 발전해 왔다. 앞으로 공부할 부동산 관련 투자이론도 대부분 증권 분야에서 개발된 것이다.

대체자산

상장주식이나 채권이 아닌 자산은 매우 다양한데, 이를 묶어서 대체자산Alternative Asset이라고 부른다. 대체자산에는 비상장지분·파생상품·실물자산 등이 포함되며, 각기 다른 특성을 가지고 있다.

비상장지분Private Equity[5]이란 거래소에 상장되지 않은 비공개 지분증권을 말한다. 비상장지분에 대한 투자는 발행기업의 라이프사이클에 따라 벤처Venture·성장Growth·바이아웃Buyout[6]·메자닌Mezzanine·디스트레스드Distressed[7] 등으로 구분된다. 또한, 다른 투자자가

그림 1-2. 투자자산의 분류

매각하는 비상장지분을 매입하는 것은 세컨드리Secondary라고 한다. 이러한 투자가 지분증권의 매입이 아닌 대출의 형태로 이루어지는 경우, Private Debt이라고 부르기도 한다.

파생상품Derivatives이란 주가·금리·환율 등 기초자산의 가격에 의해 가치가 결정되는 금융상품을 말한다. 파생상품에는 선물Future·옵션Option·스왑Swap 등이 있으며, 거래소에서 거래되는 장내파생상품과 거래소 밖에서 거래되는 장외파생상품으로 구분된다. 파생상품은 위험의 헤지Hedge 수단으로 개발되었지만, 투자수단으로도 활발하게 사용된다. 파생상품에 대한 투자는 증권과 결합한 합성포지션Synthetic Position 형태로 주로 이루어진다.

실물자산Real Asset은 비상장지분이나 파생상품과 달리, 유형의 실체를 가지는 자산을 말한다. 실물자산에는 부동산Real Estate·인프라Infrastructure·원자재Commodity 등이 있으며, 비상장지분과 마찬가지로 세컨드리 시장도 존재한다. 실물자산은 투자금액이 크고, 투자기간이 길며, 유동성이 낮고, 인플레이션 헤지Inflation Hedge 기능을 가진 것으로 알려져 있다. 이 책이 다루는 부동산은 가장 대표적인 실물자산에 해당한다.

한편, 실제 자본시장에서는 대체자산보다 대체투자Alternative Investment라는 표현을 더 많이 사용한다. 대체투자는 단순히 대체자산에 투자하는 것을 의미하기보다는, 그러한 투자를 하는 금융상품을 보다 구체적으로 의미하는 경우가 많다. 대표적인 대체투자상품에는 PEF·헤지펀드·부동산펀드·인프라펀드·원자재펀드 등이 있다.

PEFPrivate Equity Fund는 비상장지분에, 헤지펀드Hedge Fund는 증권과 파생상품의 합성포지

---

5. Private Equity는 사모투자, 사모주식 등 다양한 이름으로 번역되고 있다. Private Equity에 대해 '사모'가 강조되는 이유는 이 자산에 주로 투자하는 PEF가 사모펀드이기 때문인 것으로 보인다. 그러나 자산으로서의 Private Equity에 대해 펀드의 자금조달 특성인 '사모'라는 표현을 사용하는 것은 적절하지 않다. 여기서는 Private Equity의 특성이 비공개 또는 비상장이고, 상장되기 전에는 주식 외에 다양한 지분증권의 형태를 취할 수 있다는 점에서 '비상장지분'으로 번역한다.
6. 또는 LBO(Leveraged Buyout). 바이아웃은 벤처나 성장과 달리 발행기업의 지배권을 확보할 수 있을 만큼 많은 지분을 취득하며, 대부분 레버리지를 활용한다. 그 과정에서 지분과 채권의 성격을 모두 가지는 메자닌을 활용하는 경우가 많다.
7. 또는 Special Situation

션에, 부동산펀드는 부동산 실물·개발사업·가격지수·관련 기업에, 인프라펀드와 원자재 펀드는 건설 또는 채굴사업·가격지수·관련 기업에 각각 투자하며, 대부분 사모로 자금을 조달한다. 그러나 이 중 부동산과 인프라에 대해서는 공모와 상장을 특징으로 하는 대체투자상품도 발달해 있다.

1.3. 부동산투자

대상과 특징

부동산투자란 취득하는 자산이 부동산인 투자를 말한다. 넓은 의미의 부동산투자는 부동산 실물뿐 아니라 부동산과 관련된 권리나 금융상품을 취득하는 것까지 포괄한다. 부동산 관련 권리에는 임차권·전세권·저당권·분양권·입주권 등이, 부동산 관련 금융상품에는 부동산을 기초자산으로 하는 증권이나 파생상품이 포함된다. 이제 부동산투자Real Estate Investment의 정의를 내려 보자.

부동산투자란 수익을 위해 부동산을 취득하는 것
단, 부동산 실물뿐 아니라 부동산 관련 권리나 금융상품을 취득하는 것도 포함한다.

부동산Real Estate이란 토지나 건물과 같은 물건을 말한다. 공간·장소·환경·경관 등의 유사한 용어와 달리, 부동산은 토지나 건물의 경제적 가치에 주목할 때 사용한다. 부동산의 종류는 용도에 따라 크게 주거용Residential과 비주거용Non-Residential으로 구분된다. 주거용 부동산 중에서는 아파트Apartment가, 비주거용 부동산 중에서는 오피스Office·리테일Retail·인더스트리얼Industrial·호스피탈리티Hospitality 등이 대표적인 투자대상이다.

표 1-1. 부동산투자의 대상

구분			사례
부동산 실물	주거용 부동산	아파트	일정 세대 수 이상의 임대주택 넓게는 실버하우스, 스튜던트하우징도 포함
	비주거용 부동산	오피스	중심업무지구의 업무시설 넓게는 공유공간 등 플렉시블 스페이스도 포함
		리테일	백화점, 할인점, 쇼핑몰 등 대형 상업시설 넓게는 체인형 점포의 포트폴리오도 포함
		인더스트리얼	물류센터 및 도시형 공장 넓게는 셀프스토리지, 데이터센터도 포함
		호스피탈리티	도시형 고급 호텔 넓게는 도시형 중저가 호텔, 리조트호텔도 포함
부동산 관련 권리 및 금융상품		권리	임차권, 전세권, 저당권, 분양권, 입주권 물권과 채권을 폭넓게 포함
		금융상품	부동산을 기초자산으로 하는 증권 및 파생상품 부동산펀드와 리츠가 대표적

부동산투자는 부동산이라는 자산의 성질을 따라 다음과 같은 특징을 가진다.

첫째, 시장규모가 크다. 부동산은 대부분 국가에서 국부의 상당 부분을 차지한다. 국부로 집계되는 모든 부동산이 시장에서 거래되는 것은 아니지만, 일부만으로도 다른 자산과 비교할 수 없이 큰 시장을 형성한다.

둘째, 투자금액도 크다. 부동산은 다른 자산에 비해 가격이 비싸다. 따라서 투자를 할 때 금융을 활용해야 하는 경우가 많다. 이러한 특징은 부동산에 대한 투자자의 접근성을 떨어뜨린다. 최근에는 투자금액을 잘게 쪼갠 부동산 관련 금융상품이 발달하여 투자자의 접근성이 개선되고 있다.

셋째, 장외거래OTC: Over The Counter Transaction 중심의 시장이다. 주식이나 채권과 달리, 부동산에 대해서는 활성화된 거래소가 존재하지 않는다. 따라서 일부 부동산 관련 금융상품을 제외하고는 대부분 거래가 장외에서 이루어진다. 장외거래는 정보소통, 거래비용 등 여러 면에서 효율성이 떨어진다.

넷째, 수익이 가치상승뿐 아니라 운영을 통해서도 발생한다. 부동산의 임대를 통해 얻는 현금흐름은 주식의 배당이나 채권의 이자에 비해 상당히 크다. 이는 부동산투자가 가지는 매력 중 하나다.

다섯째, 수익뿐 아니라 비용도 발생한다. 부동산은 실물자산이기 때문에 유지관리가 필요하고, 시간이 흐름에 따라 감가상각 된다. 따라서 증권과 달리 관리의 효율성이 투자성과에 큰 영향을 미친다.

여섯째, 부동산의 가격은 물가와 비슷하게 변동한다. 따라서 부동산투자는 인플레이션 헤지 기능을 한다. 이러한 성질은 대규모의 자금을 장기간에 걸쳐 투자하는 기관투자자에게 장점으로 작용한다.

일곱째, 부동산의 수익률은 주식이나 채권의 수익률과 상관관계가 낮다. 따라서 증권과 함께 부동산에 투자할 경우, 포트폴리오효과를 얻을 수 있다. 이 또한 다양한 자산으로 포트폴리오를 구성하는 기관투자자에게 장점으로 작용한다.

과정과 방법

거듭 말하지만, 투자란 자산을 취득하는 것이다. 그런데, 이 정의는 투자의 개념을 명확하게 포착하기 위해 의미를 아주 좁게 설정한 것이다. 실제로 투자는 자산을 취득Acquisition해서, 보유Possession하다가, 처분Disposition하는 일련의 과정으로 이루어진다. 그 중 취득 단계에서 자산의 선택과 같은 의사결정이 이루어지기 때문에 그 중요성을 강조한 것뿐이다.

취득·보유·처분의 과정에서, 부동산투자의 목적인 운영소득과 자본이득은 어떻게 창출되는 것일까? 여기에는 두 가지 경로가 있다. '시장여건 변화'와 '가치창출 행위'가 그것이다.

시장여건 변화에 의한 수익창출은 경기변동과 관계있다. 일반적으로 경기는 상승과 하락을 반복하는데, 부동산시장의 경우 그 주기가 길고 진폭이 큰 특징을 가지고 있다. 부동산시장이 이러한 특징을 가지는 가장 큰 이유는 공급의 비탄력성에 있다. 부동산은 계획·설계·인허가·시공 등 긴 과정을 거쳐야만 비로소 공급되며, 공급의 과정이 일단 시작되면 멈추기 어렵다. 즉, 수요초과나 공급초과의 상황이 단기에 해소되지 않는다. 따라서 다른 자산에 비해 장기적인 예측을 바탕으로 자본이득을 추구하는 것이 용이하다.

일각에서는 운영과 관련한 적극적인 노력 없이 매매차익만을 목적으로 부동산을 사고파는 것을 '투기'라고 부르며 부정적으로 보기도 한다. 그러나 이러한 견해는 타당하지 않다. 모든 투자의 기본적인 전략은 시장여건 변화에 따른 가치상승을 향유하는 것이다. 주식투자는 주가의 상승을, 채권투자는 채권가격의 상승을 노린다. 부동산투자도 예외일 수 없다.

가치창출 행위에 의한 수익창출은 부동산의 라이프사이클Life Cycle과 관계있다. 부동산은 자연에서 출발한다. 자연은 그 자체로 소중하지만, 사람이 경제적인 목적으로 활용하기에 좋은 상태는 아니다. 자연 상태의 토지는 적극적인 개발에 의해 건축 가능한 택지로, 여기에 추가적인 개발이 더해져서 임대 가능한 건물로 변모한다. 그렇게 축적된 자본은 시간이 지남에 따라 조금씩 감가상각 되는데, 더 이상 활용할 가치가 남아 있지 않을 경우, 다시 개발되거나 버려진다. 이러한 부동산의 라이프사이클에서, 새로운 가치는 개발과 운영이라는 두 가지 행위에 의해 창출된다. 개발은 토지개발·건물개발·재개발의 형태로, 운영은 건물이 경제적 가치를 가지는 동안 임대의 형태로 이루어진다.

개발Development은 부동산을 라이프사이클의 다음 단계, 즉 활용성이 더 높은 단계로 이행시키는 활동이다. 이때 개발 후의 가치가 개발 전의 가치보다 크면, 단계의 이행을 통해 수익이 창출된다. 운영Management이란 부동산의 공간서비스를 최종소비자에게 제공하여 소득을 얻는 활동이다. 운영은 보유기간 중 현금흐름을 발생시킬 뿐 아니라, 효율적인 관

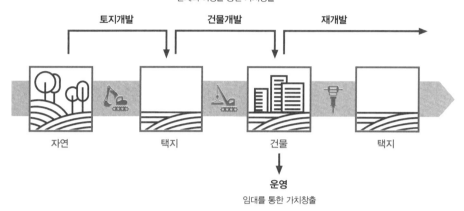

단계의 이행을 통한 가치창출

토지개발 건물개발 재개발

자연 택지 건물 택지

운영
임대를 통한 가치창출

그림 1-3. 부동산의 라이프사이클과 가치창출 행위

리를 통해 소득이 증가할 경우 부동산의 가치를 증대시키는 효과도 가져온다.

부동산의 라이프사이클을 자세히 관찰해 보면, 개발과 운영을 통해 창출되는 모든 가치의 원천이 운영 중에 발생하는 소득에 있다는 것을 알 수 있다. 토지개발을 통해 창출되는 가치는 그 결과물인 택지 위에 건물을 지을 수 있기 때문이며, 건물개발을 통해 창출되는 가치는 그 결과물인 부동산이 운영소득을 발생시킬 수 있기 때문이다. 만약 운영 중에 발생하는 소득이 없다면, 건물개발이나 그 이전의 토지개발도 아무런 가치를 창출하지 못할 것이다.

한편, 시장여건 변화나 가치창출 행위에 의한 수익을 내 것으로 만들기 위해서는 먼저 부동산을 취득해야 한다. 부동산에서 창출된 수익은 궁극적으로 소유자에게 귀속되기 때문이다. 부동산투자의 방법은 부동산을 취득하는 방법에 따라 두 가지로 나눌 수 있다. 개발과 매입이 그것이다.

개발Development에 의한 투자는 최종적으로 취득하고자 하는 목적물을 투자자가 직접 짓는 것을 말한다. 따라서 개발을 위해서는 라이프사이클의 이전 단계에서 부동산을 매입

개념 편

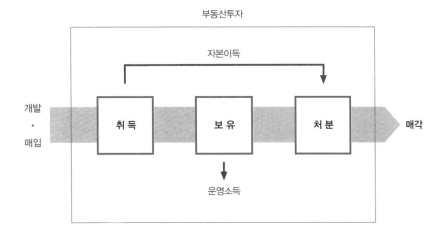

그림 1-4. 부동산투자의 과정과 방법

해야 한다. 개발에 의해 취득한 최종적인 목적물은 일정 기간 보유할 수도 있지만, 보유기간 없이 처분할 수도 있다. 개발이라는 과정 자체가 수익을 창출하기 때문이다.

매입Purchase에 의한 투자는 타인이 개발한 부동산을 사는 것을 말한다. 새롭게 개발한 부동산보다 이미 운영 중인 부동산을 매입하는 경우가 흔하다. 매입에 의해 취득한 목적물은 일정 기간 보유하는 것이 필수적이다. 시간이 경과하면서 운영소득이나 자본이득이 발생해야만 수익이 창출되기 때문이다.

용어정리

지금까지 부동산투자의 개념을 살펴보았다. 그 과정에서 돈의 흐름과 관련된 여러 가지 용어를 사용했는데, 부동산투자론을 공부하기 위해서는 이를 암기할 필요가 있다. 아래 용어들을 숙지한 다음, 1장의 내용을 다시 한번 꼼꼼히 읽어보길 바란다.

수익Revenue과 비용Cost은 경제활동을 통해 번 돈과 그 돈을 벌기 위해 쓴 돈을 말한다. 번 돈이란 내 것이 된 돈이며, 쓴 돈이란 남의 것이 된 돈이다. 따라서 전자가 후자보다 크면 이익Profit이고, 그 반대면 손실Loss이다. 이익과 손실을 묶어서 손익Profit and Loss이라고 한다.

수입Income과 지출Expense은 내 것 남의 것 가리지 않고, 돈이 나에게 들어오고 나가는 것을 가리키는 말이다. 수입은 수익을 통해 발생하기도 하고, 남의 돈을 차입하여 발생하기도 한다. 지출 역시 비용을 통해 발생하기도 하고, 나의 돈을 대출하여 발생하기도 한다. 수입과 지출은 현금유입Cash Inflow과 현금유출Cash Outflow이라고도 부르는데, 전자에서 후자를 뺀 값을 현금흐름Cash Flow이라고 한다.

투자를 위해 취득의 단계에서 행하는 지출을 투자비Cost of Investment라고 한다. 매입의 경우, 투자비는 부동산을 취득하기 위해 지불하는 대가인 매입금액과 중개수수료·감정평가수수료·취득세 등 매입부대비용으로 구성된다. 개발의 경우는 그보다 복잡하다. 토지비·건설비·금융비용·부대비용 등 다양한 지출이 장기간에 걸쳐 이루어지기 때문이다. 한편, 투자의 결과로 처분의 단계에서 취하는 수입을 회수금Proceeds from Investment이라고 한다. 일반적으로 처분은 매각의 형태를 취하므로, 회수금은 매각금액에서 매각부대비용을 차감한 매각수익Sales Proceeds을 의미한다.

매입금액Purchase Amount과 매각금액Sale Amount은 매매금액Sale and Purchase Amount을 매수자와 매도자의 입장에서 각각 부르는 말이다. 금액이라는 표현 대신에 매입가격Purchase Price·매각가격Sale Price·매매가격Sale and Purchase Price이라고도 하는데, 이때는 단위면적당 금액인 단가Unit Price를 의미할 수도 있으므로 주의해야 한다.

운영소득Operating Income 또는 Income과 자본이득Capital Gain 또는 Appreciation은 부동산투자를 통해 실현한 이익을 가리키는 말이다. 보유기간 중 발생한 운영수익에서 운영비용을 차감한 이익을 운영소득이라고 하고, 처분 시점에 발생한 매각수익에서 투자비 또는 취득원가Acquisition Cost를 차감한 이익을 자본이득이라고 한다. 비록 소득이나 이득이라는 표현을 사용하고 있지만, 이익을 뜻하는 용어라는 것을 잊어서는 안 된다. 부동산투자 분야에서 이미 굳은 용어이니 외우는 수밖에 없다.

부동산투자에서 가장 빈번히 사용되는 용어를 꼽으라면 단연 수익$_{Return}$이다. 수익은 투자를 통해 실현한 이익, 즉 운영소득과 자본이득을 합한 금액을 일컫기도 하고, 그것을 투자비로 나눈 비율을 일컫기도 한다. 비율의 의미를 분명히 하고 싶을 때는 수익률$_{Rate\ of\ Return}$이라는 표현을 사용하는데, 한글과 영어 모두에서 그냥 수익이라고 쓰면서 비율을 의미하는 경우가 많으니 유의해야 한다. 이 책에서도 문맥에 따라 수익과 수익률을 혼용해서 사용한다. 특히 수익$_{Return}$은 수익$_{Revenue}$과 한글 발음이 같아서 혼란을 유발하기도 한다. 따라서 수익이라는 단어를 만나면, 그것이 Return을 의미하는지, Revenue를 의미하는지 유심히 살펴봐야 한다.

미국 캘리포니아주 로스앤젤레스 외곽에서 확장 중인 교외주택단지

부동산의 라이프사이클
자연에서 택지로, 택지에서 건물로 부동산을 이행시키는 데는 많은 자본이 투입된다. 따라서 되돌리기가 어렵다.
우리는 개발에 대해 신중해야 한다.

- '투자'란 수익을 위해 자산을 취득하는 것, 더 정확히는 미래의 불확실한 수입을 위해 현재의 확실한 지출로 자산을 취득하는 것이다. 미래의 불확실한 수입의 기댓값의 현재가치가 현재의 확실한 지출보다 클 때, 투자가 이루어진다.

- '부동산투자'란 취득하는 자산이 부동산인 투자를 말한다. 부동산투자의 대상에는 토지나 건물과 같은 부동산 실물뿐 아니라, 부동산 관련 권리나 금융상품도 포함된다.

- 부동산투자의 목적인 수익은 '시장여건 변화'와 '가치창출 행위', 두 가지 경로로 발생한다. 시장여건 변화는 경기변동과 관계있고, 가치창출 행위는 부동산의 라이프사이클과 관계있다.

- 가치창출 행위에는 개발과 운영, 두 가지가 있다. '개발'은 부동산을 라이프사이클의 다음 단계, 즉 활용성이 높은 단계로 이행시키는 행위고, '운영'은 부동산이 경제적 가치를 가지는 동안 소득을 얻는 행위다.

- 실제로 투자는 자산을 '취득'하는 것뿐 아니라, '보유'하고 '처분'하는 일련의 과정으로 이루어진다. 부동산의 경우, 다른 자산에 비해 보유와 처분이 투자성과에 미치는 영향이 크다.

- 부동산을 취득하는 방법에는 개발과 매입, 두 가지가 있다. '개발'에 의한 투자는 목적물을 투자자가 직접 짓는 것이고, '매입'에 의한 투자는 타인이 개발한 목적물을 사는 것이다.

- 개발에 의해 취득한 부동산은 보유기간 없이 처분하기도 한다. 개발행위 자체가 수익을 창출하기 때문이다. 반면, 매입에 의해 취득한 부동산은 일정 기간 보유하는 것이 필수적이다. 운영소득이나 자산가치 상승 없이는 수익을 창출할 수 없기 때문이다.

- 부동산투자는 시장규모와 투자금액이 크고, 장외거래가 주를 이룬다. 부동산투자의 수익은 가치상승뿐 아니라 운영을 통해서도 발생하며, 수익뿐만 아니라 비용도 투자성과에 큰 영향을 미친다. 부동산투자는 인플레이션 헤지 기능을 하며, 주식이나 채권과 함께 포트폴리오 효과를 발생시킨다.

2

Investor

투자자

2.1. 투자자란

투자자의 유형

수익을 위해 자산을 취득하는 자가 투자자Investor다. 그런데 부동산의 경우 사용가치를 가지는 실물자산이기 때문에, 그것을 취득하는 자가 사용을 목적으로 하는지 수익을 목적으로 하는지 분명하지 않을 수 있다. 하지만, 수익을 목적으로 한다고 해서 수익'만'을 목적으로 해야 하는 것은 아니다. 게다가 거주하기 위한 주택이라 할지라도 그것을 구입하면서 수익을 생각하지 않는 사람은 드물다. 사용의 편익과 투자의 수익을 합산하여 취득 여부를 결정하는 것이다. 그런 의미에서 주택을 소유하고 있거나, 소유하고자 하는 우리 대부분은 투자자다.

투자자란 수익을 위해 자산을 취득하는 자

소액의 여유자금을 가진 개인에서부터 거액의 포트폴리오를 운용하는 기관에 이르기까지 투자자의 성격은 다양하다. 그중 일정 수준 이상의 자금력과 전문성을 갖춘 투자자를 금융 관련 법령에서는 전문투자자Professional Investor 또는 적격투자자Qualified Investor라고 부르는데, 여기에는 기관투자자·투자전문기업·고액자산가 등이 포함된다.[8]

기관투자자Institutional Investor란 불특정 다수의 고객으로부터 자금을 위탁받아 대신 투자하는 것을 업으로 하는 기관을 말한다. 기관투자자는 자금의 성격에 따라 연금성·보험성·사업성 및 수익성 투자자로, 운영의 주체에 따라 공공 및 민간 투자자로 구분된다.

투자전문기업은 자신의 자금으로 투자하는 것을 업으로 하는 기업을 말한다. 부동산시장에서는 개발사업을 영위하는 디벨로퍼Developer가 대표적인 투자전문기업이다. 이 외에도 부동산의 매입, 부동산 관련 금융 등을 업으로 하는 투자전문기업이 다양하게 존재한다. 해외에서는 주식이 상장된 부동산 투자전문기업을 REOCsReal Estate Operating Companies라고 부르며, 리츠와 함께 중요한 유동성 투자상품으로 취급하고 있다.

고액자산가란 사내유보금이 풍부한 기업이나, 여유자금이 풍부한 개인을 말한다. 경제가 성장함에 따라, 고액자산가도 자본시장에서 무시 못 할 비중을 차지하고 있다. 이들은 투자의 목적이나 원칙이 다양하고, 시장 상황에 따라 투자전략을 유연하게 조정하는 특징을 가진다.

기관투자자·투자전문기업·고액자산가 등 다양한 전문투자자 중에서 이 책은 기관투자자를 염두에 두고 내용을 전개한다. 자본시장에서 가장 큰 비중과 역할을 차지하는 주체이기 때문이다. 그러나 투자의 원리가 투자자에 따라 다르지 않으므로, 이 책의 내용은 투자전문기업과 고액자산가, 나아가서 소액의 개인투자자에게도 동일하게 적용될 수 있다.

---

8. 한편으로는 투자의 행태에 따라 투자자를 능동적 투자자(Active Investor)와 수동적 투자자(Passive Investor)로 나누기도 한다. 전자는 시장평균 이상의 수익률을 목표로 거래를 적극적으로 하는 투자자를, 후자는 그 반대의 투자자를 말한다.

투자업무의 위계

기관투자자는 연금·보험·사업·수익 등 고유의 목적을 달성하기 위해 자금을 관리한다. 기관투자자가 수입과 지출을 전반적으로 관리하는 것을 자금운용이라고 한다. 자금운용에 있어서 적립금·준비금·잉여금 등 여유자금을 효율적으로 관리하는 일은 중요한 부분을 차지한다. 이러한 여유자금의 관리를 자산운용Asset Management이라고 한다.

기관투자자의 자산운용과정Asset Management Process은 계획Plan·실행Do·평가See의 세 단계로 이루어진다. 계획 단계에서는 투자의 목적과 원칙을 설정하고, 자금을 주식·채권·부동산 등 여러 자산군에 적절히 배분한다. 그 과정에서 각 자산군에 대한 투자목표도 도출한다. 실행 단계에서는 계획 단계에서 설정한 투자목표에 부합하는 자산을 찾아 취득·보유·처분한다. 이러한 투자과정Investment Process은 일회적이지 않고 반복적으로 진행된다. 평가 단계에서는 투자의 성과를 측정하고, 계획 단계에서 설정한 벤치마크와 비교한다. 그 결과를 토대로 투자담당자에 대한 보상과 새로운 계획을 위한 피드백을 한다.

그림 2-1. 기관투자자의 자산운용과정

기관투자자가 수행하는 계획·실행·평가의 자산운용과정은 가장 넓은 의미의 투자업무다. 취득·보유·처분의 투자과정은 그중 실행 단계만을 대상으로 하는 좁은 의미의 투자

개념 편

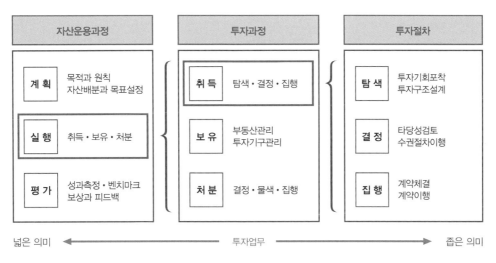

그림 2-2. 투자업무의 위계

업무다. 가장 좁은 의미의 투자업무는 투자의 정의에서 언급한 바와 같이, 투자과정 중에서도 취득만을 일컫는다. 취득은 다시 탐색Exploration · 결정Decision · 집행Execution이라는 세 가지 투자절차Investment Procedure로 쪼갤 수 있다.

이와 같이 투자는 다층적인 의미를 가지며, 투자업무 역시 다층적인 위계를 가진다. 이 책은 기관투자자의 자산운용과정을 전반적으로 다루되, 그중 실무적으로 중요한 실행투자과정, 특히 취득투자절차을 상세하게 설명한다.

기관투자자는 투자의 전 과정에 대해 책임과 권한을 가지는 궁극적인 주체지만, 모든 업무를 직접 수행하지는 않는다. 일반적으로 계획과 평가는 직접 수행하고, 실행은 외부의 전문가에게 위탁한다. 최근에는 투자서비스업이 고도화되면서 계획과 실행도 외부의 전문가에게 위탁하는 경우가 늘고 있다.

기관투자자로부터 투자의 실행에 관한 책임과 권한을 위임받아 대신 수행하는 투자서비스 제공자를 자산운용자Asset Manager 또는 펀드매니저Fund Manager라고 한다. 자산운용자는 흔히 펀드Fund 또는 투자펀드Investment Fund라고 불리는 투자기구Investment Vehicle를 운용하는 주체로서, 기관투자자의 자금을 투자기구에 담아 자산의 취득·보유·처분을 수행한다. 기관투자자로부터 투자의 계획과 평가까지 위임받아 수행하는 투자서비스 제공자를 OCIOOutsourced Chief Investment Officer라고 한다. 우리나라에서는 OCIO를 전담운용기관·주간운용사 등으로 부르고 있는데, 아직 용어가 통일되지 않은 상태다. OCIO는 비교적 최근에 탄생하였으며, 2000년대 후반 글로벌 금융위기 이후 본격적으로 성장했다. OCIO가 우리나라에 도입된 것은 2001년 연기금투자풀에 의해서였다. 이후 2014년 주택도시기금, 2015년 고용 및 산재기금이 OCIO를 선정하면서 우리나라에서도 OCIO 시장이 커지고 있다. OCIO는 투자의 목적과 원칙을 수립하는 일 외의 거의 모든 투자업무를 취급하는데, 기관투자자의 사정에 따라 위탁받는 업무의 범위가 달라진다. OCIO 역시 투자의 실행은 자산운용자에게 다시 위탁하는 것이 일반적이다.

2.2. 기관투자자

기관투자자의 종류

기관투자자는 자금의 성격에 따라 연금성·보험성·사업성 및 수익성 투자자로 구분된다. 연금성 투자자란 가입자의 안정적인 노후생활을 위해 연금을 지급하는 것을 목적으로 조성된 자금 또는 그러한 자금의 운용자를 말한다. 연금성 투자자는 가입자가 경제활동을 하는 동안 납부한 부담금을 적립하여 자금을 조성하므로, 장기적인 관점에서 투자를 한다. 연금성 투자자의 수입과 지출은 가입자의 생애주기에 따라 어느 정도 예측 가능하기 때문에, 투자계획 역시 정교하고 체계적이다. 부동산투자에도 적극적인 연금성 투자자는 가장 대표적인 기관투자자라고 할 수 있다.

연금성 투자자에는 국민연금기금·공무원연금기금·사립학교교직원연금기금 등 공공이 운영하는 기금과 퇴직연금·개인형 퇴직연금IRP·개인연금 등 민간이 운영하는 연금상품이 있다. 우리나라의 경우, 이 중 기금이 발달해 있다. 반면 연금상품의 경우, 미국이나 유럽에 비해 그다지 활성화되어 있지 않다. 과거부터 일시불로 지급하는 퇴직금 문화가 고착되어 있어서 적립금의 누적이 더딜 뿐 아니라, 자산운용의 안정성이 강조되어 과감한 투자를 하기 어렵기 때문이다.

퇴직연금은 회사가 자금을 운용하며 연금 지급액이 확정적인 확정급여형 퇴직연금DB: Defined Benefit과, 종업원이 자금을 운용하며 연금 지급액이 투자성과에 따라 달라지는 확정기여형 퇴직연금DC: Defined Contribution으로 구분된다. 미국이나 유럽의 경우, 이 중 DC형의 자본시장 참여가 활발하다. 우리나라도 퇴직연금 활성화를 위해 제도를 개선하고 있어서 향후 시장성장이 기대된다.

보험성 투자자는 가입자가 불의의 사고를 당했을 때 보험금을 지급하는 것을 목적으로 조성된 자금 또는 그러한 자금의 운용자를 말한다. 보험성 투자자도 공공과 민간으로 구분되는데, 전자에는 고용보험기금·산업재해보상보험 및 예방기금 등의 기금이, 후자에는 생명보험·손해보험 등의 보험상품이 있다. 보험성 투자자 역시 장기간 납입되는 보험료로 보험금을 충당하므로, 정교하고 체계적인 투자를 한다. 특히 생명보험의 경우, 수입과 지출의 예측가능성이 높아서 연금성 투자자와 비슷한 성격을 가진다.

한편, 보험의 성격을 가진 또 다른 투자자로서 공제회가 있다. 직군별로 조성된 공제회는 보험뿐 아니라 저축, 복지 등 다양한 기능을 수행한다. 공제회는 수입과 지출이 가입자의 퇴직에 연동된다는 점에서 연금성 투자자와도 공통점을 가진다.

사업성 투자자는 연금·보험 외의 특정한 목적을 위해 조성된 자금 또는 그러한 자금의 운용자를 말한다. 공공주택 건설과 도시재생을 추진하는 주택도시기금, 노후 원전 해체를 대비하는 방사성폐기물관리기금 등의 기금과 교육·문화·예술 등 각종 공익사업을 지원하는 민간의 재단이나 신탁이 이에 해당한다. 기업에 보증을 제공하는 신용보증기금과 같은 금융성 기금도 넓은 의미에서 사업성 투자자라고 볼 수 있다. 사업성 투자자에게도 지속가능성은 중요하기 때문에 일정 규모 이상의 기본재산이 필수적이며, 기본재산을 이용한 투자에도 적극적이다.

수익성 투자자는 말 그대로 투자수익을 위해 조성된 자금 또는 그러한 자금의 운용자를 말한다. 공공이 운영하는 연기금투자풀 및 국부펀드와 민간이 운영하는 투자기구가 이에 해당한다. 연기금투자풀은 여러 기금이 보유한 여유자금을 기획재정부가 위탁받아 효율적으로 통합운영하는 제도다. 수익을 목적으로 하지만 자금을 위탁하는 기금마다 성격이 다르므로, 투자의 전략은 제한적이다. 반면 국부펀드SWF: Sovereign Wealth Fund는 국가의 여유자금을 보다 적극적으로 운용하기 위해 세계 각국이 도입하고 있는 제도다. 노르웨이의 NGPFNorway Government Pension Fund Global, 중국의 CICChina Investment Corporation, UAE의 ADIAAbu Dhabi Investment Authority 등이 대표적이며, 우리나라도 한국투자공사KIC: Korea Investment Corporation를 운영하고 있다. 투자기구는 자산운용자에 의해 운용되며, 고객의 자금을 자본시장에 투자한 후 그 성과를 고객에게 다시 배분하는 금융상품이다. 그 목적이 수익의 배분에 있는 만큼, 투자기구는 가장 전문적이고 적극적인 투자자라고 할 수 있다.

표 2-1. 기관투자자의 종류

구분	공공	민간
연금성 투자자	국민연금기금 등 연금성 기금	퇴직연금, 개인형 퇴직연금, 개인연금
보험성 투자자	고용보험기금 등 보험성 기금	생명보험, 손해보험, 공제회
사업성 투자자	주택도시기금 등 사업성 기금	공익목적의 재단 또는 신탁
수익성 투자자	연기금투자풀 및 국부펀드	투자기구

공공기금   금융상품   민간기금

투자기구는 공모투자기구와 사모투자기구로 대별된다. 전자는 다수의 고객으로부터 자금을 모아 사전에 공지한 범위 내에서 자율적으로 투자를 한다는 점에서 전형적인 기관투자자의 위상을 가진다. 반면 후자는 소수의 고객, 특히 소수의 기관투자자로부터 자금을 모으며, 경우에 따라서는 고객의 결정이 투자에 반영될 수도 있다는 점에서 전형적인 기관투자자와 다소 차이가 있다.

기관투자자의 설립근거

기관투자자는 운영의 주체에 따라 크게 공공 및 민간 투자자로 구분된다. 각 기관투자자별로 설립근거를 간단히 정리하면 다음과 같다.

공공에서 운영하는 기금은 「국가재정법」에 근거를 두고 있으며, 각 기금마다 개별 법령에 의해 설치된다. 사실, 기금이라는 용어는 일상생활에서 펀드와 유사한 의미로 사용되므로, 이와 구분하기 위해 「국가재정법」에 의한 기금을 공공기금이라고 부르기도 한다.

민간의 기관투자자는 대부분 금융기관 또는 금융상품으로서 여러 금융 관련 법령에 근거를 두고 있다. 여기에는 연금상품·보험상품·공제상품·금융투자상품 등이 넓게 포함된다. 한편 금융상품이 가입자 또는 투자자의 이익을 위해 존재하는 것과 달리, 특정한 사업을 위해 설립된 민간의 재단이나 신탁은 공익을 목적으로 한다. 이러한 민간기금은 「민법」에 근거하여 설립된다.

2.3. 자산운용자

투자기구의 구조와 형태

자산운용자는 고객의 자금을 투자기구의 자기자본에 투입한 다음, 자신의 고유계정과 구분하여 운용한다. 비록 투자의 실질적인 주체는 자산운용자이지만, 형식적인 주체가 투자기구이기 때문에 자산운용자의 구체적인 지위와 역할은 투자기구의 구조와 형태에 따라 달라진다. 그러니 투자기구를 중심으로 자산운용자에 대해 알아보자.

투자기구를 만드는 권한은 자산운용자에게 있다. 투자기구는 주식회사Company·합자회사Limited Partnership·신탁Trust 등 다양한 형태로 만들 수 있다. 또한, 상근 임직원과 설비를 갖춘 실체 있는 주체로 만들 수도 있고, 서류상으로만 존재하는 명목상의 주체[9]로 만들 수도 있다. 비록 투자기구가 실체 있는 주체일지라도 투자자 보호를 위해 업무의 많은 부분을 외부에 위탁하기 때문에, 실질적으로는 명목상의 주체와 크게 다르지 않다. 통상 미국이나 유럽의 국가들은 실체 있는 주체를 적극적으로 활용하고, 아시아의 국가들은 명목상의 주체를 적극적으로 활용한다.

투자기구의 실체성 또는 명목성보다 더 중요한 것은 투자기구가 미리 정한 업무만을 충실하게 수행하는가 여부다. 만약 투자기구가 자금을 모집하면서 투자자에게 제시한 것 외의 사업을 자유롭게 영위한다면, 일반적인 기업과 다를 바가 없다. 따라서 모든 투자기구는 정관·약관 등의 설립문서에서 자신이 수행할 업무를 구체적인 투자업무로 한정한다. 이렇게 미리 정한 목적을 위해서만 존재하는 주체를 특수목적회사SPC: Special Purpose Company 또는 특수목적기구SPV: Special Purpose Vehicle라고 한다. SPC는 투자기구 외에도 자산유동화ABS: Asset Backed Securities와 같은 금융의 수단으로 널리 활용되고 있다.

투자기구가 만들어지면 자산운용자는 자금을 모집한다. 일반적으로 자금모집은 외부의 판매사에게 위탁한다. 이는 투자자를 자산운용자가 직접 접촉할 때 발생할 수 있는 이해상충을 방지하기 위해서다. 판매사 역할은 주로 은행이나 증권회사와 같이 판매망을 갖

---

9. 특수한 목적을 위해 만들어진 명목상의 주체는 법적 형태와 상관없이 Paper Company, Shell Company, Shelf Company 등으로 불린다. 국내에서는 Paper Company라는 표현을 주로 사용하지만, 해외에서는 Shell Company라는 표현도 많이 사용한다. Shelf Company는 나중의 사용을 위해 미리 만들어 둔 Shell Company를 일컫는 표현이다. 우리말로는 이들 용어를 명목회사라고 번역한다. 명목회사는 서류상으로도 존재하지 않는 가짜 회사를 의미하는 유령회사와 전혀 다른 표현이다.

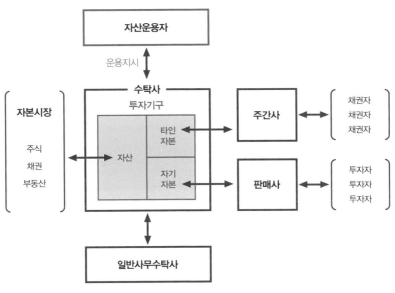

그림 2-3. 투자기구의 구조

춘 금융기관이 담당한다. 증권에 투자하는 투자기구와 달리, 부동산에 투자하는 투자기구는 차입을 통해 자금을 조달할 수도 있다. 부동산투자에 동원되는 차입은 규모가 크기 때문에, 여러 채권자가 모여 대주단Syndication을 구성하는 경우가 많다. 대주단의 실무를 이끄는 회사를 주간사라고 한다.

자금이 준비되면 자산운용자의 운용지시에 의해 투자기구가 자산을 취득한다. 일반적으로 자산은 투자기구나 자산운용자가 아닌 외부의 수탁사Trustee 또는 Custodian 명의로 소유한다. 운용과 소유를 분리하는 것은 자산운용자의 불법적이거나 비윤리적인 행위를 감시하기 위해서다. 수탁사 역할은 주로 은행과 같이 신용도가 높은 신탁업자가 담당한다. 자산운용자는 그밖에 투자기구의 운영을 위한 일반적인 사무도 외부의 일반사무수탁사에게 위탁하고, 투자업무에만 집중한다.

투자로부터 이익이 발생하면 투자자에게 배분하는데, 이 역시 판매사를 통해서 집행한다.

그리고 투자의 목적이 완성되거나 존속 기간이 만료되면, 자산운용자는 잔여재산을 모두 처분하여 투자자에게 배분한 후 투자기구를 청산한다.

〈그림 2-3〉은 주식회사나 신탁 형태의 명목형 투자기구를 나타낸 것이다. 여기서 자산운용자는 투자기구에 대해 선량한 관리자Fiduciary로 역할을 할 뿐, 그 이상의 이해관계를 가지지 않는다. 그러나 투자기구의 법적 형태에 따라 자산운용자의 역할이 더욱 확대되기도 한다. 합자회사 형태로 투자기구를 만드는 경우가 이에 해당한다.

합자회사는 자산운용을 담당하면서 투자기구의 채무에 무한책임을 지는 업무집행사원 또는 무한책임사원GP: General Partner과 투자기구에 자금을 제공하되 투자한 범위 내에서 유한책임을 지는 유한책임사원LP: Limited Partner으로 구성된다. 여기서는 GP도 LP와 함께 자금을 투자하며, 투자기구로부터 보수뿐 아니라 이익도 배분받는다. 최근에는 주식회사나 신탁 형태의 투자기구에도 자산운용자가 자금을 투자하는 경우가 늘고 있다. 투자자와 이해관계를 일치시킴으로써 더 큰 신뢰를 주기 위해서다.

부동산투자기구

부동산시장에서는 사모 비상장을 특징으로 하는 부동산펀드REF: Real Estate Fund와 공모 상장을 특징으로 하는 리츠REITs: Real Estate Investment Trusts가 가장 대표적인 투자기구다. 세계 각국에서 투자기구 관련 법령은 전통투자, 즉 공모로 자금을 조달하여 증권에 투자하는 것을 중심으로 발전하였다. 그런데, 대체투자가 성장하면서 기존의 투자기구 관련 법령이 사모로 자금을 조달하는 부동산펀드를 포섭하거나, 새로운 법령의 제정 또는 세법의 개정을 통해 공모로 자금을 조달하는 리츠를 창설하게 된 것이다.

미국에서 전통투자를 규율하는 법령은 「투자회사법ICA: Investment Company Act of 1940」이다. 부동산펀드를 포함한 사모펀드Private Fund는 「투자자문사법IAA: Investment Advisers Act of 1940」에 의해, 리츠는 「소득세법IRC: Internal Revenue Code Sec. 856~859」에 의해 규율된다. 유럽, 즉

EU_{European Union} 차원에서 전통투자를 규율하는 법령은 「양도성 증권 집합투자기구에 관한 지침_{UCITSD: Undertakings for Collective Investment in Transferable Securities Directive}」이다. 부동산펀드를 포함한 대체투자펀드는 「대체투자펀드 운용자에 관한 지침_{AIFMD: Alternative Investment Fund Managers Directive}」에 의해, 리츠는 EU 회원국의 개별 법령에 의해 규율된다. 일본의 경우, 미국이나 유럽과 다소 다른 체계를 가지고 있다. 일본에서는 「투자신탁 및 투자법인에 관한 법률」에서 전통투자와 대체투자를 모두 규율한다. 이 법에 의해 부동산에 투자하는 공모 투자법인이 바로 J-REITs[10]다. 부동산펀드로는 「자산유동화에 관한 법률」에 의한 TMK[11]와 「상법」 및 「회사법」에 의한 GK-TK[12]가 주로 활용된다.

부동산투자기구와 관련된 우리나라 법령은 다음과 같다.

우리나라에서 부동산펀드를 규율하는 법령은 「자본시장과 금융투자업에 관한 법률_{자본시장법}」이다. 「자본시장법」은 증권·신탁·자산운용 등을 포괄적으로 규율하는 법률로서, 투자기구에 대해서도 전통투자와 대체투자를 모두 다루고 있다. 「자본시장법」은 고객에게 투자서비스를 제공하는 산업을 금융투자업이라고 부르는데, 여기에는 집합투자업·투자일임업·신탁업 등이 포함된다.

집합투자업이란 2인 이상의 투자자로부터 모은 금전을 투자자로부터 일상적인 운용지시를 받지 않고 운용하는 서비스를 말한다. 여기서 중요한 조건은 2인 이상의 투자자라는 집합투자 개념과 투자자로부터 일상적인 운용지시를 받지 않는 자율성 개념이다.

투자일임업은 투자자로부터 투자판단의 전부 또는 일부를 일임 받아 투자자별로 구분하여 재산 상태나 투자목적에 맞게 운용하는 서비스를 말한다. 여기서 중요한 조건은 투자자별로 구분하는 일대일 관계와 투자자의 운용관여 가능성이다.

---

10. 공모 리츠는 일본의 J-REITs, 우리나라의 K-REITs와 같이 국가명을 붙여서 부르는 경우가 많다.
11. TMK는 Tokutei Mokuteki Kaisha의 약자다. 한국어로는 특정목적회사(SPC: Specific Purpose Company)라고 번역한다.
12. GK-TK는 Godo Kaisha - Tokumei Kumiai의 약자다. GK는 유한책임사인 합동회사, TK는 익명조합을 각각 의미한다.

신탁업은 위탁자와의 신임관계에 기하여 위탁자의 재산을 이전받아 수익자를 위해 관리·처분·운용·개발하는 서비스를 말한다. 여기서 중요한 조건은 위탁자와 수익자가 다를 수 있다는 점_{타익신탁}과 투자일임업과 마찬가지로 위탁자의 운용관여가 가능하다는 점이다.

세 가지 금융투자업 중에서 부동산펀드의 개념에 가장 부합하는 것은 집합투자업이다. 집합투자업을 영위하는 금융기관을 집합투자업자라고 하는데, 이 집합투자업자가 바로 부동산펀드의 자산운용자다. 부동산펀드는 회사·신탁·조합 등 다양한 형태로 만들어질 수 있는데, 「자본시장법」은 명목상의 주체만을 허용한다. 그중 우리나라에서 가장 큰 비중을 차지하는 것은 신탁이다. 투자일임은 주식투자에서는 많이 사용되지만 부동산투자에서는 그다지 선호되지 않으며, 신탁은 투자보다는 부동산에 담보를 설정하고 자금을 통제하는 수단으로 더 많이 활용된다.

우리나라에서 리츠를 규율하는 법률은 「부동산투자회사법」이다. 이 법에서는 리츠를 부동산투자회사라고 부른다. 부동산투자회사는 주식회사 형태로만 설립할 수 있으며, 자기관리리츠·위탁관리리츠·기업구조조정리츠 세 가지로 구분된다. 이 중 자기관리리츠는 실체 있는 주체이고, 위탁관리리츠와 기업구조조정리츠는 부동산펀드와 마찬가지로 명목상의 주체다. 위탁관리리츠와 기업구조조정리츠의 자산운용자를 「부동산투자회사법」은 자산관리회사라고 부른다.

리츠는 투자자 수와 관련해서 1인의 주식소유한도·공모비율 등 엄격한 분산요건을 적용받고, 주주총회와 이사회를 통해 중요한 의사결정에 투자자가 참여할 수 있다는 점에서 부동산펀드와 성격이 다르다. 따라서 자산운용자의 역할에도 미세한 차이가 있다.

부동산펀드와 리츠는 금융상품이다. 금융상품은 금융투자상품과 비금융투자상품으로 나뉘는데, 예금이나 보험과 달리 투자의 성과에 따라 원본에 손실이 발생할 수 있는 것을 금융투자상품이라고 한다. 금융투자상품은 다시 손실이 원본에 한정되는 증권과 손실이 원본을 초과할 수 있는 파생상품으로 나뉜다. 부동산펀드나 리츠와 같은 투자기구가

표 2-2. 부동산 관련 투자서비스업

구분	집합투자업	투자일임업	신탁업	자산관리업
투자상품	집합투자기구(부동산펀드)	투자일임	신탁	부동산투자회사(리츠)
투자자 수	2인 이상	1인	1인	다수
운용의 집합성	가능	불가	불가	가능
운용의 자율성	전면적	제한적	제한적	제한적
투자자 지위	운용관여 불가	운용관여 가능	운용관여 가능	운용관여 가능

발행한 수익증권이나 주식은 이 중 증권에 속한다. 따라서 투자기구는 투자자에게 수익이나 원본을 보장하지 않는다.

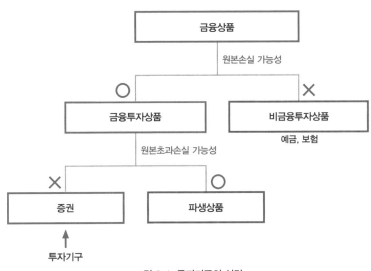

그림 2-4. 투자기구의 성격

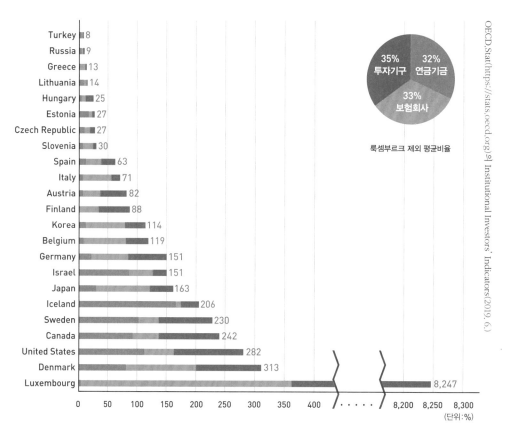

OECD.Stat(https://stats.oecd.org)의 Institutional Investors' Indicators(2019. 6.)

룩셈부르크 제외 평균비율

기관투자자 보유 금융자산의 GDP 대비 비율

큰손_기관투자자

오늘날 기관투자자는 금융시장뿐 아니라 경제 전체에서 큰 비중을 차지하고 있다. 세계 주요 국가의 연금기금·보험회사·투자기구가 보유한 금융자산은 평균적으로 해당 국가 GDP의 4.6배에 달한다. 이 중 금융허브로서 특수한 성격을 가지는 룩셈부르크를 제외하더라도, 기관투자자의 금융자산은 평균적으로 해당 국가 GDP의 1.1배가 넘는다. 기관투자자 내에서 연금기금·보험회사·투자기구가 각각 차지하는 비중은 룩셈부르크를 제외할 경우 대체로 비슷하다.

- '기관투자자'란 불특정 다수의 고객으로부터 자금을 위탁받아 대신 투자하는 일을 업으로 하는 기관을 말한다. 기관투자자는 자금의 성격에 따라 연금성·보험성·사업성 및 수익성 투자자로, 운영의 주체에 따라 공공 및 민간 투자자로 구분된다.

- 기관투자자에게 '자금운용'이란 고유의 목적을 달성하기 위해 수입과 지출을 관리하는 모든 활동을 말한다. 그중 여유자금을 효율적으로 관리하는 것을 '자산운용'이라고 한다.

- 기관투자자의 자산운용과정은 '계획·실행·평가' 세 단계로 이루어진다. 그중 실행은 다시 '취득·보유·처분'의 투자과정으로 구분되며, 가장 중요한 취득은 다시 '탐색·결정·집행'의 투자절차로 구분된다.

- 대부분 기관투자자는 투자의 실행업무를 외부의 '자산운용자'에게 위탁한다. 최근에는 계획과 평가업무도 포함하여 'OCIO'에게 위탁하는 경우가 늘고 있는데, OCIO 역시 실행업무는 다시 자산운용자에게 위탁하는 것이 일반적이다.

- 자산운용자는 위탁받은 자금으로 '투자기구'를 만든 다음, 자신의 고유계정과 구분하여 운용한다.

- 부동산에 대한 투자기구에는 '부동산펀드'와 '리츠'가 있다. 우리나라의 경우 부동산펀드는 신탁, 리츠는 회사 형태로 만드는 것이 지배적이다.

- 부동산펀드와 리츠는 '금융상품'이다. 금융상품은 원본손실 가능성에 따라 '금융투자상품'과 '비금융투자상품'으로 나뉘며, 그중 원본손실 가능성이 있는 금융투자상품은 원본초과손실 가능성에 따라 다시 '증권'과 '파생상품'으로 나뉜다. 부동산펀드가 발행하는 수익증권과 리츠가 발행하는 주식은 이 중 손실이 원본에 한정되는 증권에 속한다.

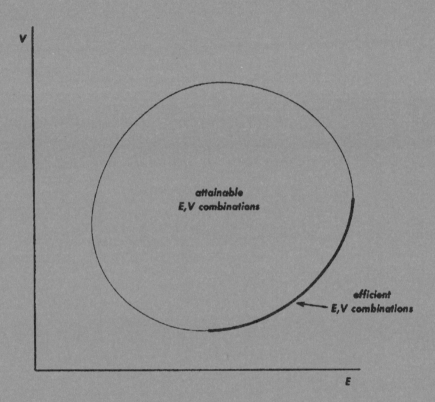

V

attainable
E,V combinations

efficient
E,V combinations

E

1950년대 해리 마코위츠는 포트폴리오 투자의 수익과 위험을 수학적으로 정치하게 설명했다. 그는 포트폴리오이론의 공로를 인정받아 1990년 노벨 경제학상을 수상했다. 그림에서 가로축의 E는 수익률의 기댓값을, 세로축의 V는 수익률의 분산을 각각 나타낸다. 최근 볼 수 있는 수익위험평면과 가로축, 세로축이 반대이니 주의할 것.

Harry Markowitz, "Portfolio Selection," *The Journal of Finance* 7(1), Mar. 1952, p.82.

이론

3

Value and Price
가치와 가격

3.1. 가치

가치의 개념

가치Value라고 하면, 사용가치와 교환가치라는 두 단어가 떠오른다. 경제학에서는 재화나 용역이 사람의 필요나 욕망을 충족시켜 주는 정도, 즉 사용의 측면에서 본 유용성을 사용가치, 서로 다른 재화나 용역이 교환되는 비율을 교환가치라고 한다. 소비재의 사용가치는 효용에 비례하고, 생산재의 사용가치는 생산성에 비례한다. 특별한 사정이 없다면, 교환가치는 교환되는 각 재화나 용역의 사용가치에 의해 결정된다.

투자론은 사용가치와 교환가치가 현금흐름으로 실현되는 것에 관심이 있다. 이는 '미래의 불확실한 수입을 위해 현재의 확실한 지출로 자산을 취득하는 것'이라는 투자의 정의에 잘 드러난다. 가치는 자산이 가지고 있는 능력이라는 관점에서 내재가치Intrinsic Value라고 부르기도 한다. 이러한 의미를 담아 가치를 정의하면 다음과 같다.

가치란 현금흐름을 창출하는 능력 또는 그것을 화폐단위로 측정한 금액

화폐의 시간가치

투자자는 자산의 가치가 얼마인지 알아야 한다. 하지만, 가치는 가격과 달리 직접 관찰되지 않는다. 시장에 참여하는 주체들의 마음속에 다양한 평가Valuation가 있을 뿐이다. 따라서 가치를 남들보다 정확하게 평가하는 것은 투자자가 가져야 할 중요한 능력이다.

가치평가는 자산으로부터 기대되는 미래 현금흐름을 추정하고, 그것을 적정한 할인율로 현재가치화 하는 절차로 수행된다. 그런데, 할인은 왜 필요한 걸까?

이 질문은 이자가 왜 필요한지 묻는 것과 같다. 사람은 현재의 1원에 미래의 1원보다 높은 가치를 부여한다. 따라서 현재의 1원이 미래에 얼마의 가치를 가지는지 계산하려면 일정한 비율로 할증해야 하고, 미래의 1원이 현재 얼마의 가치를 가지는지 계산하려면 일정한 비율로 할인해야 한다. 여기서 미래를 향한 비율이 이자율Interest Rate, 현재를 향한 비율이 할인율Discount Rate이다. 이렇게 시간에 따라 달라지는 돈의 가치를 화폐의 시간가치Time Value of Money라고 한다. 이자율과 할인율은 화폐의 시간가치를 측정하는 도구다.

좀 더 근본적인 질문을 해 보자. 사람은 왜 현재의 1원을 더 선호할까? 여러 가지 이유가 있겠지만, 다음의 다섯 가지가 주로 거론된다. 첫째, 소비의 시간선호. 사람은 미래보다 현재의 소비를 더 선호한다. 따라서 당장이라도 소비할 수 있는 현재의 돈에 더 큰 가치를 부여한다. 둘째, 옵션가치. 지금 돈을 가지고 있다면 현재의 소비와 미래의 소비를 자유롭게 선택할 수 있다. 이러한 선택권 자체도 가치를 가진다. 셋째, 투자기회. 현재의 돈은 투자를 통해 미래에 더 큰 돈으로 불릴 수 있다. 따라서 같은 금액이라면 현재의 돈이 미래의 돈보다 크다. 넷째, 인플레이션. 대부분의 사회에서 물가는 오른다. 따라서 같은 돈으로 소비할 수 있는 양이 미래로 갈수록 적어진다. 다섯째, 불확실성. 미래의 일은 불확실하다. 미래의 돈은 여러 가지 이유로 나에게 약속대로 지급되지 않을 수 있다.

화폐가 시간가치를 가지는 이유에 찬성한다면, 이제 그것을 나타내는 방법에 대해 알아보자. 이자율과 할인율은 원금에 대한 비율로 표시된다. 또한, 시간가치를 나타내는 도구인 만큼 일정한 기간 단위로 표시된다. 일반적으로 사용되는 이자율과 할인율의 단위는 '%/년'이다. 특별한 언급 없이 이자율이나 할인율이 10%라고 하면, 현재의 돈은 1년 뒤 10% 할증되고, 1년 뒤의 돈은 현재 10% 할인되는 것을 의미한다.

예를 들어보자. 지금 10,000원이 있다. 이 돈의 현재가치_{PV: Present Value}는 당연히 10,000원이다. 이자율 i가 10%라면, 이 돈의 1년 후 미래가치_{FV: Future Value}는 얼마일까? 1년이 경과하는 동안 이자가 1,000원, 즉 10,000원의 10%가 붙어서 원금 10,000원과 함께 총 11,000원이 될 것이다. 다시 말해서, 이자율이 10%인 사회에서는 현재의 10,000원이 1년 후의 11,000원과 같은 가치를 가진다. 2년 후에는 11,000원에 10%의 이자가 붙어서 12,100원이 된다. 따라서 이자율이 10%인 사회에서는 현재의 10,000원이 2년 후의 12,100원과 같은 가치를 가진다. 여기서 2년 후의 미래가치가 12,000원이 아닌 것에 유의해야 한다.

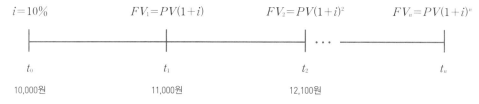

그림 3-1. 화폐의 미래가치

현재의 돈이 1년 후, 2년 후, 나아가서 n년 후 가지는 가치를 수식으로 나타내면 아래와 같다. 당연한 이야기지만, 미래의 돈을 현재가치로 할인할 때는 공식을 거꾸로 적용하면 된다. 이 경우 i는 할인율을 의미한다.

미래가치를 구하는 경우

PV의 1년 후 미래가치: $FV_1 = PV + PV \times i = PV(1+i)$

PV의 2년 후 미래가치: $FV_2 = PV(1+i)(1+i) = PV(1+i)^2$

PV의 n년 후 미래가치: $FV_n = PV(1+i)^n$

현재가치를 구하는 경우

1년 후 FV_1의 현재가치: $PV = \dfrac{FV_1}{1+i}$

2년 후 FV_2의 현재가치: $PV = \dfrac{FV_2}{(1+i)^2}$

n년 후 FV_n의 현재가치: $PV = \dfrac{FV_n}{(1+i)^n}$

이자율의 단위가 '%/년'이라고 해서 이자의 지급도 반드시 연 1회만 해야 하는 것은 아니다. 이자의 지급주기는 연·분기·월 등 임의로 정할 수 있다. 연율로 표시된 이자율이 같더라도 지급주기가 짧으면, 같은 기간 동안 붙는 이자가 커진다. 이자율이 10%, 지급주기가 분기인 경우를 생각해 보자. 특별한 언급이 없는 한 10%는 연율이므로, 이 말은 분기마다 10%의 4분의 1인 2.5%의 이자를 지급한다는 의미다. 그렇다면, 연 1회 10%의 이자를 받는 것과 연 4회 2.5%의 이자를 받는 것 중 어느 쪽이 더 유리할까? 당연히 후자다. 복리효과 때문이다.

10,000원의 원금에 연 1회 10%의 이자가 붙을 경우, 1년 후 미래가치는 11,000원이 된다. 그러나 연 4회 2.5%의 이자가 붙는다면, 1년 후 미래가치는 11,038원이 된다. $PV(1+i)$ 보다 $PV(1+i/4)^4$이 크기 때문이다. 이 차이는 해를 거듭할수록 기하급수적으로 커진다. 2년 후 미래가치는 $PV(1+i/4)^{4 \times 2}$, n년 후 미래가치는 $PV(1+i/4)^{4 \times n}$이기 때문이다. 주기의 효과는 할인에도 동일하게 적용된다. 같은 할인율이라도 할인주기가 짧을수록 현

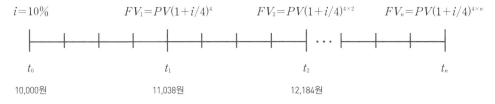

$i = 10\%$ $FV_1 = PV(1+i/4)^4$ $FV_2 = PV(1+i/4)^{4 \times 2}$ $FV_n = PV(1+i/4)^{4 \times n}$

t_0 t_1 t_2 t_n

10,000원   11,038원   12,184원

그림 3-2. 이자지급주기와 화폐의 미래가치

재가치가 작아진다. n년 후 미래가치 FV_n에 대해, 할인주기가 연·분기·월인 경우의 현재가치를 수식으로 나타내면 아래와 같다.

연 할 인: $PV = \dfrac{FV_n}{(1+i)^n}$

분기할인: $PV = \dfrac{FV_n}{(1+i/4)^{4 \times n}}$

월 할 인: $PV = \dfrac{FV_n}{(1+i/12)^{12 \times n}}$

미래의 여러 시점에 걸쳐 발생하는 현금흐름의 현재가치를 구하고 싶다면, 각각 할인해서 더해 주면 된다. 1년 후에 FV_1, 2년 후에 FV_2, $\cdots$ n년 후에 FV_n인 현금흐름의 현재가치는 아래 식과 같다. 실제로 어떤 자산에 투자할 경우, 미래의 현금흐름은 여러 번 발생하는 것이 일반적이다. 자산의 처분에 따른 수입 외에 주식의 경우에는 배당, 채권의 경우에는 이자, 부동산의 경우에는 운영소득이 있기 때문이다.

$$PV = \frac{FV_1}{1+i} + \frac{FV_2}{(1+i)^2} + \cdots + \frac{FV_n}{(1+i)^n} = \sum_{t=1}^{n} \frac{FV_t}{(1+i)^t}$$

할인율과 관련해서 두 가지 생각할 것이 있다. 첫째, 위 식은 할인율을 매년 i로 동일하다고 가정하였다. 그러나 실제로는 시간에 따라 이자율이 변하기 때문에 할인율도 달라질

이론 편

것이다. 다만 미래의 이자율을 지금으로서는 알 길이 없기 때문에, 위 식과 같이 평균적인 할인율을 일률적으로 적용한 것이다. 둘째, 할인율은 현금흐름 또는 그것을 낳는 자산의 특성에 따라서도 달라진다. 미래의 현금흐름이 확실히 보장된 경우에는 무위험이자율Risk-free Rate과 같이 매우 낮은 할인율을 적용한다. 하지만, 미래의 현금흐름이 불확실할수록 점점 더 높은 할인율을 적용해야 한다.

한편 다기간의 현금흐름에 일정한 규칙이 있을 경우, 현재가치 공식을 간단하게 축약할 수 있다. 가장 단순한 경우는 매년 일정한 금액이 오랜 기간 또는 영원히 지급되는 연금Annuity이다.

연금의 현재가치를 구하기 위해서는 먼저 등비수열의 합 공식을 상기해야 한다. 등비수열이란 이전 항에 일정한 값이 곱해져 다음 항이 결정되는 수열을 말한다. 등비수열의 초항을 a, 공비를 r이라고 하면, n번째 항 a_n의 값은 ar^{n-1}이 된다. 이때 초항부터 n항까지의 합 S_n은 아래 식과 같이 계산할 수 있다.

$$S_n = a + ar + ar^2 + \cdots + ar^{n-1}$$
$$rS_n = ar + ar^2 + ar^3 + \cdots + ar^n$$
$$S_n - rS_n = a - ar^n$$
$$S_n(1-r) = a(1-r^n)$$
$$S_n = \frac{a(1-r^n)}{1-r}$$

매년 말 A원이 영원히 지급되는 연금이 있다고 하자. 이 연금의 현재가치는 모든 A원들을 할인하여 더한 값이다. 그런데 이 식을 자세히 보면, 초항이 $A/(1+i)$, 공비가 $1/(1+i)$인 등비수열의 합이라는 것을 알 수 있다. 따라서 위 공식을 이용해서 간단히 축약할 수 있는데, 그 결과는 정말 '간단하게도' 연금을 할인율로 나눈 값이다.[13]

$$PV = \frac{A}{1+i} + \frac{A}{(1+i)^2} + \frac{A}{(1+i)^3} + \cdots$$

$$= \lim_{n \to \infty} \frac{\dfrac{A}{1+i}\left[1 - \left(\dfrac{1}{1+i}\right)^n\right]}{1 - \left(\dfrac{1}{1+i}\right)}$$

$$= \frac{\dfrac{A}{1+i}}{\dfrac{i}{1+i}} = \frac{A}{i} \quad \therefore \ \frac{1}{1+i} < 1 \ \to \ \lim_{n \to \infty}\left(\frac{1}{1+i}\right)^n = 0$$

연금의 현재가치 공식을 음미해 보자. 만약 당신이 매년 1,000만 원의 연금을 영원히 받을 수 있다면, 그 현재가치 또한 무한할 것으로 착각하기 쉽다. 그러나 할인율이 10%인 경우, 영원한 현금흐름의 현재가치는 단지 연금의 10배인 1억 원밖에 되지 않는다. 할인율이 그보다 훨씬 낮은 2%인 사회에서도, 현재가치는 연금의 50배인 5억 원에 불과하다. 10배나 50배가 작은 배수는 아니지만, 무한할 것이라는 기대와는 매우 다르다. 이것이 할인율의 힘이다.

연금이 매년 일정한 비율 g만큼 증가하는 경우에도 현재가치를 간단히 나타낼 수 있다. 아래 식과 같이 등비수열의 공비만 $(1+g)/(1+i)$로 바꿔주면 된다. 수식을 축약한 결과를 보면 분모가 $i-g$로서, 연금이 일정한 경우의 분모 i보다 작은 것을 알 수 있다. 증가하는 현금흐름의 영향이 분모를 작게 만드는 방식으로 반영된 것이다. 실제로 연금은 매년 물가상승률 정도 오르기 때문에, 이 수식이 더 현실적이다. 단, 이 수식이 축약되기 위해서는 연금의 성장률 g보다 할인율 i가 커야 한다. 정상적인 시장이라면 이 조건은 충족되기 마련이다. 만약 할인율보다 더 빠른 속도로 성장하는 연금이 있다면, 그 현재가치는 무한대가 될 것이기 때문이다.

---

13. 여기서 첫해의 연금 A원도 1년치 할인되는 점에 유의해야 한다. 이는 연금이 매년 '말' 지급되는 것으로 가정했기 때문이다. 연금의 현재가치 공식에서, 분자는 현재가 아닌 향후 1년간의 금액이다.

$$PV = \frac{A}{1+i} + \frac{A(1+g)}{(1+i)^2} + \frac{A(1+g)^2}{(1+i)^3} + \cdots$$

$$= \lim_{n \to \infty} \frac{\dfrac{A}{1+i}\left[1 - \left(\dfrac{1+g}{1+i}\right)^n\right]}{1 - \left(\dfrac{1+g}{1+i}\right)}$$

$$= \frac{\dfrac{A}{1+i}}{\dfrac{i-g}{1+i}} = \frac{A}{i-g} \quad \because \; \frac{1+g}{1+i} < 1 \; \to \; \lim_{n \to \infty}\left(\frac{1+g}{1+i}\right)^n = 0$$

매년 일정한 현금흐름은 매년 일정하게 성장하는 현금흐름의 특수한 경우, 즉 성장률 g 가 0인 경우다. 따라서 두 번째 수식이 현재가치를 구하는 일반식이라고 할 수 있다. 이때 분모의 값 $i-g$를 자본환원율Capitalization Rate이라고 한다. 수식에서 보는 바와 같이, 다기간의 현금흐름에 일정한 규칙이 있을 경우 사용되는 자본환원율은 할인율에서 현금흐름의 기대증가율을 차감한 값을 가진다.

지금까지 살펴본 바와 같이 자산의 가치는 미래 현금흐름을 추정하고, 그것을 적정한 할인율로 현재가치화 하여 구한다. 이는 대부분 자산의 가치평가에 적용되는 원리로서, 자산의 종류에 따라 현금흐름과 할인율의 내용만 조금씩 다를 뿐이다. 화폐의 시간가치는 가치평가에 기본이 되는 지식이니 반드시 이해해야 한다.

부동산의 가치평가

부동산으로부터 기대되는 미래 현금흐름은 주식이나 채권과 같은 증권의 현금흐름에 비해 복잡하다. 주식의 경우는 보유기간 중 배당수입과 처분시점의 매각수입, 채권의 경우는 보유기간 중 이자수입과 처분시점의 매각수입이 현금흐름의 대부분을 구성한다. 그러나 부동산과 같은 실물자산의 경우, 보유기간 중 운영에 따른 수입이 다양할 뿐 아니라 보유와 처분의 과정에서 발생하는 비용도 다양하다.

먼저 보유기간부터 알아보자. 부동산의 운영에 따른 현금흐름은 비용을 어디까지 차감하는가에 따라 여러 단계로 나뉜다. 부동산이 완전히 가동되는 경우 기대할 수 있는 현금유입, 즉 건물 전체가 임대되고 주차장·창고·광고시설·무인판매시설 등이 빈틈없이 사용되는 경우의 수입을 가능총소득PGI: Potential Gross Income이라고 한다. 그러나 현실적으로 어떤 부동산이라도 PGI를 지속적으로 달성하는 것은 불가능하다. 공실Vacancy·대손Loss 등 불가피한 수입의 감소가 발생하기 때문이다. 이를 차감한 현금흐름을 유효총소득EGI: Effective Gross Income이라고 한다.

비록 EGI가 PGI에 비해 현실적인 현금흐름이지만, 이것이 모두 임대인에게 귀속되지는 않는다. 각종 운영비용Operating Expense을 지출해야 하기 때문이다. 대표적인 운영비용에는 재산세·보험료·관리비용이 있다. 재산세Property Tax는 부동산을 보유하는 데 따르는 세금을 말한다. 부동산으로부터 소득이 발생하여 납부하는 소득세는 재산세와 달리 운영비용에 포함되지 않는다. 보험료Insurance Premium는 부동산과 직접 관련되는 화재보험·손해배상보험 등의 보험료를 말한다. 많은 보험회사가 부동산과 관련된 보험을 모아 패키지 상품으로 판매하고 있다. 관리비용Maintenance Cost에는 공용공간의 관리, 즉 청소·경비·안내 등의 서비스 비용과 수도광열비·수선유지비·광고비 등이 포함된다. 유효총소득에서 운영비용을 차감한 값을 순영업소득NOI: Net Operating Income이라고 한다.

NOI는 부동산의 가치평가에 있어서 기준이 되는 현금흐름이다. 임대인에게 실제로 귀속되는 돈이기 때문이다. 그러나 NOI에서 추가로 차감되는 현금유출이 발생할 수도 있다. 부채원리금과 소득세가 그것이다. 만약 부동산을 취득하는 과정에서 부채를 사용했다면, 채권자에게 이자와 원금을 지급해야 한다. 이를 부채원리금Debt Service이라고 한다. 부채원리금을 지급하고도 이익이 남을 경우, 정부에 소득세Income Tax를 납부해야 한다. 그러나 부채원리금은 부채를 사용하지 않으면 지급할 필요가 없고, 소득세는 이익이 남지 않으면 납부할 필요가 없다. 따라서 부동산 자체의 가치를 평가할 때는 NOI를 기준으로 삼는다.

가능총소득PGI: Potential Gross Income

－ 공실대손Vacancy & Loss

＝ 유효총소득EGI: Effective Gross Income

－ 운영비용Operating Expense

＝ 순영업소득NOI: Net Operating Income

－ 부채원리금Debt Service

＝ 세전현금흐름BTCF: Before Tax Cash Flow

－ 소득세Income Tax

＝ 세후현금흐름ATCF: After Tax Cash Flow

참고로 NOI에서 부채원리금을 차감한 값을 세전현금흐름BTCF: Before Tax Cash Flow, BTCF 에서 소득세를 차감한 값을 세후현금흐름ATCF: After Tax Cash Flow이라고 한다.

이제 처분시점에 대해 알아보자. 부동산을 매각하면 매수자가 지불하는 매매금액, 즉 매 각금액Sale Price이 들어온다. 여기서 매각을 위해 지출한 부대비용을 차감한 현금흐름을 매각수익Sale Proceeds 또는 Net Sale Proceeds이라고 한다. 매각부대비용Selling Cost에는 평가·중 개 등 전문적인 서비스에 대한 수수료가 대부분을 차지한다. 우리나라의 경우, 부동산의 거래세를 매수자가 부담하기 때문에 이를 고려할 필요는 없다.

보유기간 현금흐름 중에서 NOI가 가치평가의 기준이 되는 것과 같은 이유로 처분시점 현 금흐름 중에서는 매각수익이 가치평가의 기준이 된다. 참고로 처분시점의 BTCF는 매각 수익에서 채권자에 대한 부채원금잔액Loan Balance을 차감한 값이다. 이를 지분회수액 또 는 지분복귀액Equity Reversion이라고도 한다. 처분시점의 ATCF는 BTCF에서 자본이득에 대한 소득세를 차감한 값이다.

매각금액Sale Price

－ 매각부대비용Selling Cost
_____

＝ 매각수익Sale Proceeds

－ 부채원금잔액Loan Balance
_____

＝ 세전현금흐름BTCF: Before Tax Cash Flow

－ 소득세Income Tax
_____

＝ 세후현금흐름ATCF: After Tax Cash Flow

보유와 처분으로부터 기대되는 미래의 현금흐름을 추정할 때, 한 가지 주의할 점이 있다. 부동산이 처한 일시적인 사정을 지나치게 반영해서는 안 된다는 것이다. 가치평가는 부동산이 최유효이용Highest and Best Use 상태에 있는 것을 전제해야 한다. 관리가 부실하여 일시적으로 NOI가 낮다고 해서 가치를 낮게 평가해서는 안 되고, 반대로 임차인이 일시적으로 높은 임대료를 지불하고 있다고 해서 가치를 높게 평가해서는 안 된다. 물론, 이와 같은 사정이 있을 경우 실제 매매가격에는 영향을 미칠 것이다. 그러나 최유효이용을 전제로 가치를 평가해야만 그러한 매매가격이 고평가된 것인지 저평가된 것인지 판단할 수 있다.

현금흐름이 추정되면 적정한 할인율을 적용하여 부동산의 현재가치를 구한다. 할인율은 시장이자율뿐 아니라 부동산의 위험, 즉 현금흐름의 불확실성을 함께 고려하여 결정한다. 지역·섹터 등 부동산의 특성에 따라 할인율은 달라질 수 있다. 할인율은 부동산의 매수자, 즉 투자자가 바라는 요구수익률과 같기 때문이다.

할인율을 결정하는 방법은 크게 세 가지다. 첫 번째 방법은 무위험이자율에 위험프리미엄Risk Premium을 더하는 것이다. 무위험이자율은 시장에서 관찰 가능하므로, 부동산의 특성을 고려하여 위험프리미엄만 산정하면 이 방법을 적용할 수 있다. 그러나 위험프리미엄 산정에 주관이 개입될 여지가 크다는 단점을 가진다. 두 번째 방법은 지분투자자의 요구수익률과 채권투자자의 요구수익률을 가중평균하여 자본비용을 계산하는 것이다. 이를 가중평균자본비용WACC: Weighted Average Cost of Capital이라고 한다. 채권투자자의 요구수익률은 차입금의 이자율을 통해 관찰 가능하므로, 지분투자자의 요구수익률만 알아내면 이 방법을 적용할 수 있다. 그러나 실제로 지분투자자의 요구수익률을 관찰하기가 어렵다는 단점을 가진다. 세 번째 방법은 자본환원율에 NOI 기대증가율을 더하는 것이다. 화폐의 시간가치에서 설명한 바와 같이 두 값을 더하면 투자자의 요구수익률, 즉 할인율이 된다. 자본환원율과 NOI 증가율은 시장에서 관찰 가능하므로, 이 방법의 활용성이 가장 높다.

부동산을 취득하여 3년간 보유한 후 매각하는 것을 가정하고 가치 V를 추정한 수식은 아래와 같다. 현금흐름으로는 NOI와 매각수익SP을 사용한다. 투자자는 매년 NOI를 얻고, 3년차 처분시점에는 매각수익도 얻는다.

$$V = \frac{NOI_1}{1+i} + \frac{NOI_2}{(1+i)^2} + \frac{NOI_3}{(1+i)^3} + \frac{SP_3}{(1+i)^3}$$

그런데 여러 해에 걸쳐 NOI와 매각수익을 추정하는 것은 쉬운 일이 아니다. 많은 가정을 동원하여 추정할 수는 있겠지만, 그것이 NOI를 일정한 것으로 또는 일정하게 성장하는 것으로 가정하는 것보다 정확하다는 보장이 없다. 게다가 가정을 단순하게 할 경우, 두 가지 장점이 따라온다. 첫째, 연금의 현재가치 공식을 활용하여 계산을 간단하게 할 수 있고, 둘째, 할인율을 결정하는 어려움을 피할 수 있다.

NOI가 일정하다고 가정할 경우, 부동산의 가치는 NOI를 할인율 i로 나누어 산출할 수 있다. 연금의 현재가치 공식을 그대로 적용할 수 있는 것은 보유기간 말 부동산의 매각수익이 보유기간 이후의 NOI에 의해 결정되기 때문이다.[14] NOI가 일정하게 증가하는 경우에도 이 논리는 그대로 적용된다. 할인율 i에서 NOI 기대증가율 g를 차감한 값으로 NOI를 나누면, 부동산의 가치가 산출된다.

NOI가 일정한 경우

$$V = \frac{NOI}{1+i} + \frac{NOI}{(1+i)^2} + \frac{NOI}{(1+i)^3} + \frac{SP_3}{(1+i)^3}$$

$$SP_3 = \frac{NOI}{(1+i)^4} + \frac{NOI}{(1+i)^5} + \frac{NOI}{(1+i)^6} + \frac{SP_6}{(1+i)^6}$$

$$SP_6 \cdots$$

$$= \frac{NOI}{1+i} + \frac{NOI}{(1+i)^2} + \frac{NOI}{(1+i)^3} + \cdots = \frac{NOI}{i}$$

NOI가 일정하게 증가하는 경우

$$V = \frac{NOI}{1+i} + \frac{NOI(1+g)}{(1+i)^2} + \frac{NOI(1+g)^2}{(1+i)^3} + \cdots = \frac{NOI}{i-g}$$

화폐의 시간가치에서 설명했듯이, NOI가 일정한 경우는 NOI가 일정하게 증가하는 경우에 포함된다. 따라서 부동산의 가치공식은 아래와 같이 정리할 수 있다. 여기서 자본환원율 c는 시장에서 관찰할 수도 있다. 부동산 거래정보를 수집한 후, NOI를 매매가격으로 나누면 된다.

$$V = \frac{NOI}{i-g} = \frac{NOI}{c}$$

그런데 부동산의 가치는 NOI로만 평가해야 하는 것일까? 반드시 그렇지는 않다. NOI를 자본환원율로 나눈 것처럼, 다른 현금흐름도 그에 맞는 가치비율로 나누면 된다. 〈표 3-1〉은 다섯 가지 현금흐름을 보여주고 있다. 시장에서 이루어진 부동산 거래들로부터

---

14. 여기서는 계산의 편의를 위해 매각부대비용이 없다고 가정한다.

표 3-1. 다양한 현금흐름과 가치비율

현금흐름		가치비율		가치	정보	잡음
가능총소득(PGI)	÷	a	=	A	적음	적음
유효총소득(EGI)	÷	b	=	B	↑	↑
순영업소득(NOI)	÷	c	=	C	↕	↕
세전현금흐름(BTCF)	÷	d	=	D	↓	↓
세후현금흐름(ATCF)	÷	e	=	E	많음	많음

매매가격과 다섯 가지 현금흐름에 관한 정보를 수집했다면, a부터 e까지 다섯 가지의 가치비율을 산출할 수 있다. 그리고 각 현금흐름을 그에 상응하는 가치비율로 나누면, A부터 E까지 동일한 값의 가치가 산출될 것이다. 따라서 우리가 어떤 현금흐름과 그에 상응하는 가치비율만 가지고 있다면, 부동산의 가치를 평가하는 것이 가능하다.

NOI를 가치평가의 기준으로 삼는 것은 다른 현금흐름보다 개념적으로 우수하기 때문이다. 다섯 가지 현금흐름이 내포하고 있는 정보를 비교해 보자. PGI에는 공실·대손 등 일상적으로 발생하는 수입의 감소가 내포되어 있지 않다. 마찬가지로 EGI에는 일상적으로 발생하는 운영비용이 내포되어 있지 않다. 이 값들은 지역·용도·물건 등에 따라 달라질 수 있으므로, 가능하면 가치평가에 반영하는 것이 좋다. 따라서 〈표 3-1〉에서 아래에 있는 현금흐름을 사용할수록 정보 면에서 우수한 가치평가를 할 수 있다. 그런데 NOI보다 아래에 있는 현금흐름은 부동산 자체보다 부채원리금·소득세 등 소유자의 신분이나 사정에 따라 달라지는 정보도 포함하고 있다. 따라서 자산의 가치만을 공정하게 반영하지 못한다. 결국 정보와 잡음을 모두 고려할 때, NOI가 부동산의 가치평가에 가장 적합한 현금흐름이라는 것을 알 수 있다. NOI에 대응되는 가치비율, 즉 c가 바로 자본환원율이다.

가치평가 사례

구체적인 사례를 통해 부동산의 가치를 평가해 보자. 'M타워'라는 오피스빌딩이 있다.

연면적 또는 임대가능면적은 20,000평이다. 주변 시세와 건물 상태를 고려할 때, 임대료는 120,000원/평·월, 임대료상승률은 연 2%, 주차·광고 등 기타수익은 임대수익의 5%일 것으로 기대된다. 또한, 평균적인 공실대손율은 PGI의 5%, 재산세는 12억 원/년, 보험료는 2,000만 원/년, 관리비용은 EGI의 30%이며, 이들 운영비용 역시 임대료와 동일하게 연 2% 상승할 것으로 기대된다. 통상적인 매각수수료는 매각금액의 1%다. 오피스 매매 사례를 조사한 결과, 자본환원율이 4.5%로서 향후에도 변화가 없을 것으로 예상된다. M타워를 5년간 보유한 후 매각하는 것을 가정할 때, 현재가치는 얼마일까?

PGI는 임대수익과 기타수익으로 구성된다. 임대수익은 임대료 120,000원/평·월에 12를 곱하여 연임대료로 환산한 후, 임대가능면적 20,000평을 곱하여 계산한다. 1년차 추정치는 288억 원이다. 2년차부터는 이 값을 매년 2%씩 상승시키면 된다. 기타수익은 임대수익에 기타수익비율 5%를 곱하여 계산한다. 1년차 추정치는 14억 원이다. PGI에 공실대손율 5%를 곱한 후 이 금액을 다시 PGI에서 차감하면, EGI가 산출된다. 1년차 추정치는

표 3-2. M타워의 가치평가 조건

구분		조건
PGI 조건	연면적	20,000평
	임대료	120,000원/평·월
	임대료상승률	연 2%
	기타수익비율	임대수익의 5%
EGI 조건	공실대손율	PGI의 5%
NOI 조건	재산세	12억 원/년
	보험료	2,000만 원/년
	관리비용	EGI의 30%
	운영비용상승률	연 2%
매각조건	매각수수료율	매각금액의 1%
	자본환원율	4.5%

287억 원이며, 매년 임대료와 동일하게 2%씩 상승한다.

NOI는 여기서 재산세·보험료·관리비용을 차감하여 추정한다. 재산세는 부동산의 가치에, 보험료는 그중 건물가치에 비례하는 비용이다. 운영비용 중 가장 비중이 큰 것은 관리비용이다. 관리비용은 세부 항목별로 단가를 추정해서 산출할 수도 있고, 이 사례와 같이 EGI에 일정 비율을 곱해서 산출할 수도 있다. 상기 조건으로 계산한 1년차 NOI는 189억 원이다. 이 역시 매년 2%씩 상승한다.

매각금액은 6년차[15] NOI를 자본환원율로 나누어 계산한다. 자본환원율이 4.5%이므로, 매각금액은 4,635억 원으로 추정된다. 여기서 매각비용 1%를 차감한 매각수익은 4,588억 원이다.

〈표 3-3〉은 M타워의 미래 현금흐름을 보여준다. 본문에서는 금액을 억 원 단위로 서술했지만, 표에서는 백만 원 단위로 표시하였다. 일반적으로 큰 숫자를 표시할 때 천·백만·십억 등 세 자릿수 단위로 콤마를 찍는데, 이 원칙을 따른 것이다. 실제로 복잡한 계산을 할 때는 엑셀Excel 프로그램을 사용하는 경우가 많다. 이때 숫자의 입력은 원 단위로 하고, 표시형식만 세 자릿수 단위로 끊는 것이 좋다. 단위를 다양하게 입력할 경우, 계산의 오류가 발생할 수 있기 때문이다.

〈표 3-3〉의 맨 아래 행은 NOI와 매각수익의 합계다. 이 값이 M타워의 가치평가에 기준이 되는 현금흐름이다. 현금흐름의 현재가치를 구하기 위해서는 할인율을 적용해야 한다. 이 사례에서는 자본환원율 4.5%에 NOI 기대증가율 2%를 합한 요구수익률 6.5%를 할인율로 사용한다. NOI 기대증가율로는 과거 5년의 평균을 적용한다. 과거의 추세가 미래에도 계속된다고 가정하는 것이다. 이때 NOI 평균증가율은 산술평균이 아닌 기하평균으로 계산해야 한다. 그 이유는 4장에서 자세히 설명한다.

---

15. 연금의 현재가치에서 설명한 바와 같이, 자본환원율은 현재의 가치와 향후 1년의 NOI 간 비율을 의미한다.

표 3-3. M타워의 미래 현금흐름   (단위: 백만 원)

구분		1년차	2년차	3년차	4년차	5년차	6년차
보유기간	임대수익	28,800	29,376	29,964	30,563	31,174	31,798
	기타수익	1,440	1,469	1,498	1,528	1,559	1,590
	PGI	30,240	30,845	31,462	32,091	32,733	33,387
	공실대손	1,512	1,542	1,573	1,605	1,637	1,669
	EGI	28,728	29,303	29,889	30,486	31,096	31,718
	재산세	1,200	1,224	1,248	1,273	1,299	1,325
	보험료	20	20	21	21	22	22
	관리비용	8,618	8,791	8,967	9,146	9,329	9,515
	NOI	18,890	19,267	19,653	20,046	20,447	20,856
처분시점	매각금액					463,459	
	매각수수료					4,635	
	매각수익					458,824	
현금흐름(NOI+매각수익)		18,890	19,267	19,653	20,046	479,271	

$$\text{NOI 기대증가율} = \text{NOI 평균증가율} = \sqrt[5]{\frac{20{,}856}{18{,}890}} - 1 = 2\%$$

$$\text{할인율} = \text{자본환원율 } 4.5\% + \text{NOI 기대증가율 } 2\% = 6.5\%$$

M타워의 가치는 미래 현금흐름의 현재가치를 합하여 계산한다. 이러한 방법을 현금흐름 할인법DCF: Discounted Cash Flow Method이라고 한다. 계산결과는 4,164억 원이다. 실제 계산은 Excel을 사용하여 쉽게 할 수 있다. Excel은 여러 기간에 걸친 현금흐름의 현재가치를 간단히 계산할 수 있는 'NPV 함수'를 제공하고 있다.

$$V = \frac{18{,}890}{1+6.5\%} + \frac{19{,}267}{(1+6.5\%)^2} + \frac{19{,}653}{(1+6.5\%)^3} + \frac{20{,}046}{(1+6.5\%)^4} + \frac{479{,}271}{(1+6.5\%)^5} = 416{,}386$$

일정하게 성장하는 연금의 현재가치 공식을 사용하여 M타워의 가치를 평가할 수도 있다. 자본환원율 4.5%로 1년차 NOI를 나누면, 아래 식과 같이 간단히 가치가 계산된다. 이러한 방법을 자본환원법Capitalization Method이라고 한다. 그 결과는 4,198억 원이다.

$$V = \frac{18,890}{4.5\%} = 419,769$$

한편, 토지의 가치는 어떻게 평가할까? 토지에서는 운영소득이 발생하지 않기 때문에, 앞에서 살펴본 방법을 그대로 적용하기 어렵다. 이때는 토지가 최유효이용 상태로 개발된 것을 가정하여 가치를 평가한 후, 건물의 취득원가를 빼 주는 방법을 사용한다. 토지의 가치평가는 개발에 의한 투자를 할 때 꼭 필요하다.

M타워를 매입하지 않고 개발한다고 가정해 보자. 모든 조건은 동일하고, 단지 시점만 3년 전으로 거슬러 올라간다. 어떤 토지가 있다. 이 토지를 매입하여 오피스를 개발할 경우, 3년 후 4,164억 원에 매각할 수 있을 것으로 기대된다. 건설에는 2년이 소요되며, 건설단가는 1,000만 원/평이다. 토지와 건물의 취득세율은 매입금액의 2%, 매입수수료율은 매입금액의 1%다.

먼저 추정할 것은 3년 후 매각수익의 현재가치다. 매각금액에서 매각수수료를 차감한 매각수익이 4,122억 원, 여기에 할인율 6.5%를 적용한 현재가치가 3,413억 원이라는 것은 쉽게 계산할 수 있다. 다음으로 추정할 것은 건물취득원가의 현재가치다. 건설비용은 건설단가 1,000만 원/평에 연면적 20,000평을 곱하여 계산할 수 있는데, 첫해에는 설계·인허가 등에 시간이 소요되므로 500억 원만 할당하고, 2년차에 나머지 1,500억 원을 할당한다. 건물이 준공되면 취득세가 발생하므로, 이 역시 반영해야 한다. 2년간의 건물취득원가에 할인율 6.5%를 적용하면, 현재가치가 1,827억 원으로 계산된다.

M타워 매각수익의 현재가치에서 건물취득원가의 현재가치를 차감하면, 1,585억 원이 된

표 3-4. M타워의 토지 가치평가   (단위: 백만 원)

구분		0년차	1년차	2년차	3년차
매각수익	매각금액				416,386
	매각부대비용				4,164
	매각수익				412,222
	매각수익 현재가치	341,258			
건물취득원가	건설비용		50,000	150,000	
	건물취득세			4,000	
	건물취득원가		50,000	154,000	
	건물취득원가 현재가치	182,724			
토지가치	토지취득원가	158,534			
	토지취득세	3,078			
	토지매입수수료	1,539			
	토지가치	153,917			

다. 이 값은 토지를 확보하기 위해 지출할 수 있는 최대 금액이다. 여기서 취득세와 매입 수수료를 차감하면, 순수한 토지의 가치가 산출된다. 주의할 점은 취득세율 2%와 매입수 수료율 1%가 토지취득원가인 1,585억 원이 아닌 토지가치에 적용된다는 것이다. 따라서 토지가치는 1,585억 원을 (1+2%+1%)로 나눈 1,539억 원이 된다.

M타워는 앞으로 이 책에서 자주 등장할 것이다. 사례가 필요한 경우 가급적 M타워를 사용할 것이기 때문이다. 그러니 이름과 개략적인 특성 정도는 기억하도록 하자.

3.2. 가격

가격의 개념

가격Price이란 재화나 용역이 실제로 거래되는 금액을 말한다. 시장이 수요초과 상태에 있으면 가격이 상승하고, 공급초과 상태에 있으면 가격이 하락한다. 가격의 상승과 하락은 수요와 공급이 일치할 때 멈추는데, 이 상태를 시장균형이라고 한다. 시장의 기능을 왜곡하는 특별한 사정이 없다면, 균형가격이 달성된 상태에서 수요자와 공급자의 효용이 극대화된다. 즉, 재화나 용역의 생산량과 소비량이 최적의 상태에 도달한다.

자본시장에서도 가격은 자산이 실제로 거래되는 금액을 말한다. 투자의 수요와 공급이 균형을 이룰 때, 자산의 배분이 최적화된다. 자본시장의 수요자와 공급자는 모두 투자자다. 전자는 자산을 취득하는 단계에 있고, 후자는 자산을 처분하는 단계에 있을 뿐이다. 가격은 가치와 달리 관찰 가능하다. 가격이 시장에서 객관적으로 결정된다는 관점에서 시장가격Market Price이라고 부르기도 한다. 가격의 정의는 다음과 같다.

가격이란 시장에서 실제로 거래되는 금액

가격은 등락을 반복한다. 가격이 영원히 상승하거나 하락하는 자산은 존재하지 않는다. 등락하는 가격은 평균에서 멀어지면 다시 돌아오는 것처럼 보인다. 이러한 성질을 가격의 평균회귀성향Mean Reversion Tendency이라고 한다. 여기서 평균이란 가격이 회귀하는 참값을 의미한다. 시장이 효율적이고 투자자가 합리적이라면 이 참값이 곧 가치일 것이다. 가격은 가치로부터 멀리 벗어나기 어렵다. 가격이 가치보다 높을 경우는 매도자가 증가하여 가격이 낮아지고, 가격이 가치보다 낮을 경우는 매수자가 증가하여 가격이 높아진다.

세상에 완전한 시장은 존재하지 않는다. 따라서 우리에게 관찰되는 가격은 언제나 가치에서 벗어나 회귀할 준비를 하는 상태에 있다고 봐야 한다. 그러나 가격이 가치로부터 얼마나 크고 오래 벗어나야 다시 회귀하는지는 알 수 없다. 그것에 영향을 미치는 변수가 너무 많기 때문이다. 가격이 가치로부터 극단적으로 벗어난 상태를 거품Bubble이라고 한다. 하지만, 얼마나 크고 오래 벗어나야 거품으로 볼지에 대해서도 통일된 공감대는 없다.

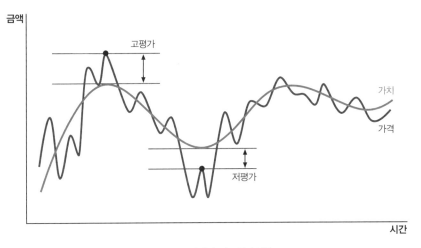

그림 3-3. 가격의 평균회귀성향

두 가지 가격

부동산시장에는 두 가지 가격이 있다. 임대시장에서 형성되는 임대료와 매매시장에서 형성되는 매매가가 그것이다. 임대료는 부동산의 사용권에 대한 대가로서 100만 원/월과 같이 단위기간 당 금액으로 표시되며, 매매가는 부동산의 소유권에 대한 대가로서 10억 원과 같이 기간 개념이 없는 금액으로 표시된다.

임대료와 매매가는 긴밀하게 연결되어 있다. 다른 조건이 동일하다면, 임대료의 상승은 매매가 상승을 초래한다. 이는 부동산의 가치가 NOI를 기준으로 산출되는 것을 통해 쉽게 유추할 수 있다. 반면, 매매가가 임대료에 미치는 영향은 다소 장기적이다. 다른 조건이 동일하다면 매매가의 상승은 부동산의 공급을 촉진하고, 결과적으로 임대료의 하락을 초래한다.

일반적으로 가격이라고 하면 매매가를 의미한다. 앞에서 살펴본 가치평가에서도 소유권의 가치를 다루었다. 매매가는 단순하고 우리에게 익숙하다. 반면, 임대료는 복잡하고 우리에게 그다지 익숙하지 않다. 이는 시대와 지역에 따라 임대차 관행이 다르기 때문이다. 임대료를 이해하는 데 필수적인 임대차계약에 대해 좀 더 알아보자.

임대차계약Lease Agreement이란 임대인Lessor 또는 Landlord은 사용권을, 임차인Lessee 또는 Tenant은 사용의 대가를 교환하기로 하는 기간 있는 약속이다. 임대차는 임차인이 목적물을 반환해야 한다는 점에서 소비대차와 다르고, 차임이 계약의 요소라는 점에서 사용대차와도 다르다. 임대차계약에는 목적물의 특정에서 분쟁의 해결방법에 이르기까지 다양한 내용이 포함된다. 그중 임대인의 수입을 결정하는 항목은 임대료·관리비·보증금 세 가지다.

임대료Rent는 임대인이 수취하는 순수한 사용대가다. 임대료는 전액 임대인의 수익이 된다. 임대료는 임대차기간 동안 고정할 수도 있고Flat, 주기적으로 일정하게 올릴 수도 있으며Step-up, 주기적으로 특정한 지수에 연동하여 조정할 수도 있다Indexed. 우리나라에서는 매년 소비자물가상승률을 기준으로 임대료를 조정하는 것이 일반적이다. 리테일의 경우, 임차인의 매출액이 일정 금액을 넘으면 그것에 연동하여 임대료를 조정하는 방법

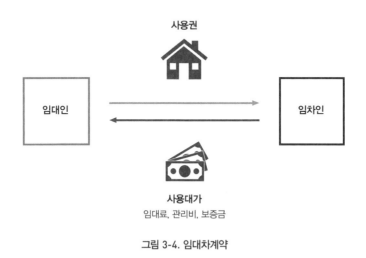

그림 3-4. 임대차계약

Performance 또는 Percentage도 자주 사용된다.

때로는 임대촉진을 위해 임차인에게 금전적 혜택Concession and Inducement을 주기도 한다. 여기에는 무상임대기간Free Rent Period·무상주차제공Free Parking·이사비용보조Moving Allowance·임차인계량보조Tenant Improvement·기존계약인수Buyout Allowance 등이 있다. 이러한 혜택은 사실상 임대료를 감액한 것으로 여겨지기도 한다.

관리비Maintenance Fee는 부동산의 운영비용을 충당하기 위해 수취한다. 여기서 운영비용이란 임차인의 전용공간이 아닌 공용공간의 운영비용Common Area Expense을 말한다. 여러 임차인이 있을 경우, 이 비용은 각 임차인이 사용하는 전용공간의 면적에 비례해서Pro Rata Share 할당된다. 운영비용은 크게 세 가지 항목으로 구성된다. 재산세·보험료·관리비용이 그것인데, 이에 관해서는 가치평가에서 자세히 살펴본 바 있다.

우리나라의 경우 관리비를 별도로 수취하는 것이 일반적이지만, 영미권에서는 임대료에 운영비용을 포함하여 수취하는 경우도 많다. 전자를 Net Lease, 후자를 Gross Lease라고 한다. 다른 조건이 동일하다면 당연히 Gross Lease의 임대료가 비싸다. Net Lease는 임차인의 비용부담 범위에 따라 다시 세분화된다. 통상 Net 또는 Single Net은 재산세·보험료·관리비용 중 하나의 항목을, Net Net 또는 Double Net은 두 가지 항목을, Net Net Net 또는 Triple Net은 세 가지 항목 모두를 임차인에게 전가하는 것을 말한다.

Gross Lease와 Net Lease의 차이를 그림으로 나타내면 〈그림 3-5〉와 같다. 둘은 운영비용의 부담주체를 기준으로 구분된다. 그러나 엄밀히 말해서 어느 경우나 운영비용의 실질적인 부담주체는 임차인이므로, 두 방식의 차이는 운영비용의 변동위험을 누가 부담하는가에 있다고 보는 것이 타당하다. 만약 임대차계약 당시의 기대보다 운영비용이 증가하면, Gross Lease에서는 임대인이 손해를 보고 Net Lease에서는 임차인이 손해를 본다.

우리나라 임대차계약의 관행은 이 중 어느 것에 해당할까? 우리나라에서는 통상 관리비를 임대료와 별도로 수취하기 때문에 형식적으로는 Net Lease처럼 보인다. 그러나 이는

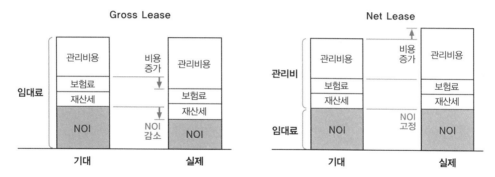

그림 3-5. Gross Lease와 Net Lease

관리비를 실비로 책정하는 경우에만 해당하는 이야기다. 실제로는 관리비를 정액으로 책정하는 경우가 많아서, 운영비용의 변동위험을 임대인이 부담한다. 관리비가 정액인 임대차계약은 임대료와 관리비를 합한 금액을 Rent로 하는 Gross Lease로 보는 것이 타당하다.

보증금Security Deposit은 임차인이 임대료 지급, 시설물 현상유지 등의 의무를 이행하지 못하는 경우를 대비하여 별도로 예치하는 돈을 말한다. 영미권에서는 통상 2개월분 임대료를 예치하며, 임대차가 정상적으로 종료되면 원금과 이자를 임차인이 돌려받는다.

우리나라의 경우, 보증금이 월세에 비해 매우 크다. 심지어 월세 없이 거액의 보증금만 예치하는 전세도 존재한다. 또한, 보증금에서 발생하는 이자를 임대인이 가진다. 이러한 보증금을 임차인의 채무불이행에 대비한 것이라고만 해석하기는 어렵다. 이에 대해 과거에는 임대인의 목적이 보증금을 운용하여 이자소득을 얻는 데 있다고 보는 견해가 널리 받아들여졌다. 그러나 최근에는 임대인이 보증금을 레버리지 수단으로 활용한다고 보는 견해가 설득력을 얻고 있다.

보증금이 레버리지 수단이라면, 그 기회비용은 얼마일까? 보증금에 대해서는 이자를 지불하지 않으므로 기회비용이 없는 부채라고 생각하기 쉽다. 그러나 사실은 그렇지 않다.

보증금은 월세와 별도로 책정되지 않는다. 보증금과 월세는 한쪽이 커지면 다른 쪽이 작아지는 상쇄관계에 있다. 다시 말해서, 임대인에게 보증금은 월세의 감소라는 기회비용을 발생시키는 레버리지다. 전월세전환율이 그 기회비용이다.

그러면 우리나라의 임대차 관행을 전체적으로 고려할 때, 진정한 임대료를 얼마라고 보는 것이 타당할까? 계약서에 명시된 명목상의 임대료 외에 정액의 관리비와 실제 운영비용의 차이, 거액의 보증금에서 발생한 이자수익, 임대촉진을 위한 지출 중 일상적인 수준을 넘는 금액 등을 적절하게 반영해야 진정한 임대료를 산출할 수 있을 것이다. 그러나 구체적인 기준에 대한 공감대는 아직 형성되어 있지 않다.

부동산의 가격결정

가격이 결정되는 경로는 가치의 그것과 다르다. 가치는 주관적으로 평가되고, 가격은 객관적으로 협상된다.

매수자와 매도자의 협상과정을 생각해 보자. 둘은 자신이 평가한 자산의 가치를 염두에 두고 거래에 임한다. 매수자는 싸게 사고 싶어 하고, 매도자는 비싸게 팔고 싶어 한다. 매수자가 주고자 하는 최대 금액, 매도자가 받고자 하는 최소 금액을 유보가격Reservation Price이라고 한다. 매수자의 유보가격이 매도자의 유보가격보다 작으면 거래는 성사되지 않는다. 하지만 그 반대라면, 두 유보가격 사이의 어느 한 점에서 거래가 성사된다.

〈그림 3-6〉은 수많은 시장참여자의 유보가격 분포를 나타낸 것이다. 왼쪽 그림과 같이 거래가 성사되지 않을 경우, 거래를 원하는 매수자와 매도자는 유보가격을 조정한다. 즉, 자산에 대한 가치평가를 수정하여 매수자의 곡선은 오른쪽으로, 매도자의 곡선은 왼쪽으로 이동한다. 그 결과, 오른쪽 그림과 같은 상태가 되면 거래가 성사된다. 따라서 시장에서 관찰되는 가격은 매수자와 매도자의 가치평가가 상당히 반영된 금액이라고 할 수 있다. 시장이 효율적이고 투자자가 합리적일수록 양자의 유보가격 차이는 작아진다.

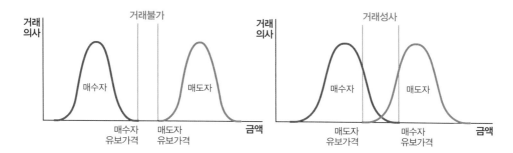

그림 3-6. 가격결정의 과정

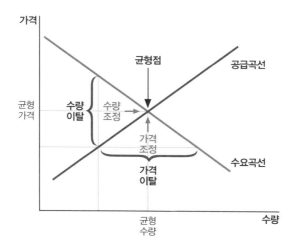

그림 3-7. 수요공급곡선과 시장균형

이러한 과정의 결과로 달성되는 시장균형은 〈그림 3-7〉과 같은 수요공급곡선에 잘 나타난다. 부동산에 대한 수요함수는 부동산의 종류에 따라 성격이 다르다. 주택과 같이 소비자가 사용하는 부동산에는 소비재 함수가 적용되고, 오피스와 같이 생산자가 사용하는 부동산에는 생산재 함수가 적용된다. 하지만 어느 쪽이건 수요곡선은 우하향, 공급곡선은 우상향하는 모습을 보이는데, 두 곡선이 만나는 점에서 균형가격과 균형수량이 결정된다. 그리고 이 균형이 안정적이라면, 외부 충격에 의해 가격이나 수량이 균형점에서 잠시 이탈하더라도 가격 및 수량조정 메커니즘에 의해 다시 균형점으로 되돌아온다.

그런데 수요공급곡선을 부동산에 적용하다 보면, 부딪히는 문제가 하나 있다. 바로 부동산의 이질성Heterogeneity이다. 수요공급곡선은 동질적인 재화나 용역에 관한 경제모형이다. 서로 다른 상품에 대해 몇 개가 얼마에 거래되는지 따지는 것은 무의미하기 때문이다. 그러나 부동산은 동질적이지 않다. 아무리 비슷한 아파트라도 접근성·평형·향 등 몇 가지 특성에 차이가 있기 마련이다. 따라서 수요공급곡선을 이용해서 부동산시장의 전반적인 움직임을 파악하는 것은 가능하지만, 구체적으로 부동산의 균형가격이 얼마인지 계산하는 것은 쉽지 않다.

이러한 문제를 해결하는 경제모형으로 특성가격모형 또는 헤도닉가격모형Hedonic Pricing Model이 있다. 이는 하나의 상품을 여러 가지 특성의 조합으로 보고, 각 특성의 가격을 구해서 상품 전체의 가격을 설명하는 이론이다. 여기서 특성이란 어떤 상품이 수요자에게 만족을 주는 여러 가지 요소를 의미한다.

오피스를 예로 들어 보자. 오피스가 수요자에게 주는 만족은 입지적 특성, 물리적 특성, 운영적 특성 등 다양한 요소로부터 발생한다. 입지적 특성에는 입지권역·접근성·주변환경 등이, 물리적 특성에는 규모·설비·외관·내장 등이, 운영적 특성에는 관리주체·관리방식 등이 포함될 수 있다.

특성가격모형은 회귀분석Regression Analysis을 통해 각 특성의 가격을 산출한다. 회귀분석이란 어떤 변수의 값이 다른 여러 가지 변수들의 값에 의해 결정될 때, 그들 간의 관계를 밝히는 통계적 기법이다. 여기서 어떤 변수를 종속변수Dependent Variable, 다른 여러 가지 변수를 독립변수Independent Variable라고 한다. 특성가격모형에서는 부동산의 가격이 종속변수, 부동산의 특성이 독립변수가 된다.

특성가격모형을 구축하기 위해서는 실제 부동산의 거래사례를 풍부하게 수집해야 한다.

　　　　　　　　　　　　　　　　　　　　　　　　　　　　　이론 편

각 거래사례마다 거래가격뿐 아니라 독립변수로 사용할 특성들의 값도 조사해야 한다. 적어도 수십 개 이상의 표본을 확보해야 회귀분석을 할 수 있다. 일반적으로 회귀분석은 전문적인 통계프로그램을 사용하여 수행하지만, 모형이 간단한 경우 Excel의 '데이터분석' 기능 중 '회귀분석'을 이용해서도 결과를 얻을 수 있다.

특성가격모형은 아래 식과 같은 형태를 가진다. 여기서 종속변수 P는 부동산의 가격, 독립변수 $X_1 \sim X_n$은 부동산의 특성을 각각 의미한다. 거래사례를 통해 이 값들을 수집해서 입력하고 회귀분석을 시행하면, 상수항 α와 계수값 $\beta_1 \sim \beta_n$이 도출된다. 이 계수값들이 바로 각 특성 한 단위당 균형가격이다.

$$P = \alpha + \beta_1 X_1 + \beta_2 X_2 + \beta_3 X_3 + \cdots + \beta_n X_n + \epsilon$$

ϵ : 오차항

회귀식이 도출되면, 이를 이용해서 부동산의 가치 V도 평가할 수 있다. 회귀식에 부동산의 특성값 $X_1 \sim X_n$을 입력하면, 그러한 특성을 가진 부동산의 균형가격이 산출된다. 앞에서 우리는 부동산의 가치를 수익방식으로 평가하는 방법을 살펴보았다. 특성가격모형에 의한 가치평가는 비교방식의 일종이라고 할 수 있다. 특성가격모형은 부동산투자 분야에서 널리 활용되고 있으니 반드시 이해해야 한다.

$$V = \hat{\alpha} + \hat{\beta}_1 X_1 + \hat{\beta}_2 X_2 + \hat{\beta}_3 X_3 + \cdots + \hat{\beta}_n X_n$$

가격결정 사례

서울 오피스의 특성가격을 파악하고, M타워의 가치를 평가해 보자. 이를 위해 2018년부터 2020년까지 3년에 걸쳐 총 50건의 거래사례를 수집했다.[16] 오피스의 거래가격은 평당가격으로, 오피스의 특성은 입지권역, 지하철거리, 연면적, 임대료 네 가지로 조사했다. 거래사례의 기초통계량을 정리한 결과는 〈표 3-5〉와 같다.

독립변수는 크게 두 종류로 나눌 수 있다. 범주형 변수Categorical Variable와 수치형 변수Numerical Variable가 그것이다. 범주형 변수는 거래연도·입지권역과 같이 거래사례를 몇 개의 집단으로 분류하는 변수다. 반면에 수치형 변수는 지하철거리·연면적·임대료와 같이 숫자로 측정되는 변수다. Excel로 회귀분석을 할 때는 각 오피스를 세로방향으로, 각 변수를 가로방향으로 나열한 표 형태로 변수값을 입력한다.

수치형 변수는 측정한 숫자를 그대로 입력하면 된다. 그러나 범주형 변수는 입력방법이 그보다 조금 복잡하다. 변수값으로 집단의 이름을 입력할 경우, 숫자가 아니라서 계산이 불가능하기 때문이다. 범주형 변수는 더미변수Dummy Variable 형태로 투입한다. 더미변수란 해당 집단에 해당하면 1, 아니면 0의 값을 가지는 변수를 말한다. 더미변수는 집단의 개수보다 하나 적게 만든다. 예를 들어 CBD·GBD·YBD·ETC 네 곳의 입지권역이 있다면, 더미변수는 그중 하나를 제외한 나머지 세 곳에 대해서만 만든다. 그리고 각 오피스마다

표 3-5. 오피스 거래사례의 기초통계량

구분			표본 수	통계량		
종속변수	거래가격(원/평)		50	최소 6,857,000	평균 16,351,400	최대 29,081,000
	ln거래가격		50	최소 15.74	평균 16.57	최대 17.19
범주형 독립변수	거래 연도	2018	14		비중 28%	
		2019	18		비중 36%	
		2020	18		비중 36%	
	입지 권역	CBD	16		비중 32%	
		GBD	19		비중 38%	
		YBD	11		비중 22%	
		ETC	4		비중 8%	
수치형 독립변수	지하철거리(m)		50	최소 10	평균 218	최대 950
	연면적(평)		50	최소 10,000	평균 16,070	최대 50,800
	임대료(원·평·월)		50	최소 20,000	평균 59,240	최대 106,000

그것이 입지한 권역의 더미변수에는 1, 그렇지 않은 더미변수에는 0을 입력한다. 만약 더미변수를 만들지 않은 권역에 입지한다면, 세 더미변수의 값이 모두 0이 된다. 비록 숫자지만 거래연도도 범주형 변수로 처리한다. 연도는 사칙연산을 할 수 있는 다른 수치형 변수와 성격이 다르기 때문이다.

참고로 CBD·GBD·YBD는 서울 3대 오피스 권역의 이름이다. CBD Central Business District는 종로와 을지로를 중심으로 한 도심권역, GBD Gangnam Business District는 테헤란로와 강남대로를 중심으로 한 강남권역, YBD Yeouido Business District는 한강으로 둘러싸인 여의도권역을 각각 의미한다. 그리고 ETC는 3대 오피스 권역에 속하지 않는 모든 지역을 의미한다.

16. 50건의 오피스 거래사례

번호	거래가격	거래연도	입지권역	지하철거리	연면적	임대료	번호	거래가격	거래연도	입지권역	지하철거리	연면적	임대료
1	14,745,000	2018	CBD	100	10,000	82,000	26	15,837,000	2019	GBD	315	11,200	39,000
2	16,306,000	2018	CBD	10	10,300	59,000	27	14,389,000	2019	YBD	150	12,200	65,000
3	21,117,000	2018	CBD	10	21,800	93,000	28	16,587,000	2019	YBD	10	12,400	70,000
4	13,853,000	2018	CBD	450	11,900	55,000	29	14,039,000	2019	YBD	400	15,100	55,000
5	16,624,000	2018	GBD	200	13,100	66,000	30	13,398,000	2019	YBD	150	11,800	20,000
6	15,101,000	2018	GBD	500	12,100	50,000	31	7,718,000	2019	ETC	10	27,500	23,000
7	19,778,000	2018	GBD	260	13,600	63,000	32	7,936,000	2019	ETC	300	15,500	24,000
8	13,331,000	2018	YBD	10	21,200	51,000	33	17,285,000	2020	CBD	268	12,800	79,000
9	14,820,000	2018	YBD	200	12,000	61,000	34	19,969,000	2020	CBD	300	10,300	96,000
10	7,514,000	2018	YBD	950	15,000	30,000	35	23,137,000	2020	CBD	130	10,400	106,000
11	13,930,000	2018	YBD	50	20,200	30,000	36	26,183,000	2020	CBD	50	40,200	99,000
12	17,919,000	2018	YBD	180	21,100	73,000	37	21,106,000	2020	CBD	400	10,200	89,000
13	17,617,000	2018	YBD	100	18,700	50,000	38	29,081,000	2020	CBD	150	50,800	92,000
14	6,857,000	2018	ETC	10	14,000	36,000	39	16,563,000	2020	CBD	50	20,000	89,000
15	13,868,000	2019	CBD	350	10,100	72,000	40	14,579,000	2020	GBD	200	30,000	61,000
16	16,169,000	2019	CBD	217	18,200	73,000	41	9,836,000	2020	GBD	800	11,000	44,000
17	17,190,000	2019	CBD	370	18,000	64,000	42	15,247,000	2020	GBD	150	14,600	46,000
18	15,527,000	2019	CBD	350	12,800	40,000	43	16,879,000	2020	GBD	300	21,800	59,000
19	19,027,000	2019	CBD	200	11,200	61,000	44	17,361,000	2020	GBD	10	13,200	37,000
20	18,641,000	2019	CBD	50	16,500	37,000	45	19,277,000	2020	GBD	180	10,600	68,000
21	14,537,000	2019	GBD	200	25,100	44,000	46	18,543,000	2020	GBD	350	10,400	67,000
22	14,195,000	2019	GBD	350	13,200	51,000	47	24,221,000	2020	GBD	20	18,200	75,000
23	14,363,000	2019	GBD	50	11,500	32,000	48	21,252,000	2020	GBD	500	11,400	62,000
24	18,952,000	2019	GBD	50	19,000	70,000	49	18,357,000	2020	YBD	20	10,200	48,000
25	17,772,000	2019	GBD	150	10,600	69,000	50	9,037,000	2020	ETC	300	10,500	37,000

표 3-6. 오피스 특성가격모형(선형모형)   결정계수: 0.7657, 조정결정계수: 0.7200

구분	계수값	표준오차	t통계량	P값	M타워
상수항	3,866,355	1,738,954	2.22	0.0318	
CBD	7,792,543	1,685,356	4.62	3.73E-05	1
GBD	7,101,097	1,459,909	4.86	1.73E-05	0
YBD	6,157,259	1,500,304	4.10	0.0002	0
지하철거리	-5,513	1,845	-2.99	0.0047	600
연면적	107	46	2.34	0.0241	20,000
임대료	75	24	3.16	0.0029	120,000
2019	545,791	882,561	0.62	0.5397	0
2020	2,217,471	953,812	2.32	0.0251	1

이들 용어가 다소 생소할 수 있지만, 실무적으로 널리 사용되고 있으니 외워야 한다.

회귀분석을 수행한 결과는 〈표 3-6〉과 같다. 표 상단의 결정계수와 조정결정계수는 회귀모형의 적합도Goodness of Fit, 즉 설명력을 나타낸다. 독립변수가 한 개인 경우에는 결정계수, 지금과 같이 독립변수가 여러 개인 경우에는 조정결정계수를 참고한다. 이 특성가격모형은 오피스 가격에 대한 설명력이 72%에 달한다.

그 아래에는 각 독립변수에 대해 여러 통계량이 산출되어 있다. 이 중에서 계수값과 t통계량을 주의 깊게 봐야 한다. 계수값Coefficient은 우리가 알고자 하는 특성가격이고, t통계량은 변수의 유의성Significance을 나타내는 지표다. t통계량이 2보다 크거나 −2보다 작으면, 변수가 통계적으로 유의하다고 판단한다.[17] 이 특성가격모형에서는 2019년을 의미하는 더미변수를 제외한 모든 변수가 유의하게 나타났다.

먼저 입지권역부터 해석해 보자. 입지권역은 ETC를 기준으로 하였다. 따라서 실제로 투입한 더미변수는 3대 권역 세 곳이다. 각 더미변수의 계수값은 기준이 되는 ETC와 비교하여 상대적으로 해석한다. 즉, CBD의 오피스는 ETC의 오피스에 비해 7,792,543원/평, GBD의 오피스는 ETC의 오피스에 비해 7,101,097원/평, YBD의 오피스는 ETC의 오피스에 비해 6,157,259원/평 비싸다고 해석한다. 이 값들이 바로 각 입지권역의 특성가격이다. 수치형 변수의 해석은 그보다 간단하다. 변수 한 단위당 가격이 계수값이라고 해석하면 된다. 즉, 지하철거리가 1m 멀수록 오피스의 가격이 5,513원/평 싸고, 연면적이 1평 클수록 오피스의 가격이 107원/평 비싸며, 임대료가 1원/평·월 높을수록 오피스의 가격이 75원/평 비싸다고 해석한다. 이 값들이 바로 지하철거리·연면적·임대료의 특성가격이다.

거래연도는 오피스의 특성이 아니다. 그러나 거래연도에 따라 오피스의 가격에 차이가 있을 수 있으므로, 그 효과를 제거하기 위해 투입한다. 이러한 변수를 통제변수라고 한다. 거래연도는 2018년을 기준으로 하여 더미변수를 2019년과 2020년 두 개만 투입하였다. 계수값을 통해 2019년의 오피스 가격은 545,791원/평, 2020년 오피스 가격은 2,217,471원/평만큼 2018년에 비해 상승한 것을 알 수 있다.

한편 이렇게 특성가격모형이 구축되면, 이를 이용해서 M타워의 가치도 평가할 수 있다. 회귀식에 M타워의 특성값을 대입하면, 50건의 거래사례를 통해 파악한 균형가격이 도출된다. M타워는 CBD에 입지하며, 지하철역에서 600m 떨어져 있다. 특성가격모형을 이용하여 M타워가 2020년에 거래될 경우의 가치를 평가하면, 4,333억 원이 도출된다. 이는 수익방식으로 평가한 4,164억 원보다 다소 높은 수준이다.

M타워의 평당가치

$$= 3,866,355 + (7,792,543 \times 1) + (7,101,097 \times 0) + (6,157,259 \times 0) + (-5,513 \times 600)$$
$$\quad + (107 \times 20,000) + (75 \times 120,000) + (545,791 \times 0) + (2,217,471 \times 1)$$
$$= 21,666,780 \text{ 원/평}$$

---

17. t통계량 우측의 P값도 t통계량과 같이 독립변수의 유의성을 나타내는 지표다. t통계량이 2보다 크거나 -2보다 작으면, P값이 대략 0.05 이하가 된다.

M타워의 전체가치

＝21,666,780 원/평×20,000평＝433,366 백만 원

한편 〈표 3-7〉은 종속변수에 오피스 평당가격의 자연로그값을 투입하여 회귀분석을 한 결과다. 실제로 부동산의 가격은 정규분포하지 않기 때문에, 자연로그를 취해서 회귀분석을 하는 경우가 많다. 이러한 형태의 회귀모형을 로그선형모형Log-Linear Model이라고 한다. 이 모형의 조정결정계수를 보면, 설명력이 78%로 이전에 비해 높아진 것을 알 수 있다. 로그선형모형에서 계수값은 증가율을 의미한다. 따라서, CBD의 오피스는 ETC의 오피스에 비해 67%, GBD의 오피스는 ETC의 오피스에 비해 64%, YBD의 오피스는 ETC의 오피스에 비해 57% 비싸다고 해석한다. 이는 수치형 변수에 대해서도 마찬가지다. 지하철 거리가 1m 멀수록 오피스의 가격이 0.05% 싸고, 연면적이 1평 클수록 오피스의 가격이 0.0003% 비싸며, 임대료가 1원/평 높을수록 오피스의 가격이 0.0004% 비싸다고 해석한다. 거래연도는 2019년의 오피스 가격이 2018년에 비해 5%, 2020년 오피스의 가격이 2018년에 비해 13% 상승한 것을 나타내고 있다.

표 3-7. 오피스 특성가격모형(로그선형모형) 결정계수: 0.8137, 조정결정계수: 0.7774

구분	계수값	EXP(계수값)	표준오차	t통계량	P값	M타워
상수항	15.7010		0.1051	149.42	9.73E-58	
CBD	0.6727	0.9595	0.1018	6.61	5.97E-08	1
GBD	0.6443	0.9046	0.0882	7.30	6.17E-09	0
YBD	0.5677	0.7641	0.0907	6.26	1.84E-07	0
지하철거리	-0.0005	-0.0005	0.0001	-4.09	0.0002	600
연면적	3.08E-06	3.08E-06	2.77E-06	1.11	0.2719	20,000
임대료	4.48E-06	4.48E-06	1.43E-06	3.14	0.0031	120,000
2019	0.0514	0.0528	0.0533	0.96	0.3406	0
2020	0.1337	0.1430	0.0576	2.32	0.0254	1

로그선형모형을 통해서도 M타워의 가치를 평가할 수 있다. 앞에서와 동일한 방식으로 종속변수를 추정하면 평당가격의 로그값이 산출되므로, 이 값으로 자연상수를 거듭제곱해서 평당가격을 구할 수 있다. 이렇게 산출한 평가금액은 4,089억 원으로, 수익방식으로 평가한 4,164억 원보다 다소 낮다.

M타워의 ln평당가치

$$= 15.7010 + (0.6727 \times 1) + (0.6443 \times 0) + (0.5677 \times 0) + (-0.0005 \times 600)$$
$$+ (3.08E-06 \times 20,000) + (4.48E-06 \times 120,000) + (0.0514 \times 0) + (0.1337 \times 1)$$
$$= 16.83$$

M타워의 평당가치

$$= EXP(16.83) = 20,444,167 \, 원/평$$

M타워의 전체가치

$$= 20,444,167 \, 원/평 \times 20,000 \, 평 = 408,883 \, 백만 \, 원$$

부동산에 투자한다는 것

만약 M타워에 투자한다면
당신은 날마다

20,000평의 공간을 깨끗하게 유지하고,

17,000kW의 전기와
800t의 가스와
150t의 깨끗한 물과
같은 양의 더러운 물을 처리하고,

한 층을 가득 채운 기계와
축구장 2개보다 넓은 외벽과
70명의 종업원을 관리하고,

소중한 임차인인 50개의 회사와
거기서 일하는 3,000명의 근로자와
숫자를 세기도 힘든 방문객을 응대하고,

수십 건에 걸쳐 발생하는
8천만 원의 수입과
6천만 원의 지출을 결제해야 한다.

결코 쉬운 일이 아니다.

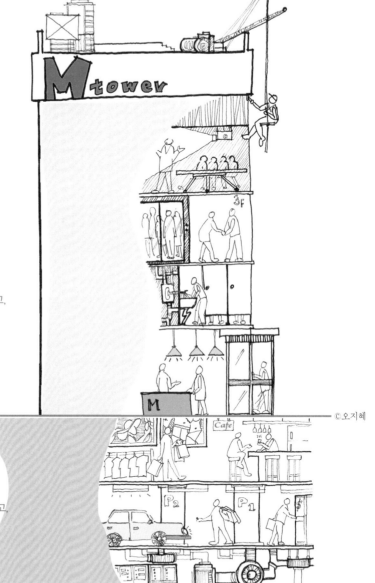

ⓒ오지혜

- '가치'란 어떤 자산이 현금흐름을 창출하는 능력 또는 그것을 화폐단위로 측정한 금액을 말한다. 반면 '가격'이란 어떤 자산이 시장에서 실제로 거래되는 금액을 말한다.

- 가치는 가격과 달리 시장에서 관찰되지 않는다. 시장에 참여하는 주체들의 마음속에 다양한 평가가 있을 뿐이다. 반면 가격은 거래가 이루어질 때마다 시시각각 관찰된다.

- '가치평가'는 자산으로부터 기대되는 미래 현금흐름을 추정하고, 그것을 적정한 할인율로 현재가치화 하는 절차로 이루어진다.

- 부동산의 경우, 가치평가의 기준이 되는 현금흐름은 '순영업소득'과 '매각수익'이다.

- 부동산에 대한 할인율은 무위험이자율에 적절한 위험프리미엄을 더하거나, 지분투자자의 요구수익률과 채권투자자의 요구수익률을 가중평균하거나, 자본환원율에 순영업소득의 기대증가율을 더하는 등의 방법으로 구한다.

- 부동산시장에는 두 가지 가격이 존재한다. 하나는 임대시장에서 형성되는 '임대료'고, 나머지 하나는 매매시장에서 형성되는 '매매가'다. 임대료와 매매가는 서로 긴밀히 연결되어 있다.

- 부동산에 대한 수요함수는 부동산의 종류에 따라 성격이 다르다. 주택과 같이 소비자가 사용하는 부동산에는 소비재 함수가 적용되고, 오피스·리테일 등 생산자가 사용하는 부동산에는 생산재 함수가 적용된다.

- 부동산의 성격이 어느 쪽이건 수요곡선은 우하향, 공급곡선은 우상향하는 모습을 보인다. 두 곡선이 만나는 점에서 '시장균형', 즉 균형가격과 균형수량이 결정된다.

- 물건마다 이질성이 강한 부동산의 가격분석에는 특성가격모형이 많이 활용된다. 특성가격모형은 회귀분석을 이용해서 사용자에게 효용을 주는 여러 특성별 가격을 도출한다. 이를 이용해서 부동산의 가치를 평가할 수도 있다.

4

Risk and Return
수익과 위험

4.1. 수익

수익의 개념

수익Return은 투자를 통해 실현한 이익, 즉 운영소득과 자본이득을 합한 금액이다. 수익을 투자비로 나눈 비율을 수익률Rate of Return이라고 하는데, 1장에서 설명한 바와 같이 그냥 수익이라고 쓰면서 수익률을 의미하는 경우도 많다. 투자론에서 자주 발견되는 '수익위험 특성', '수익과 위험의 관계' 등의 표현이 그 사례다.

수익은 회계적 이익과 유사하지만, 같지 않다. 감가상각비와 같은 비현금 비용을 고려하지 않기 때문이다. 감가상각비는 수명에 한계가 있는 자산의 가치가 시간이 경과하면서 감소하는 것을 재무제표에 반영하는 수단이다. 하지만, 실제로 현금유출을 유발하지 않기 때문에 수익의 계산에서는 고려하지 않는다.

이론 편

수익은 투자를 통해 실현한 이익 또는 그것을 투자비로 나눈 비율

부동산투자에서는 수익이 운영소득과 자본이득으로 구성된다.

수익률에는 여러 종류가 있다. 먼저 수익률의 계산 시점에 따라, 사전수익률Ex-ante Return 과 사후수익률Ex-post Return로 나뉜다. 사전수익률은 투자 이전에 미리 추정한 수익률이고, 사후수익률은 투자의 결과를 정산한 수익률이다. 비슷한 개념으로 기대수익률 Expected Return과 실현수익률Realized Return이 있다. 기대수익률은 어떤 투자로부터 예상되는 수익률이고, 실현수익률은 투자의 결과 달성된 수익률이다. 본질적으로 기대수익률은 사전수익률이고, 실현수익률은 사후수익률이다.

요구수익률Required Rate of Return은 투자자가 요구하는 수익률이다. 이 기준을 넘어야 투자가 이루어진다고 해서 최저수익률Hurdle Rate 또는 목표수익률Target Return이라고도 한다. 시장이 효율적이고 투자자가 합리적이면 요구수익률은 기대수익률과 같아진다. 효율적으로 정보가 소통되는 시장에서 합리적인 투자자들이 경쟁하고 있다면, 그들의 기대수익률은 유사할 것이고 그보다 높은 수익률을 우기거나 낮은 수익률에 만족하는 일이 없을 것이기 때문이다. 요구수익률은 자산의 가치를 평가할 때 적용하는 할인율 Discount Rate과 같다. 다시 말해서 투자자는 자신의 요구수익률만큼 할인율을 적용해서 자산의 가치를 평가한다. 그 금액으로 취득해야 자신의 요구수익률을 맞출 수 있기 때문이다.

기대수익률은 시장이자율과 자산의 위험에 비례한다. 시장이자율이 높을수록, 자산의 위험이 클수록 기대수익률이 높아진다. 시장이자율은 말 그대로 시장의 평균적인 이자율을 의미하는데, 보통 무위험이자율Risk-free Rate로 대표된다. 명목이자율Nominal Rate인 무위험이자율은 실질이자율Real Rate과 물가상승률Inflation Rate을 더한 값이다.

$$E(R) = R_f + R_p = r + inf + R_p$$

$E(R)$: 자산의 기대수익률

R_f: 무위험이자율

R_p: 자산의 위험프리미엄

r: 실질이자율

inf: 물가상승률

3장에서 화폐의 시간가치를 설명하면서, 이자가 존재하는 이유를 현재소비선호·옵션가치·투자기회·인플레이션·불확실성 다섯 가지로 설명한 것을 기억할 것이다. 이는 부동산과 같은 위험자산의 기대수익률에도 동일하게 적용된다. 현재소비선호·옵션가치·투자기회가 실질이자율을 형성하고, 인플레이션과 불확실성이 각각 물가상승률과 위험프리미엄을 형성한다. 이 중 어느 하나가 상승 또는 하락하면, 부동산과 같은 위험자산의 기대수익률도 상승 또는 하락한다.

수익의 측정

부동산투자의 수익은 운영소득과 자본이득 두 가지로 구성된다. 따라서 수익률은 운영소득과 자본이득을 투자비로 나누어 계산한다. 이 중 운영소득에 의한 수익률을 소득수익률Income Return, 자본이득에 의한 수익률을 자본수익률Capital Return이라고 한다. 둘을 합한 수익률은 총수익률Total Return이라고 한다.

먼저, 자본이득만 있는 간단한 경우를 가지고 수익률의 계산방법을 알아보자. 매입과 매각에 따르는 부대비용도 없다고 가정한다. 어떤 부동산을 P_0원에 매입에서 t일 후 P_t원에 매각했다면, 수익률은 아래 식과 같이 계산할 수 있다. 이를 보유기간수익률HPR: Holding Period Return이라고 한다.

$$HPR = \frac{P_t - P_0}{P_0}$$

보유기간수익률에는 표준적인 기간 개념이 없기 때문에, 크기를 가늠하거나 보유기간이 다른 수익률과 비교하는 것이 불가능하다. 따라서 이자율이나 할인율처럼 수익률도 아래 식과 같이 기간을 1년으로 통일하는 것이 일반적이다. 이렇게 연 단위로 환산한 수익률을 연수익률_{AR: Annualized Return}이라고 한다. 특별한 언급 없이 수익률 10%라고 하면, 연수익률이 10%라는 의미다. 아래 식에서 365로 표현된 1년의 길이는 t의 단위에 따라 4분기일 수도, 12개월일 수도, 지금과 같이 365일일 수도 있다.

$$AR = (1+HPR)^{\frac{365}{t}} - 1$$

이자율과 할인율처럼, 수익률도 복리주기에 따라 숫자의 크기가 달라진다. 복리주기는 연·분기·월·일뿐 아니라 하루보다 짧게 설정할 수도 있다. 이를 극단적으로 확장하면 1초보다 짧은 주기도 생각할 수 있는데, 이렇게 계산된 수익률을 연속복리수익률_{Continuously Compounded Return}이라고 한다.

연복리수익률 R과 같은 분기·월·일 및 연속복리수익률은 어떻게 계산할 수 있을까? 1원을 R로 투자할 경우, 1년 뒤엔 $1+R$원이 된다. 이와 동일한 금액을 만드는 분기·월·일 및 연속복리수익률을 r이라고 하면, 각각 아래 식과 같이 나타낼 수 있다.

분기복리: $1+R = \left(1+\dfrac{r_q}{4}\right)^4$ $\rightarrow$ $r_q = 4(\sqrt[4]{1+R}-1)$

월 복 리: $1+R = \left(1+\dfrac{r_m}{12}\right)^{12}$ $\rightarrow$ $r_m = 12(\sqrt[12]{1+R}-1)$

일 복 리: $1+R = \left(1+\dfrac{r_d}{365}\right)^{365}$ $\rightarrow$ $r_d = 365(\sqrt[365]{1+R}-1)$

연속복리: $1+R = \lim\limits_{m \to \infty}\left(1+\dfrac{r_c}{m}\right)^m = e^{r_c}$ $\rightarrow$ $r_c = \ln(1+R)$

$\because$ $e = \lim\limits_{m \to \infty}\left(1+\dfrac{1}{m}\right)^m$ $\rightarrow$ $\lim\limits_{m \to \infty}\left(1+\dfrac{r_c}{m}\right)^m = \lim\limits_{m \to \infty}\left[\left(1+\dfrac{r_c}{m}\right)^{\frac{m}{r_c}}\right]^{r_c} = e^{r_c}$

현재의 매입금액 P_0와 1년 후 매각금액 P_1을 이용해서 연속복리수익률을 계산해 보자. 연속복리수익률 수식의 우변 $1+R$은 매각금액을 매입금액으로 나눈 값과 같다. 이를 $1+R$ 자리에 대입하면, r_c가 가격의 로그차분값인 것을 알 수 있다. 연속복리수익률은 가격의 시계열로 계산하기 편리해서 계량분석에 자주 사용된다.

$$r_c = \ln(1+R) = \ln \frac{P_1}{P_0} = \ln P_1 - \ln P_0$$

M타워 사례를 통해 복리주기별 자본수익률을 실제로 계산해 보자. 3장에서는 M타워의 매입시점과 매각시점 자본환원율이 4.5%로 동일하다고 가정하였다. 여기서도 그 가정을 유지하되, 보유기간 중 자본환원율이 〈표 4-1〉과 같이 변동한다는 가정을 추가한다. 자본환원율의 하락은 평가금액의 상승을, 자본환원율의 상승은 평가금액의 하락을 초래한다. 이러한 가치변동을 반영한 연 주기의 현금흐름표로 자본수익률을 계산하면, 연복리수익률이 산출된다. 그리고 연복리수익률에 앞의 공식을 적용하면 분기·월·일 및 연속복리수익률을 구할 수 있다.

표 4-1. M타워의 복리주기별 자본수익률 (단위: 백만 원, %)

구분		0년차	1년차	2년차	3년차	4년차	5년차	6년차
NOI			18,890	19,267	19,653	20,046	20,447	20,856
자본환원율		4.50%	4.40%	4.30%	4.70%	4.60%	4.50%	
평가금액		419,769	437,895	457,040	426,506	444,494	463,459	
자본이득			18,126	19,145	-30,534	17,987	18,965	
	연복리		4.32%	4.37%	-6.68%	4.22%	4.27%	
	분기복리		4.25%	4.30%	-6.86%	4.15%	4.20%	
	월복리		4.24%	4.29%	-6.89%	4.14%	4.19%	
	일복리		4.23%	4.28%	-6.91%	4.13%	4.18%	
	연속복리		4.23%	4.28%	-6.91%	4.13%	4.18%	

이론 편

한편, 부동산투자에는 긴 시간이 소요되므로 여러 해의 평균수익률Average Return을 계산하는 경우가 종종 있다. 이때는 산술평균수익률Arithmetic Mean Return이 아닌 기하평균수익률Geometric Mean Return을 사용해야 한다. 아래 식에서 보는 바와 같이, 기하평균수익률이 복리효과를 정확하게 반영하기 때문이다. 산술평균수익률로 복리계산을 할 경우, 결과에 오차가 발생한다.

산술평균수익률: $R_{am} = \dfrac{1}{n}\sum_{t=1}^{n}(1+R_t) - 1 = \dfrac{1}{n}\sum_{t=1}^{n}R_t$

기하평균수익률: $R_{gm} = \sqrt[n]{\prod_{t=1}^{n}(1+R_t)} - 1$

실제로 〈표 4-1〉의 연복리수익률로 M타워의 5년 평균수익률을 계산해 보면, 기하평균수익률은 2%인 반면에 산술평균수익률은 2.1%인 것을 알 수 있다. 이 값으로 5년 후 M타워의 가치를 복리계산하면, 기하평균수익률은 정확하게 4,635억 원을 도출하지만, 산술평균수익률은 4,657억 원이라는 과대금액을 도출한다. 그러나 시계열이 아닌 횡단면 평균을 구하는 경우에는 복리와 관련이 없으므로, 산술평균수익률을 사용한다.

이제 수익률의 계산방법을 정리해 보자. 혼돈을 피하기 위해서는 시점Time과 기간Period을 잘 구분하고, 가격은 시점에, 수익률은 기간에 대응하는 개념이라는 것을 잊지 말아야 한다.

〈그림 4-1〉은 연 단위로 시점과 기간을 구분하여 나타낸 것이다. 시점에 대해서는 현재를 0, 1년 후를 1과 같이 값을 매기고, 기간에 대해서는 현재부터 1년 후까지를 1, 1년 후부터 2년 후까지를 2와 같이 값을 매겼다. 여기서 가격의 경우 현재는 P_0, 1년 후는 P_1이 되고, 수익률의 경우 1기에 R_1, 2기에 R_2가 된다. 단일기간과 다기간, 이산복리와 연속복리로 구분하여 가격과 수익률의 관계를 정리하면 〈표 4-2〉와 같다.

지금까지 살펴본 수익률에는 자본이득만 고려되었다. 여기에 운영소득을 추가하면 어떻게 될까? 아래 식은 단일기간에 대해 자본수익률과 소득수익률을 구분하여 계산한 것이

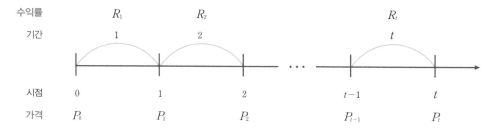

그림 4-1. 시점과 기간, 가격과 수익률

표 4-2. 다양한 수익률과 가격의 관계

구분	이산복리	연속복리
단일기간	$R_t = \dfrac{P_t - P_{t-1}}{P_{t-1}} = \dfrac{P_t}{P_{t-1}} - 1$ $P_t = P_{t-1}(1 + R_t)$ $P_{t-1} = \dfrac{P_t}{1 + R_t}$	$r_t = \ln \dfrac{P_t}{P_{t-1}} = \ln P_t - \ln P_{t-1}$ $P_t = P_{t-1}e^{r_t}$ $P_{t-1} = P_t e^{-r_t}$
다기간	$P_t = P_o(1 + R_1) \cdots (1 + R_t) = P_o \prod_{n=1}^{t}(1 + R_n)$ $\dfrac{P_t}{P_0} = \prod_{n=1}^{t}(1 + R_n) = (1 + R_{gm})^t$ $R_{gm} = \sqrt[t]{\prod_{n=1}^{t}(1 + R_n)} - 1 = \sqrt[t]{\dfrac{P_t}{P_o}} - 1$	$P_t = P_o \lim_{m \to \infty} \left(1 + \dfrac{r_1}{m}\right)^m \cdots \left(1 + \dfrac{r_t}{m}\right)^m = P_o e^{\sum_{n=1}^{t} r_n}$ $\dfrac{P_t}{P_0} = e^{\sum_{n=1}^{t} r_n} = e^{r_{gm}t}$ $r_{gm} = \dfrac{1}{t} \ln \dfrac{P_t}{P_0} = \dfrac{\ln P_t - \ln P_0}{t}$

다. 둘을 합한 총수익률을 보면, 기간 말 부동산의 가치가 운영소득만큼 더 증가한 것과 결과가 동일함을 알 수 있다. 다기간의 수익률을 계산할 때는 NOI와 평가금액의 시점 선택에 신중해야 한다. 〈표 4-3〉은 〈표 4-1〉에 소득수익률과 총수익률을 추가한 것이니, 각자 확인해 보기를 바란다.

이산복리수익률의 경우

자본수익률: $R_{c,t} = \dfrac{P_t - P_{t-1}}{P_{t-1}}$

소득수익률: $R_{i,t} = \dfrac{NOI_t}{P_{t-1}}$

총 수 익 률: $R_t = R_{c,t} + R_{i,t} = \dfrac{P_t - P_{t-1}}{P_{t-1}} + \dfrac{NOI_t}{P_{t-1}} = \dfrac{P_t + NOI_t}{P_{t-1}} - 1$

연속복리수익률의 경우

총 수 익 률: $r_t = \ln(P_t + NOI_t) - \ln P_{t-1}$

자본수익률: $r_{c,t} = \ln P_t - \ln P_{t-1}$

소득수익률: $r_{i,t} = r_t - r_{c,t} = \ln(P_t + NOI_t) - \ln P_t$

표 4-3. M타워의 연도별 소득수익률 및 자본수익률 (단위: 백만 원, %)

구분	0년차	1년차	2년차	3년차	4년차	5년차	6년차
NOI		18,890	19,267	19,653	20,046	20,447	20,856
자본환원율	4.50%	4.40%	4.30%	4.70%	4.60%	4.50%	
평가금액	419,769	437,895	457,040	426,506	444,494	463,459	
자본이득		18,126	19,145	-30,534	17,987	18,965	
소득수익률		4.50%	4.40%	4.30%	4.70%	4.60%	
자본수익률		4.32%	4.37%	-6.68%	4.22%	4.27%	
총수익률		8.82%	8.77%	-2.38%	8.92%	8.87%	

4.2. 위험

위험의 개념

수익이 투자의 목적이라면, 위험Risk은 목적이 달성되지 않을 가능성이다. 따라서 투자자에게 자산이 가진 위험을 파악하는 일은 수익을 예측하는 일만큼 중요하다. 어떤 자산의 위험은 시장상황에 가치가 얼마나 민감하게 반응하는가에 의해 결정된다.

위험은 기대수익률이 달성되지 않을 가능성
위험의 크기는 시장상황에 대한 자산가치의 민감도에 의해 결정된다.

손실을 야기하는 시장상황이란 NOI와 자본환원율에 불리한 변화를 주는 경제적 여건을 말한다. 경기나 소득이 위축되어 공간서비스에 대한 수요가 줄거나, 공급이 지나치게 이루어져 공실이 늘면 NOI가 감소할 수 있다. 시장이자율이나 부동산이 아닌 자산의 수익률이 상승하면 자본환원율도 상승할 수 있다. 모두 부동산의 가치를 하락시키는 요인이다. 조세를 비롯한 정부 정책의 불리한 변화 역시 NOI와 자본환원율에 부정적인 영향을 미칠 수 있다. 이러한 시장상황에 수익이 얼마나 민감하게 반응하는가에 따라, 위험의 크기가 달라진다.

위험의 크기는 자산의 특성과 밀접하게 연관되어 있다. 부동산은 가격의 변동성이 큰 주식에 비해서는 저위험, 원금의 상환이 보장되는 채권에 비해서는 고위험의 특성을 가진다. 부동산 중에서는 아파트·오피스와 같이 일상생활이나 경제활동에 반드시 필요하며 범용성이 높은 섹터가 저위험, 호텔·리조트 등으로 대표되는 호스피탈리티와 같이 그렇지 않은 섹터일수록 고위험의 특성을 가진다.

위험이 클수록 투자자는 더 높은 수익을 요구한다. 앞에서 기대수익률은 무위험이자율에 위험프리미엄을 더한 값과 같다고 했는데, 여기서 위험프리미엄이 투자자가 위험을 감수하는 대가로 요구하는 수익률이다.

위험의 측정

위험은 수익의 불확실성이다. 그런데, 수익이 달성되지 않을 가능성을 어떻게 측정할 수 있을까? 여기서 확률의 개념이 등장한다. 우리가 예상하는 수익률은 향후 발생할 수 있는 여러 가능성들의 기댓값이다. 다시 말해서, 일어날 수 있는 모든 경우의 확률가중 평균수익률인 것이다. 사후적인 실현수익률이 사전적인 기대수익률에서 멀리 떨어질 가능성은 '수익률이 평균을 중심으로 얼마나 넓게 분포하는가'를 통해 측정할 수 있다. 가장 많이 사용되는 척도는 수익률의 분산Variance 또는 표준편차Standard Deviation다. 흔히 수익률의 변동성Volatility이라고 하면 이 중 표준편차를 말한다.

구체적인 예를 들어서 기대수익률과 위험을 계산해 보자. 〈표 4-4〉는 세 가지 부동산에 대해 향후 예상되는 다섯 가지 경우의 수익률 R_i와 각 수익률이 발생할 확률 P_i를 보여주고 있다. 사실, 다섯 가지 경우의 수치도 미래에 대한 예측이므로 불확실한 것이지만, 오

표 4-4. 세 가지 부동산의 수익위험 비교

경우	A타워		B타워		C타워	
	수익률 R_i	발생확률 P_i	수익률 R_i	발생확률 P_i	수익률 R_i	발생확률 P_i
1	2%	20%	2%	10%	4%	20%
2	4%	20%	4%	20%	5%	20%
3	6%	20%	6%	40%	6%	20%
4	8%	20%	8%	20%	7%	20%
5	10%	20%	10%	10%	8%	20%
확률가중평균	6.00%		6.00%		6.00%	
분산	0.08%		0.05%		0.02%	
표준편차	2.83%		2.19%		1.41%	

랜 경험을 통해 나름의 근거를 가지고 산출한 최선의 값이라고 가정하자.

각 부동산에 대해서 확률가중 평균수익률을 계산하면 모두 6%다. 그러면 투자자에게 세 부동산이 동등하다고 할 수 있을까? 그렇지 않다. 다섯 가지 경우가 평균에서 떨어진 정도, 즉 수익률의 분산이나 표준편차를 계산해 보면 A타워 > B타워 > C타워 순으로 위험이 큰 것을 알 수 있다. 따라서 투자자에게 가장 유리한 대안은 C타워다. n가지 경우에 대해서 확률가중 평균수익률 $E(R_i)$와 분산 $Var(R_i)$ 및 표준편차 $SD(R_i)$를 계산하는 공식은 다음과 같다.

$$E(R_i) = \sum_{i=1}^{n} R_i P_i$$

$$Var(R_i) = \sum_{i=1}^{n} [R_i - E(R_i)]^2 P_i$$

$$SD(R_i) = \sqrt{Var(R_i)}$$

각 부동산의 수익률 분포는 〈그림 4-2〉를 통해 한눈에 비교할 수 있다. A타워의 경우, 2~10%의 수익률이 동일한 가능성으로 분포해 있다. 그러나 B타워는 6%를 중심으로 멀어질수록 가능성이 낮아지는 것을 알 수 있다. 즉, A타워를 선택할 경우 2% 수익률을 실현할 가능성이 6%와 동일하지만, B타워를 선택한다면 2% 수익률을 실현할 가능성이 6%에 비해 낮아진다. C타워의 경우 A타워와 같이 분포가 균등하지만, 예상되는 수익률의 범위가 좁아서 분산이 작다. C타워는 최악의 경우에도 4%는 달성할 수 있기 때문에 위험이 낮다.

사실, 앞에서 설명한 것처럼 미래의 가능성을 이용해서 분산이나 표준편차를 계산하는 것은 쉬운 일이 아니다. 그래서 실제로는 과거의 실현수익률을 이용해서 위험을 측정한다. 과거의 특성이 미래에도 지속된다고 가정하는 것이다. 이렇게 위험을 측정하기 위해서

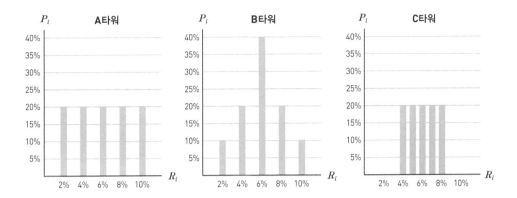

그림 4-2. 세 가지 부동산의 수익위험 비교

는 부동산의 실현수익률에 대한 장기간의 시계열 자료가 필요하다.

과거 n 기간의 실현수익률로 기대수익률과 위험을 계산하는 공식은 아래와 같다. 단, 수익률의 측정에서 다기간의 평균수익률은 산술평균이 아닌 기하평균으로 계산한다고 설명했는데, 이 경우에는 산술평균수익률을 사용한다. 복리효과가 아닌 각 단위기간 수익률의 기댓값을 구하는 데 목적이 있기 때문이다.

$$E(R_t) = \frac{1}{n}\sum_{t=1}^{n} R_t$$

$$Var(R_t) = \frac{1}{n}\sum_{t=1}^{n}[R_t - E(R_t)]^2$$

$$SD(R_t) = \sqrt{Var(R_t)}$$

그러면, M타워의 기대수익률과 위험은 얼마일까? 〈표 4-3〉의 총수익률을 이용해서 평균과 표준편차를 구하면, 각각 6.60%와 4.49%로 계산된다. 산술평균을 적용했으니, 5개 수익률의 발생확률이 동일하다고 가정한 셈이다. 비록 기대수익률의 추정논리에 차이는 있

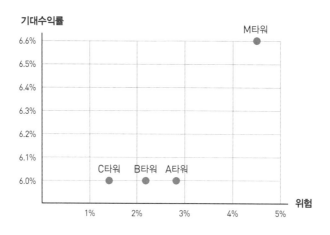

그림 4-3. 네 가지 부동산의 수익위험 비교

지만, 이를 무시하고 세 가지 부동산과 M타워의 수익위험을 비교하면 〈그림 4-3〉과 같다. 〈그림 4-3〉은 가로축을 위험표준편차, 세로축을 기대수익률로 설정한 평면으로서, 각 부동산은 평면상의 한 점으로 표시된다. 점의 위치가 우측 상단에 있을수록 고위험 고수익, 좌측 하단에 있을수록 저위험 저수익의 특성을 가지는 부동산이라고 할 수 있다. 그림을 통해 앞에서 살펴본 세 가지 부동산보다 M타워의 수익위험이 상대적으로 큰 것을 알 수 있다. 이 평면을 '수익위험평면'이라고 하는데, 앞으로 자주 보게 될 것이니 꼭 기억해 두자.

분산이나 표준편차로 측정한 위험은 수익률의 상승과 하락을 모두 포착하는 총위험Total Risk이다. 그런데 위험은 부정적인 측면을 나타내는 표현이므로, 총위험 중 하락의 변동성만 포착해야 한다는 주장도 있다. 이렇게 계산한 위험을 하향위험Downside Risk이라고 하는데, 그 측정에는 준분산SV: Semi-Variance이 주로 사용된다.

준분산은 LPMLower Partial Moment의 한 형태다. LPM은 특정한 경곗값Threshold 이하의 관측치만으로 계산한 하향위험 척도로서, 다양한 차수를 가질 수 있다. 준분산은 아래 식과 같이 평균을 경곗값으로 하는 2차의 LPM이다. 즉 수익률이 평균 이하인 경우만을 대상

이론 편

으로 계산한 분산이다.

$$LPM_k(R_t) = \frac{1}{n} \sum_{t \in L} (R_t - Threshold)^k$$

$$SV(R_t) = \frac{1}{n} \sum_{t \in L} [R_t - E(R_t)]^2$$

L: R_t가 $Threshold$보다 작은 경우의 집합

주식시장에서는 총위험이나 하향위험보다 체계적 위험Systemic Risk을 많이 사용한다. 체계적 위험이란 총위험 중에서 시장 전체적인 변동과 연동된 부분을 말한다. 이와 반대되는 비체계적 위험Non-Systemic Risk은 총위험 중에서 체계적 위험을 제외한 부분, 즉 주식의 고유한 특성에 기인하는 부분을 말한다. 그런데 비체계적 위험은 분산투자를 통해 제거될 수 있으므로, 시장이 효율적이라면 분산투자로 제거되지 않는 체계적 위험만이 수익률로 보상될 것이다. 이것이 총위험이 아닌 체계적 위험을 사용하는 이유다.

체계적 위험은 아래 식과 같이 자본자산가격결정모형의 '베타'에 의해 측정된다. 자본자산가격결정모형은 개별 주식의 수익률이 베타와 선형관계에 있다고 본다. 이에 대해서는 5장에서 자세히 알아본다.

$$E(R_i) = R_f + \beta_i [E(R_m) - R_f]$$

$E(R_i)$: 주식 i의 기대수익률

R_f: 무위험이자율

R_m: 시장수익률

β_i: 주식 i의 베타, 체계적 위험의 척도

2020년 미국의 민간 우주탐사기업인 스페이스X가 쏘아 올린 유인우주선, 크루드래건(Crew Dragon)

하이 리스크, 하이 리턴
큰 수익을 얻기 위해서는 큰 위험을 감수해야 한다.
중세를 마감한 유럽 국가들은 15세기부터 신대륙 탐험에 열을 올렸다. 당시의 자본과 기술을 고려할 때, 망망대해로 배를 띄우는 일은 엄청난 위험을 감수하는 투자였을 것이다. 지금의 세계경제를 보면, 그 위험이 유럽 국가들에게 어떤 수익을 안겨 줬는지 알 수 있다.
이러한 탐험은 지금도 우주를 향해 계속되고 있다.

- '수익'은 투자를 통해 실현한 이익, 즉 운영소득과 자본이득을 합한 금액을 말한다. 수익을 투자비로 나눈 비율을 '수익률'이라고 한다.

- 특정한 기간에 대해 계산한 수익률을 '보유기간수익률'이라고 한다. 보유기간수익률을 연 단위로 환산한 것을 '연수익률'이라고 한다.

- 여러 기간에 걸쳐 측정한 수익률의 평균을 구할 때는 '기하평균'을 사용한다. 시계열이 아닌 횡단면 평균을 구하는 경우에는 복리와 관련이 없으므로 '산술평균'을 사용한다.

- 수익률을 계산할 때는 시점과 기간을 잘 구분해야 한다. 가격은 시점에, 수익률은 기간에 대응되는 개념이라는 것을 잊지 말아야 한다.

- 수익이 투자의 목적이라면, '위험'은 목적이 달성되지 않을 가능성이다. 위험의 크기는 시장상황에 대한 자산가치의 민감도에 의해 결정된다.

- 시장이 효율적이고 투자자가 합리적이면, '요구수익률'은 '기대수익률'과 같아진다. 부동산과 같은 위험자산의 기대수익률은 무위험이자율과 위험프리미엄으로 분해할 수 있다.

- 위험이 클수록 투자자는 더 높은 수익률을 요구한다. 수익률을 구성하는 '위험프리미엄'이 바로 투자자가 요구하는 위험의 대가다.

- 위험은 수익의 불확실성이다. 따라서 위험의 크기는 수익률이 평균을 중심으로 얼마나 넓게 분포하는가를 나타내는 '분산' 또는 '표준편차'로 측정할 수 있다.

- 분산이나 표준편차로 측정한 위험은 수익률의 상승과 하락을 모두 포착하는 '총위험'이다. 이와 달리 총위험 중 하락의 변동성만 포착한 것을 '하향위험', 시장의 전체적인 변동과 연동된 부분만 포착한 것을 '체계적 위험'이라고 한다. 하향위험은 '준분산', 체계적 위험은 '베타'로 측정한다.

5

Modern Portfolio Theory
현대포트폴리오이론

5.1. 투자이론의 역사

경제적 인간

아담 스미스Adam Smith로부터 시작된 주류경제학은 인간을 매우 신뢰하는 학문이라고 할 수 있다. 주류경제학이 가정하는 인간은 효용극대화라는 목적을 가지고 합리적인 판단과 행동을 하는 주체이기 때문이다. 이러한 인간상을 경제적 인간Homo Economicus 이라고 한다.[18]

투자 분야에 경제적 인간을 데리고 온 것은 존 폰 노이만John von Neumann과 오스카르 모르겐슈타인Oskar Morgenstern이다. 그들의 기대효용이론을 바탕으로 발전한 현대의 투자 이론을 현대포트폴리오이론MPT: Modern Portfolio Theory이라고 한다. 20세기 중반에 정립된

---

18. Joseph Persky, "Retrospectives: The Ethology of Homo Economicus," *The Journal of Economic Perspectives* 9(2), Spring 1995, pp.221~231.

MPT는 21세기인 지금도 재무 분야에서 가장 중요한 이론으로 자리를 잡고 있다. 우리가 투자와 관련해서 가지고 있는 대부분의 상식은 MPT의 내용이라고 해도 과언이 아니다. MPT는 투자 실무에서도 중요하게 활용된다. 포트폴리오 선택과 가격 결정에 대한 기법들은 직간접적으로 MPT에 뿌리를 두고 있다.

한편 최근 경제학은 합리적이지 않은 인간에게도 점차 관심을 주고 있다. 주류경제학으로는 설명되지 않는 문제가 현실세계에서 많이 발견되면서, 경제적 인간이라는 기본적인 가정에 회의를 품기 시작한 것이다. 심리학에 기원을 두고 있는 전망이론이 대표적인 사례다. 전망이론은 인간의 비합리적인 행동에 주목하는 행동경제학Behavioral Economics을 탄생시켰다. 행동경제학은 투자이론에 적용되어 행동재무이론Behavioral Finance Theory을 발전시키고 있다.

투자이론을 공부하는 입장에서는 먼저 MPT를 제대로 이해할 필요가 있다. 행동재무이론을 비롯해서 MPT를 대체하고자 하는 대안적 이론들조차도 대부분 MPT에 대한 비판에서부터 출발하고 있기 때문이다.

MPT의 정립

3장과 4장에서 살펴본 가치와 가격, 수익과 위험에서는 하나의 자산을 다루었다. 그러나 지금부터는 여러 개의 자산을 대상으로 투자이론을 알아볼 것이다. MPT에 의해 포트폴리오를 구성하는 것의 장점이 밝혀지고, 포트폴리오 투자를 전제로 한 가격결정모형도 개발되었기 때문이다.

MPT의 발전에는 네 가지 연구가 큰 역할을 했다. 폰 노이만과 모르겐슈타인의 기대효용이론[19], 해리 마코위츠Harry Markowitz의 포트폴리오선택이론[20], 윌리엄 샤프William F. Sharp[21], 존 린트너John Lintner[22], 잔 모신Jan Mossin[23]의 자본자산가격결정모형, 유진 파마Eugene F. Fama의 효율적 시장가설[24]이 그것이다.

시장에 참여하는 투자자는 합리적이어서 투자의 효용을 극대화_{기대효용이론}하고, 투자판단의 기준은 수익률의 평균과 분산, 즉 높은 수익과 낮은 위험_{포트폴리오선택이론}이며, 개별 자산의 수익률은 체계적 위험의 크기와 선형관계_{자본자산가격결정모형}에 있고, 시장에서 정보가 효율적으로 소통되면 자산의 수익률이 확률보행하여 투자자는 지속적으로 초과이익을 낼 수 없다_{효율적 시장가설}는 것이 이들 연구의 핵심적인 내용이다.

5.2. 기대효용이론

위험에 대한 세 가지 태도

경제학에서 효용은 소비자가 상품을 소비함으로써 얻는 만족을 뜻한다. 효용이론은 소비자의 효용을 측정할 수 있다고 보는데, 이를 투자이론에 접목한 것이 기대효용이론 Expected Utility Theory이다. 기대효용이론은 투자자가 수익이나 위험 중 한 가지에만 집착하지 않고 투자에 따르는 효용을 종합적으로 고려하는 합리적 주체라고 가정한다. 즉, 같은 위험이면 높은 수익을, 같은 수익이면 낮은 위험을 추구한다는 것인데, 이를 지배원리 Dominance Principle라고 한다.

지배원리를 곰곰이 생각해 보면, 시장에는 저위험 저수익, 고위험 고수익의 자산만 남게

---

19. John von Neumann and Oskar Morgenstern, *Theory of Games and Economic Behavior*, Princeton: Princeton University Press, 1944.
20. Harry Markowitz, "Portfolio Selection," *The Journal of Finance* 7(1), Mar. 1952, pp.77~91.
21. William F. Sharpe, "Capital Asset Prices: A Theory of Market Equilibrium under Conditions of Risk," *The Journal of Finance* 19(3), Sep. 1964, pp.425~442.
22. John Lintner, "Security Prices, Risk, and Maximal Gains from Diversification," *The Journal of Finance* 20(4), Dec. 1965, pp.587~615.
23. Jan Mossin, "Equilibrium in a Capital Asset Market," *Econometrica* 34(4), Oct. 1966, pp.768~783.
24. Eugene F. Fama, "Efficient Capital Markets: A Review of Theory and Empirical Work," *The Journal of Finance* 25(2), May 1970, pp.383~417.

된다는 것을 알 수 있다. 만약 저위험 고수익의 우량한 자산이 존재한다면, 많은 투자자가 그 자산을 취득하려고 해서 가격이 상승하고, 그 결과 기대수익률이 하락할 것이다. 반대로, 고위험 저수익의 불량한 자산이 존재한다면 투자자로부터 외면당해서 가격이 하락하고, 그 결과 기대수익률이 상승할 것이다.

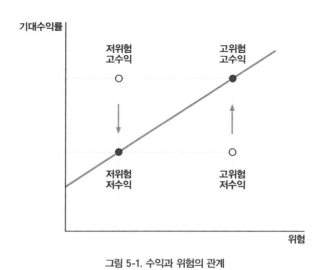

그림 5-1. 수익과 위험의 관계

자산의 수익위험 특성은 투자자가 얻는 효용에 어떤 영향을 미칠까? 폰 노이만과 모르겐슈타인은 위험에 대한 태도에 따라 투자자를 세 집단으로 구분하였다. 위험회피적Risk Averse · 위험중립적Risk Neutral · 위험선호적Risk Seeking 또는 Risk Loving 투자자가 그들이다. 위험회피적 투자자는 투자를 통해 더 큰 부Wealth를 얻을수록 한계효용이 감소하는, 다시 말해서 총효용이 체감 증가하는 투자자를 말한다. 반대로 위험선호적 투자자는 투자를 통해 더 큰 부를 얻을수록 한계효용이 증가하는 투자자를, 위험중립적 투자자는 부의 증가와 관계없이 한계효용이 일정한 투자자를 말한다. 세 가지 투자자의 효용함수를 그림으로 나타내면 〈그림 5-2〉와 같다. 이 중 경제학이 가정하는 경제적 인간은 위험회피적 투자자다.

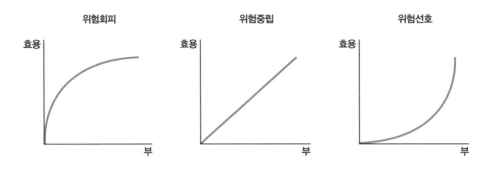

그림 5-2. 위험에 대한 세 가지 태도

합리적 투자자

비록 위험에 대한 태도에 차이는 있지만, 세 투자자 모두 부가 증가할수록 더 큰 효용을 얻는다. 다만, 곡선의 볼록성에 차이가 있을 뿐인데, 이 중 위로 볼록한 위험회피적 투자자의 곡선이 합리적 투자자Rational Investor의 모습인 이유는 불확실한 수익보다 확실한 수익에서 더 큰 효용을 얻는 특성을 보이기 때문이다.

〈그림 5-3〉은 합리적 투자자의 효용함수, 즉 수익 R과 효용 U의 관계를 나타내고 있다. 이 투자자는 수익이 R_1일 때 $U(R_1)$의 효용을, 수익이 R_2일 때 $U(R_2)$의 효용을 얻는다. 수익의 기댓값 $E(R)$에 대응되는 효용의 기댓값은 $E[U(R)]$이다. 그런데, 만약 $E(R)$이 기댓값이 아닌 확실한 값이라도 투자자의 효용이 $E[U(R)]$일까? 그렇지 않다. 위험회피적인 투자자라면, 확실한 수익 $E(R)$에서 얻는 효용 $U[E(R)]$이 효용의 기댓값인 $E[U(R)]$보다 클 것이다. 결국 위험회피적 투자자의 효용곡선은 위로 볼록한 형태를 가지게 된다.

확실한 수익 $E(R)$의 효용 $U[E(R)]$에서, 효용의 기댓값 $E[U(R)]$를 차감한 값 A는 위험회피성향을 나타낸다. A가 클수록 투자자는 더 위험회피적이다. 이 값을 위험회피척도MRA: Measure of Risk Aversion라고 하는데, 위험회피적 투자자의 MRA는 0보다 크다. 한편 효용

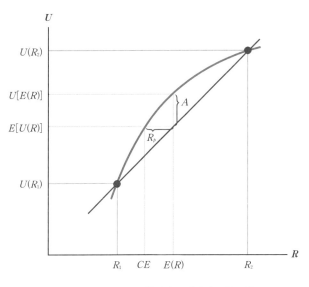

그림 5-3. 합리적 투자자의 효용곡선

의 기댓값 $E[U(R)]$에 상응하는 확정적인 부의 수준을 확실성등가_{CE: Certainty Equivalent}라고 한다. 부의 기댓값 $E(R)$과 CE의 차이가 바로 위험프리미엄_{Risk Premium}인데, 위험회피적 투자자는 R_p도 0보다 크다. MRA와 R_p는 둘 다 투자자의 위험회피성향을 측정하는 도구다. 전자는 효용의 단위로, 후자는 수익의 단위로 측정하는 차이가 있을 뿐이다.

가장 널리 사용되는 투자자의 효용함수는 아래와 같다. 이 식은 투자자의 효용 U가 기대수익률 $E(R)$에 비례하고, 위험회피성향 A 및 위험 σ^2에 반비례하는 것을 표현하고 있다. 이 수식을 특정한 수준의 효용에 대해, 즉 U를 상수로 가정하여 $E(R)$에 대해 정리하면, 표준편차 σ의 이차함수가 된다.

$$U = E(R) - \frac{1}{2} A\sigma^2$$

$$E(R) = U + \frac{1}{2} A\sigma^2$$

위 수식을 수익위험평면에 나타내면 〈그림 5-4〉와 같다. 여기서 각 곡선은 투자자에게 동일한 효용을 주는 수익과 위험의 조합이다. 그러한 의미에서 이 곡선들을 무차별곡선 Indifference Curve이라고 한다.

〈그림 5-4〉의 좌측은 동일한 효용수준$_{U=0.05}$에 대해서 위험에 대한 태도가 서로 다른 투자자들의 무차별곡선을 비교한 것이다. 위험회피적$_{A>0}$ 투자자의 무차별곡선은 우상향 하면서 아래로 볼록한 모양을 가진다. 그와 달리 위험중립적$_{A=0}$ 투자자의 무차별곡선은 수평선, 위험선호적$_{A<0}$ 투자자의 무차별곡선은 우하향 하면서 위로 볼록한 모양을 가진다. 이 중 우상향 하면서 아래로 볼록한 곡선이 합리적 투자자의 무차별곡선이다.

〈그림 5-4〉의 우측은 위험회피적 투자자 내에서 효용수준과 위험회피성향이 다른 경우를 비교한 것이다. 위험회피성향이 10인 투자자가 0.05의 효용을 얻는 빨간색 무차별곡선을 기준곡선이라고 하자. 효용수준이 0.07로 그보다 높을 경우에는 무차별곡선이 기준곡선보다 좌측 상단에 위치한다. 그리고 위험회피성향이 15로 그보다 클 경우에는 무차별

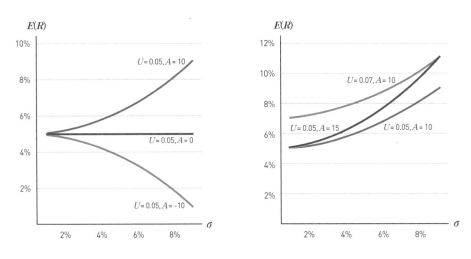

그림 5-4. 다양한 투자자의 무차별곡선

이론 편

곡선이 기준곡선보다 가파른 기울기를 가진다. 이러한 무차별곡선의 차이는 투자자에게 최대의 효용을 주는 자산 또는 포트폴리오에 차이를 가져온다. 이에 대해서는 뒤에서 자세히 설명한다.

표 5-1. 위험에 대한 태도가 다른 투자자들의 기대수익률

구분	σ								
	1%	2%	3%	4%	5%	6%	7%	8%	9%
U=0.05, A=10	5.05%	5.20%	5.45%	5.80%	6.25%	6.80%	7.45%	8.20%	9.05%
U=0.05, A=0	5.00%	5.00%	5.00%	5.00%	5.00%	5.00%	5.00%	5.00%	5.00%
U=0.05, A=-10	4.95%	4.80%	4.55%	4.20%	3.75%	3.20%	2.55%	1.80%	0.95%

표 5-2. 위험회피적 투자자들의 기대수익률

구분	σ								
	1%	2%	3%	4%	5%	6%	7%	8%	9%
U=0.07, A=10	7.05%	7.20%	7.45%	7.80%	8.25%	8.80%	9.45%	10.20%	11.05%
U=0.05, A=10	5.05%	5.20%	5.45%	5.80%	6.25%	6.80%	7.45%	8.20%	9.05%
U=0.05, A=15	5.08%	5.30%	5.68%	6.20%	6.88%	7.70%	8.68%	9.80%	11.08%

5.3. 포트폴리오선택이론

포트폴리오효과

마코위츠에 의해 제기된 포트폴리오선택이론Portfolio Selection Theory은 여러 자산으로 포트폴리오를 구성할 경우 위험이 감소하여 투자의 효용이 높아지는 이유를 정치하게 설명한다. 시장에 a와 b 두 개의 위험자산이 존재한다고 가정하자. a의 기대수익률과 위험은 $E(R_a)$, $\sigma_a{}^2$이고, b의 기대수익률과 위험은 $E(R_b)$, $\sigma_b{}^2$이다. 두 자산에 각각 ω_a, ω_b 비중으로 투자를 할 때, 포트폴리오의 기대수익률 $E(R_p)$와 위험 σ_p^2은 다음과 같이 계산된다.

$$E(R_p)=\omega_a E(R_a)+\omega_b E(R_b)$$
$$\sigma_p^2=\omega_a^2\sigma_a^2+\omega_b^2\sigma_b^2+2\omega_a\omega_b\sigma_{ab}=\omega_a^2\sigma_a^2+\omega_b^2\sigma_b^2+2\omega_a\omega_b\sigma_a\sigma_b\rho_{ab}$$

여기서 포트폴리오의 기대수익률은 각 자산 기대수익률의 가중평균이지만, 분산의 경우 두 자산의 공분산 σ_{ab} 또는 상관계수 ρ_{ab}를 포함하게 되는 점에 유의해야 한다. 다시 말해서, 두 자산으로 포트폴리오를 구성할 경우 포트폴리오의 분산은 각 자산 분산의 가중평균이 아닐 수 있다. 포트폴리오의 분산은 두 자산의 상관관계에 따라 달라진다.
두 자산 수익률 간 상관계수가 1인 경우, 즉 두 자산의 수익률이 완전한 정(+)의 선형관계에 있는 경우에는 포트폴리오 수익률의 분산이 각 자산 수익률 분산의 가중평균과 같다. 그러나 1보다 작은 경우는 포트폴리오 수익률의 분산이 각 자산 수익률 분산의 가중평균보다 작아진다. 특히 상관계수가 −1인 경우, 즉 두 자산의 수익률이 완전한 부(−)의 선형관계에 있는 경우에는 각 자산의 비중을 적절히 조절하여 포트폴리오 수익률의 분산을 0으로 만들 수도 있다. 두 자산으로 포트폴리오를 구성함으로써 기대수익률은 평균이 되지만, 분산은 평균 이하가 되는 현상, 이것이 바로 투자론에서 말하는 '포트폴리오효과'다. 포트폴리오효과는 두 수익률의 상관관계가 완전한 정(+)의 관계에 있지만 않으면 발생한다.

$$\rho_{ab}=1:\ \ \sigma_p^2=\omega_a^2\sigma_a^2+\omega_b^2\sigma_b^2+2\omega_a\omega_b\sigma_a\sigma_b=(\omega_a\sigma_a+\omega_b\sigma_b)^2$$
$$\rho_{ab}=0:\ \ \sigma_p^2=\omega_a^2\sigma_a^2+\omega_b^2\sigma_b^2<(\omega_a\sigma_a+\omega_b\sigma_b)^2$$
$$\rho_{ab}=-1:\ \ \sigma_p^2=\omega_a^2\sigma_a^2+\omega_b^2\sigma_b^2-2\omega_a\omega_b\sigma_a\sigma_b=(\omega_a\sigma_a-\omega_b\sigma_b)^2<(\omega_a\sigma_a+\omega_b\sigma_b)^2$$

M타워를 이용해서 포트폴리오효과를 그림으로 확인해 보자. 우리는 〈그림 4-3〉에서 네

가지 부동산의 수익위험을 비교한 바 있다. 그중 A타워와 B타워는 〈그림 5-1〉에서 살펴본 지배원리에 의해 C타워보다 열등하다. 따라서 여기서는 일정한 자금을 M타워와 C타워의 지분에 나누어 투자하는 포트폴리오를 구성해 보자. 두 부동산의 기대수익률과 수익률 표준편차는 〈표 5-3〉과 같다.

표 5-3. 두 가지 부동산의 기대수익률과 수익률 표준편차

구분	C타워	M타워
기대수익률	6.00%	6.60%
수익률 표준편차	1.41%	4.49%

M타워와 C타워의 수익률 상관계수가 1, -1, 0인 각각의 경우에 대해, 두 부동산의 비중을 0~100%까지 변화시키면서 구성한 포트폴리오의 수익위험은 〈그림 5-5〉 및 〈표 5-4〉와 같다.

상관계수가 1인 경우, 포트폴리오의 수익위험은 두 부동산을 잇는 직선이 된다. C타워의 비중이 클수록 C타워에, M타워의 비중이 클수록 M타워에 가까운 점일 것이다. 상관계수가 -1인 경우에는 포트폴리오의 위험이 빠른 속도로 감소하여 C타워 76%, M타워 24%의 비중에서 분산이 0이 된다. 그 외의 비중으로 구성한 포트폴리오는 각 부동산과 분산이 0인 점을 잇는 직선이 된다. 끝으로, 상관계수가 0인 경우에는 포트폴리오의 수익위험이 앞에서 살펴본 두 직선 사이를 지나는 곡선이 된다.

실제로 상관계수가 정확히 1 또는 -1인 두 자산은 존재하기 어려우므로, 시장에서 관찰되는 대부분의 경우는 두 직선 사이를 지나는 곡선의 모습을 보인다. 결과적으로 상관계수가 1이 아닌 모든 경우는 두 부동산을 잇는 직선보다 좌측 상단 즉 투자효용이 높은 상태에 있다. 이것이 바로 포트폴리오효과다.

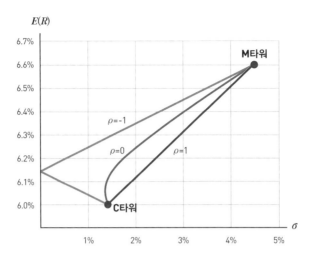

그림 5-5. 두 가지 부동산의 포트폴리오효과

표 5-4. 두 가지 부동산의 포트폴리오효과

ω		σ			$E(R)$
CE타워	M타워	$\rho=1$	$\rho=0$	$\rho=-1$	
100%	0%	1.41%	1.41%	1.41%	6.00%
90%	10%	1.72%	1.35%	0.82%	6.06%
80%	20%	2.03%	1.44%	0.23%	6.12%
76%	24%	2.15%	1.52%	0.00%	6.14%
70%	30%	2.34%	1.67%	0.36%	6.18%
60%	40%	2.64%	1.99%	0.95%	6.24%
50%	50%	2.95%	2.35%	1.54%	6.30%
40%	60%	3.26%	2.75%	2.13%	6.36%
30%	70%	3.57%	3.17%	2.72%	6.42%
20%	80%	3.87%	3.60%	3.31%	6.48%
10%	90%	4.18%	4.04%	3.90%	6.54%
0%	100%	4.49%	4.49%	4.49%	6.60%

이론 편

효율적 프런티어와 무차별곡선

실제 시장에는 두 개가 아닌 수많은 자산이 존재한다. 그렇다면 투자자는 어떻게 선택을 해야 할까? 이 경우에도 앞에서 살펴본 원리는 그대로 적용된다. 〈그림 5-6〉과 같이 세 자산 a, b, c로 구성한 포트폴리오의 수익위험은 a와 b를 잇는 곡선 상의 한 점 ab를 다시 c와 잇는 곡선 상의 한 점이 된다. 이 곡선 역시 위로 볼록한 모양을 가질 것이며, 여기에 또 다른 자산을 추가한 포트폴리오의 수익위험은 같은 작업을 반복하여 나타낼 수 있다.

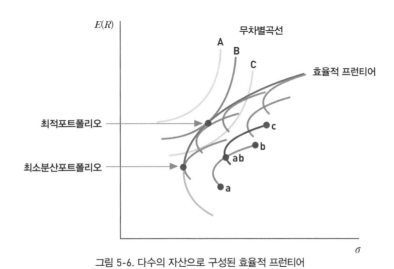

그림 5-6. 다수의 자산으로 구성된 효율적 프런티어

시장에 존재하는 모든 자산을 동원해서 만든 곡선의 외곽선은 두 자산으로 구성한 포트폴리오의 곡선과 같이 위로 볼록한 모양을 가진다. 이 중에서 분산이 가장 작은 꼭짓점을 최소분산포트폴리오_{MVP: Minimum Variance Portfolio}라고 하는데, 외곽선 중 이보다 윗부분을 효율적 프런티어_{Efficient Frontier}라고 한다. 지배원리를 따르는 합리적인 투자자라면, 이 효율적 프런티어 상의 한 점을 선택하여 포트폴리오를 구성할 것이다.

투자자의 최종적인 선택은 위험에 대한 태도, 즉 무차별곡선_{Indifference Curve}에 따라 달라진다. 〈그림 5-6〉에는 세 개의 무차별곡선을 표시하였다. 이 중 효용이 가장 높은 A는 현실적으로 투자 가능한 수준이 아니다. 시장의 모든 자산을 동원해서 구성할 수 있는 효율적 프런티어보다 상단에 위치하기 때문이다. 반대로 C는 선택할 이유가 없다. 이보다 효용이 높은 포트폴리오가 존재하기 때문이다. 현실적으로 선택할 수 있으면서 효용이 가장 높은 포트폴리오는 투자자의 무차별곡선과 효율적 프런티어의 접점이다. 이 점을 최적포트폴리오Optimal Portfolio라고 한다. 투자자의 위험에 대한 태도에 따라 무차별곡선의 기울기가 달라지고, 따라서 최적포트폴리오의 위치도 달라진다.

포트폴리오선택이론이 현실이 되기 위해서는 투자자가 위험회피적이면서 기대효용을 극대화하는 합리적 주체여야 한다. 또한, 모든 투자자가 동질적인 예측을 하고, 수익률의 평균과 분산을 기준으로 효용을 측정하며, 단일기간의 성과를 기준으로 투자를 판단한다는 가정이 충족되어야 한다.

5.4. 자본자산가격결정모형

자본시장선

자본자산가격결정모형CAPM: Capital Asset Pricing Model은 포트폴리오선택이론에서 발전된 것이다. 따라서 CAPM에는 투자자 합리성, 동질적 예측, 평균분산기준, 단일기간모형 등 포트폴리오선택이론의 가정이 그대로 적용된다. 뿐만 아니라 시장에 무위험자산Risk-free Asset이 존재하여 무위험이자율로 차입과 대출이 가능할 것, 시장이 완전시장Perfect Market, 즉 세금이나 거래비용이 존재하지 않고, 자산의 분할이 가능하며, 모든 투자자가 시장순응자일 것과 같은 가정들이 추가된다. CAPM은 비슷한 시기에 세 사람의 학자에 의해 각기 개발되었는데, 샤프, 린트너, 모신이 그 주인공들이다. MPT는 CAPM을 통해 완성되었다고 할 수 있다.

CAPM의 가정 중 무위험자산의 존재는 큰 의미를 가진다. 무위험이자율로 차입과 대출이 가능하면, 투자자가 선택할 수 있는 최적포토폴리오가 위험자산만 존재하는 경우와 달라지기 때문이다. 위험자산으로 구성된 효율적 프런티어 상의 한 점과 무위험자산으로 복합포트폴리오를 구성할 경우, 수익위험은 두 점을 이은 직선상의 한 점이 된다. 무위험이자율의 분산은 0이고, 무위험이자율과 위험자산 수익률의 상관계수도 0이기 때문이다. 이 직선을 자본배분선CAL: Capital Allocation Line이라고 하며, 그 도출과정은 아래와 같다.

$$\sigma_c{}^2 = \omega^2 \sigma_p{}^2 + (1-\omega)^2 \sigma_f{}^2 + 2\omega(1-\omega)\sigma_p \sigma_f \rho_{pf}$$

$$= \omega^2 \sigma_p{}^2 \quad \because \sigma_f = 0, \ \rho_{pf} = 0$$

$$\therefore \ \sigma_c = \omega \sigma_p \ \rightarrow \ \omega = \frac{\sigma_c}{\sigma_p}$$

$$E(R_c) = \omega E(R_p) + (1-\omega)R_f$$

$$= R_f + \omega[E(R_p) - R_f]$$

$$= R_f + \frac{E(R_p) - R_f}{\sigma_p}\sigma_c$$

R_c, σ_c: 복합포트폴리오의 수익률과 표준편차
R_p, σ_p: 위험자산포트폴리오의 수익률과 표준편차
R_f, σ_f: 무위험자산의 수익률과 표준편차
ω: 위험자산포트폴리오에 대한 투자비중

CAL의 기울기는 위험자산포트폴리오의 기대수익률에서 무위험이자율을 차감한 위험프리미엄을 위험자산포트폴리오의 표준편차로 나눈 값이다. 이를 샤프지수Sharpe Ratio라고 하는데, 포트폴리오가 위험 한 단위당 얼마만큼의 초과수익률을 제공하는가를 나타낸다. 이 값이 클수록 우수한 포트폴리오다. 그러면 효율적 프런티어 상의 점들 중에서, 어떤 점과 무위험자산을 연결해야 샤프지수가 최대가 될까? 바로, 접선과 만나는 점이

다. CAPM에서는 이 점을 시장포트폴리오Market Portfolio라고 하며, 접선을 자본시장선CML: Capital Market Line이라고 한다. CML의 수식은 아래와 같다.

$$E(R_c) = R_f + \frac{E(R_m) - R_f}{\sigma_m} \sigma_c$$

R_m, σ_m: 시장포트폴리오의 수익률과 표준편차

CML을 그림으로 나타내면 〈그림 5-7〉과 같다. 위로 볼록한 곡선은 위험자산으로 구성된 효율적 프런티어다. 그런데 무위험이자율로 차입이나 대출이 가능하면, R_f로 표시된 무위험자산도 포트폴리오에 포함시킬 수 있다. 무위험자산과 위험자산으로 구성한 포트폴리오는 직선 형태이며, 이 직선과 효율적 프런티어의 접점이 시장포트폴리오다. 무위험자산과 시장포트폴리오를 이은 직선은 위험자산으로 구성된 효율적 프런티어보다 상단에 위치하여 효용이 더 높은 것을 알 수 있다. 이 직선이 바로 CML이다.

CML은 다음과 같이 도출할 수도 있다. 자본시장이 균형상태에 있다면, 모든 자산과 포트

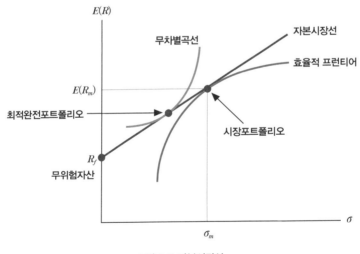

그림 5-7. 자본시장선

이론 편

폴리오에 대해서 위험 한 단위에 대응되는 초과수익률의 크기가 동일할 것이다. 만약 어떤 자산의 위험조정수익률Risk Adjusted Return이 다른 자산보다 높으면, 가격이 상승하고 수익률이 낮아져 다시 균형 상태로 돌아올 것이기 때문이다. 이를 특정한 포트폴리오 c와 시장포트폴리오 m에 적용하면 아래 식과 같다. 이 식을 정리하면 균형상태의 최적화된 포트폴리오 c의 기대수익률이 CML과 동일한 것을 알 수 있다.

$$\frac{E(R_c)-R_f}{\sigma_c}=\frac{E(R_m)-R_f}{\sigma_m}$$

$$E(R_c)-R_f=[E(R_m)-R_f]\frac{\sigma_c}{\sigma_m}$$

$$E(R_c)=R_f+\frac{E(R_m)-R_f}{\sigma_m}\sigma_c$$

투자자는 자신의 무차별곡선에 따라 CML 상의 한 점을 선택한다. 무차별곡선과 CML이 만나는 접점을 최적완전포트폴리오Optimal Complete Portfolio라고 한다. 그러면 이 점을 나타내는 복합포트폴리오 내에서 시장포트폴리오의 비중은 어떻게 찾을 수 있을까? 여기서 기대효용이론에서 살펴봤던 투자자의 효용함수가 다시 등장한다. 투자자의 효용은 아래와 같이 효용함수의 미분값을 0으로 만드는 ω^*에서 극대화된다.

$$U=E(R_c)-\frac{1}{2}A\sigma_c^{\,2}$$

$$=R_f+\omega[E(R_m)-R_f]-\frac{1}{2}A\sigma_m^{\,2}\omega^2$$

$$\frac{\partial U}{\partial \omega}=E(R_m)-R_f-A\sigma_m^{\,2}\omega$$

$$\omega^*=\frac{E(R_m)-R_f}{A\sigma_m^{\,2}}$$

증권시장선

CML이 시장의 모든 자산을 다루는 반면, 증권시장선SML: Security Market Line은 개별 자산을 다룬다. CAPM은 개별 자산의 위험을 체계적 위험과 비체계적 위험으로 나눈다. 여기서 체계적 위험은 시장 전체의 변동에 기인하는 위험이고, 비체계적 위험은 개별 자산의 특성에 기인하는 위험이다. 그런데 비체계적 위험의 경우, 다수의 자산으로 포트폴리오를 구성하면 분산효과에 의해 제거된다. 따라서 CAPM은 체계적 위험만이 수익률로 보상된다고 본다. 어떤 자산 i의 위험을 수식으로 나타내면 다음과 같다. 이 중 시장포트폴리오와 자산 i의 상관계수를 포함하는 부분이 체계적 위험이다.

$$\sigma_i^2 \quad = \quad \rho_{im}^2 \sigma_i^2 \quad + \quad (1-\rho_{im}^2)\sigma_i^2$$

총위험 　　체계적 위험　　　비체계적 위험

ρ_{im}: 자산 i의 수익률과 시장수익률의 상관계수

체계적 위험을 이용해서 자본시장의 균형을 수식으로 나타내면 아래와 같다. 좌변은 자산 i의 체계적 위험 한 단위당 초과수익률을 나타내고, 우변은 시장포트폴리오의 체계적 위험 한 단위당 초과수익률을 나타낸다. 시장포트폴리오의 경우 $\rho_{mm}=1$이므로, 총위험이 곧 체계적 위험이다. 이 식을 정리하면, 시장포트폴리오 초과수익률에 대한 자산 i 초과수익률의 민감도가 계산된다. 이 값이 바로 자산 i의 체계적 위험을 나타내는 척도인데, 베타$_\beta$라고 부른다.

$$\frac{E(R_i)-R_f}{\rho_{im}\sigma_i} = \frac{E(R_m)-R_f}{\sigma_m}$$

$$E(R_i)-R_f = [E(R_m)-R_f]\frac{\rho_{im}\sigma_i}{\sigma_m}$$

$$= [E(R_m)-R_f]\frac{\sigma_{im}}{\sigma_i\sigma_m} \times \frac{\sigma_i}{\sigma_m}$$

$$= [E(R_m)-R_f]\frac{\sigma_{im}}{\sigma_m^2}$$

$$E(R_i) = R_f + \beta_i[E(R_m)-R_f]$$

$\beta_i = \frac{\sigma_{im}}{\sigma_m^2}$: 자산 i의 베타, 체계적 위험의 척도

베타는 자산 i와 시장포트폴리오의 공분산 σ_{im}을 시장포트폴리오의 분산 $\sigma_m{}^2$으로 나눈 값이다. 이는 자산 i의 수익률을 시장수익률로 회귀분석한 계수값과 같다. 실제로 베타는 수익률의 과거 시계열에 아래와 같은 회귀식을 적용하여 구한다.

$$R_i = \alpha_i + \beta_i R_m + \epsilon_i$$

흔히 CAPM이라고 하면 SML을 의미한다. SML을 그림으로 나타내면 〈그림 5-8〉과 같다. CML의 가로축이 총위험을 나타내는 σ인데 반해, SML의 가로축은 체계적 위험을 나타내는 β다. SML은 무위험자산에서 출발하여 체계적 위험이 증가할수록 기대수익률도 증가하는 직선의 형태를 가진다. 시장이 완전한 균형상태에 있다면, 모든 자산은 SML 상에 존재한다. 즉, 기대수익률 $E(R_i)$가 체계적 위험 β_i에 의해 선형으로 결정된다. 그런데 실제 시장은 완전하지 않기 때문에, 모든 자산이 정확하게 SML 상에 위치하지는 않는다. SML 상단에 위치하는 자산은 균형상태보다 높은 기대수익률을 제공하는 자산, 즉 저평가된 자산이고, SML 하단에 위치하는 자산은 그 반대, 즉 고평가된 자산이다.

그런데 CAPM을 부동산에 적용하는 데는 두 가지 문제가 있다. 첫째, 주식시장에서 발전한 CAPM은 시장수익률로 종합주가지수 수익률을 사용한다. 그러나 이것이 부동산과 같은 실물자산에도 적합한지는 의문이다. 이론상으로는 주식·채권·부동산 등 모든 자산으로 구성된 포트폴리오의 수익률을 시장수익률로 사용하는 것이 바람직하다. 그러나 실제로 이러한 포트폴리오는 존재하지 않는다. 종합주가지수 수익률이 진정한 시장수익률을 대변하지 못하는 것을 '자산누락문제'라고 한다. 둘째, CAPM을 적용하기 위해서는 분석 대상 부동산에 대한 장기간의 수익률 자료가 필요하다. 그러나 부동산은 자주 거래되지 않기 때문에, 필요한 만큼 수익률을 확보하기 어렵다. 따라서 부동산에 대해서는 개별 자산이 아닌 일정한 지역이나 섹터의 수익률에 CAPM을 적용하는 경우가 많다. 지역이나

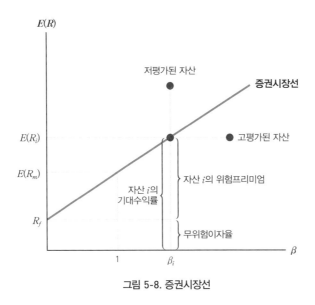

그림 5-8. 증권시장선

섹터의 수익률 자료는 상대적으로 풍부하기 때문이다.

5.5. 효율적 시장가설

시장효율성

시장균형의 관점에서 볼 때, 효율적인 상태는 사회의 구성원이 누리는 총 잉여가 극대화되도록 자원이 배분된 상태다. 이러한 파레토효율Pareto Efficiency이 달성되기 위해서는 시장실패요인이 존재하지 않아야 한다.

자본시장의 효율성은 한 경제의 자본이 모든 투자대상에 최적의 상태로 배분될 때 달성된다. 이는 자본시장 전체의 위험조정수익률이 극대화된 상태로서, 모든 자산의 위험조정수익률이 동일해진다. 효율성이 달성되기 위해서는 시장의 모든 정보가 자산의 가격에 완전히 반영되어야 한다. 지금까지 살펴본 MPT의 이론들은 이러한 상태를 전제로 성립된 것이다.

효율적 시장의 세 가지 종류

파마는 효율적 시장가설EMH: Efficient Market Hypothesis에서, 자본시장의 효율성을 세 가지 상태로 구분했다. 과거의 모든 정보가 가격에 반영되는 약형 효율적 시장Weak Efficient Market, 현재까지 공개된 모든 정보가 가격에 반영되는 준강형 효율적 시장Semi-Strong Efficient Market, 공개되지 않은 것을 포함한 모든 정보가 가격에 반영되는 강형 효율적 시장Strong Efficient Market이 그것이다.

약형 효율적 시장에서는 과거의 정보를 이용해서 초과수익을 얻는 것이 불가능하다. 이미 가격에 모두 반영되어 있기 때문이다. 따라서 가격의 패턴을 분석해서 미래를 예측하는 기술적 분석은 쓸모가 없어진다. 준강형 효율적 시장에서는 공개된 모든 정보를 이용해서 초과수익을 얻는 것이 불가능하다. 따라서 기술적 분석뿐 아니라 재무분석을 통해 미래를 예측하는 것도 쓸모가 없어진다. 강형 효율적 시장에서는 그 누구도 초과수익을 얻을 수 없다.

만약 시장이 효율적이라면, 과거의 정보가 이미 가격에 반영되어 있고 미래 가격변화는 현재로서는 알 수 없는 미래 정보에만 영향을 받을 것이다. 따라서 가격이 확률보행Random Walk하는 것, 즉 예측 불가능한 것은 시장이 효율적이라는 증거가 될 수 있다.

비록 MPT가 시장효율성을 전제하고 있지만, 실제로 어떤 시장도 완전히 효율적이지는 않다. 특히 부동산시장은 증권시장에 비해 효율성이 낮은 것으로 알려져 있다. 이러한 이유로 MPT, 특히 CAPM은 기본 가정이 지나치게 딱딱하다는 비판을 받고 있다. 그러나 반대로 MPT를 부정할 만큼 시장이 비효율적이라고 보기도 어렵고, MPT가 제공하는 이론적·실무적 효용이 크기 때문에, CAPM을 비롯한 MPT의 이론들은 지금도 널리 활용되고 있다.

암스테르담 증권거래소를 그린 Claes Jansz. Visscher(1587~1652)의 판화 작품

증권거래소와 기관투자자

근대사회로 접어들면서 출현한 증권거래소와 기관투자자는 이후 비약적인 발전을 했다. 그 결과, 시장의 투명성과 효율성을 증대시켰을 뿐 아니라, 투자이론의 발전에도 기여하였다. 1602년 네덜란드 동인도회사(Dutch East India Company)가 설립한 암스테르담 증권거래소(ASE: Amsterdam Stock Exchange)는 최초의 근대적 증권거래소로 여겨지고 있다. 그 이전에도 유사한 거래소들이 있었지만, ASE가 가장 대표적이라는 점에 대해서는 이견이 없다. 한편 최초의 기관투자자로는 1759년 미국 필라델피아에서 설립된 장로교회성직자기금(PMF: Presbyterian Ministers' Fund)이 주로 거론된다. PMF는 성직자와 그 가족을 위한 연기금 또는 생명보험의 성격을 가지고 있었다.

이론 편

- 주류경제학과 현대포트폴리오이론은 경제활동에 있어서 합리적인 판단과 행동을 하는 '경제적 인간'을 가정한다.

- '현대포트폴리오이론'의 발전에는 네 가지 연구가 큰 역할을 했다. 기대효용이론, 포트폴리오선택이론, 자본자산가격결정모형, 효율적 시장가설이 그것이다.

- '기대효용이론'은 시장에 참여하는 투자자가 합리적이며, 투자의 효용을 극대화한다고 주장한다. 위험에 대한 태도에 따라 투자자는 위험회피적, 위험중립적, 위험선호적 집단으로 구분되는데, 이 중 위험회피적 투자자가 경제적 인간에 해당한다.

- '포트폴리오선택이론'은 여러 자산으로 포트폴리오를 구성할 경우 기대수익률은 각 자산 기대수익률의 가중평균이지만, 분산은 각 자산 분산의 가중평균보다 작은 점에 주목한다. 위험자산으로 적절히 포트폴리오를 구성하면 투자효용이 극대화된 효율적 프런티어를 만들 수 있고, 그중에서 투자자의 무차별곡선과 접하는 최적의 선택을 할 수 있다.

- '자본자산가격결정모형'은 위험을 체계적 위험과 비체계적 위험으로 구분한다. 그리고 어떤 자산의 기대수익률은 그 자산의 체계적 위험과 비례한다고 설명한다. 체계적 위험의 크기는 자산의 수익률과 시장수익률의 상관관계에 의해 결정된다.

- '효율적 시장가설'은 시장 정보가 가격에 반영되는 정도에 따라 자본시장을 약형 효율적 시장, 준강형 효율적 시장, 강형 효율적 시장으로 구분한다. 효율적 시장에서는 수익률이 확률보행하여 지속적으로 초과수익을 내는 것이 불가능하다.

- 현대포트폴리오이론은 기본 가정이 지나치게 딱딱하다는 비판을 받고 있다. 그러나 현대포트폴리오이론이 제공하는 이론적, 실무적 효용이 크기 때문에, 지금까지도 자본시장에서 널리 활용되고 있다.

6

Alternative Investment Theories
대안적 투자이론

6.1. CAPM 개량모형

CAPM에 대한 비판

CAPM은 이론적으로 정치하지만, 실증적으로는 크게 지지받지 못하고 있다. 그 원인으로는 CAPM이 근거하는 비현실적인 가정들이 자주 거론된다. 첫째, CAPM은 시장이 효율적이라고 가정한다. 이는 자산의 가치와 관련된 정보가 신속하게 가격에 반영되는 것을 말한다. 그런데, 완전한 효율성을 가진 시장은 실제로 존재하기 어렵다. 둘째, CAPM은 완전시장을 가정한다. 완전시장Perfect Market은 효율적일 뿐 아니라 세금이나 거래비용이 없고, 자산이 작게 분할되어 투자금액에 제한도 없고, 모든 자산이 시장성을 가지고 있으며, 시장참여자의 진입과 퇴출이 자유로운 상태의 시장을 말한다. 따라서 완전경쟁이 이루어져 모든 시장참여자는 가격순응자가 된다. 그러나 이 가정은 효율적 시장보다 달성되기 더 어렵다. 셋째, CAPM은 합리적인 투자자를 가정한다. 이는 동질적 예측을 하고, 일관된 판단을 하며, 투자 판단의 기준이 수익률의 평균과 분산인 투자자를 말한다. 그러나 실제로 투자자들은 이처럼 합리적이지 않다. 넷째, CAPM은 투자자가 무위험이자율로 자유롭게 차입과 대출을 할 수 있다고 가정하는데, 이 역시 비현실적이다. 실제로 차입과 대출은 충분히 자유롭지 않고, 이자율도 다르다.

CAPM의 형태에 대한 비판도 존재한다. CAPM은 시장수익률이라는 단일요인으로 모형을 구성하는데, 실제로는 시장수익률 외에 자산의 가격에 영향을 미치는 요인이 계속 발견되고 있다. 또한, CAPM은 단일기간의 투자성과를 기준으로 자산의 가격을 분석하는데, 실제 투자는 이와 달리 여러 기간에 걸쳐 이루어진다. CAPM의 역사는 이러한 약점들을 보완하는 과정이었다고 볼 수 있다.

CAPM을 개량한 모형은 너무 많아서 일목요연하게 정리하는 것조차 쉽지 않다. 이 책은 그중 다요인모형과 소비기반 CAPM을 소개한다. 다요인모형은 CAPM이 가지는 단일요인모형의 한계를 극복하는 모형이고, 소비기반 CAPM은 단일기간모형의 한계와 자산누락 문제를 해결하는 모형이다.

다요인모형

현실세계에 대한 CAPM의 낮은 설명력은 주가의 이례현상Anomaly에 대한 연구에 불을 지폈다. CAPM은 시장수익률이라는 단일변수로 주식의 수익률을 설명하는데, 현실은 이와 달라서 시장수익률 외의 변수가 주식의 수익률에 지속적·체계적으로 영향을 미치는 현상이 다수 발견되었다. 이를 주가의 이례현상이라고 한다.

시장수익률 외에 주가에 영향을 미치는 것으로 거론된 변수로는 장부가치, 시장가치, 부채비율, 주가이익비율, 주가배당비율, 배당수익률 등이 있다. 주가의 이례현상은 CAPM의 가정이 충족되지 않는 증거가 될 수도 있고, CAPM이라는 모형이 완전하지 않은 증거가 될 수도 있다.

주가의 이례현상에 대한 연구를 가장 폭넓게 정리한 학자는 유진 파마Eugene F. Fama와 케네스 프렌치Kenneth R. French다. 그들은 이전까지 밝혀진 변수들에 대한 폭넓은 실증분석을 통해, 시장수익률 외에 시가총액과 장부가시가비율이 주식수익률에 체계적·지속적 영향을 미치는 핵심변수라는 것을 밝히고, 아래 식과 같은 3요인모형Three Factor Model을 제시했다.[25, 26] 회귀분석을 통해 식의 계수값 α_i, β_i, γ_i, δ_i를 구하면, 이를 이용해서 개별 주식의 기대수익률 $E(R_i)$를 계산할 수 있다.

$$R_i - R_f = \alpha_i + \beta_i(R_m - R_f) + \gamma_i SMB + \delta_i HML + \epsilon_i$$

$$E(R_i) = R_f + \alpha_i + \beta_i[E(R_m) - R_f] + \gamma_i E(SMB) + \delta_i E(HML)$$

R_i: 주식 i의 수익률
R_f: 무위험이자율
R_m: 시장수익률

여기서 SMB는 소형주Small 수익률에서 대형주Big 수익률을 차감한Minus 스프레드를, HML은 장부가시가비율이 높은High 주식의 수익률에서 낮은Low 주식의 수익률을 차감한Minus 스프레드를 각각 나타낸다. 시가총액은 기업의 규모를 나타내는 지표로, 장부가시가비율은 어떤 주식으로부터 높은 배당을 기대할 수 있는가가치주, 아니면 가격상승을 기대할 수 있는가성장주를 나타내는 지표로 각각 해석된다. 3요인모형은 시가총액과 장부가시가비율을 그대로 사용하는 대신에, 이들 변수를 기준으로 주식을 분류한 후 각 집단 간 수익률의 스프레드를 사용함으로써 변수를 상대화하였다.

25. Eugene F. Fama and Kenneth R. French, "The Cross-Section of Expected Stock Returns," *The Journal of Finance* 47(2), Jun. 1992, pp.427~465.
26. Eugene F. Fama and Kenneth R. French, "Common Risk Factors in the Returns on Stocks and Bonds," *Journal of Financial Economics* 33(1), Feb. 1993, pp.3~56.

3요인모형은 기업의 특성에 따라 주식의 수익위험 특성이 달라지는 것을 보임으로써 주식투자에 큰 영향을 미쳤다. 우리가 익숙한 대형주와 소형주, 가치주와 성장주의 구분은 3요인모형에서 비롯한 것이다. 3요인모형은 주식에 대한 스타일투자를 발전시키기도 했다. 현재 스타일투자는 주식뿐 아니라 부동산투자에서도 가장 핵심적인 전략이 되었다. 이에 대해서는 11장에서 자세히 설명한다.

3요인모형에 다른 변수를 추가한 파생적인 모형도 다수 개발되었다. 최근의 성과가 좋은 주식이 그러한 성과를 계속 이어가는 성질을 모멘텀Momentum이라고 하는데, 이를 기준으로 주식을 분류하여 UMDUp Minus Down 변수를 추가한 4요인모형, 기업의 경영활동과 관련하여 수익성을 기준으로 주식을 분류한 RMWRobust Minus Weak 변수와 사업방식이 보수적인가 적극적인가를 기준으로 주식을 분류한 CMAConservatively Minus Aggressively 변수를 추가한 5요인모형이 대표적이다.

소비기반 CAPM

로버트 머튼Robert C. Merton은 CAPM이 가지는 단일기간모형의 한계를 극복하기 위해 다기간 CAPMICAPM: Intertemporal CAPM을 개발하였다.[27] 소비기반 CAPMCCAPM: Consumption-based CAPM은 ICAPM을 발전시킨 것으로서, 더글러스 브리든Douglas T. Breeden에 의해 제시되었다.[28]

CCAPM은 투자의 궁극적인 목적이 부의 증대를 통해 소비의 효용을 극대화하는 데 있다고 본다. 다시 말해서, 투자란 '현재의 소비를 감소시키는 대신 미래의 소비를 증가시켜

27. Robert C. Merton, "An Intertemporal Capital Asset Pricing Model," *Econometrica* 41(5), Sep. 1973, pp.867~887.
28. Douglas T. Breeden, "An Intertemporal Asset Pricing Model with Stochastic Consumption and Investment Opportunities," *Journal of Financial Economics* 7(3), Sep. 1979, pp.265~296.

다기간의 소비효용을 극대화하는 행위'라고 정의한 것이다. 이는 부의 증대만으로 관심의 범위를 제한한 전통적인 CAPM과는 다른 접근이다. 효용극대화의 조건은 현재의 투자에 의해 감소하는 한계효용과 미래의 회수를 통해 증가하는 한계효용을 일치시키는 것이다. 이로부터 효용극대화를 달성할 수 있는 자산의 매입가격이 도출된다.

CAPM이 모든 자산에 대해 시장수익률과 연동된 체계적 위험 한 단위당 초과수익률이 동일하다고 가정하는 것과 달리, CCAPM은 모든 자산에 대해 소비증가율과의 공분산 한 단위당 초과수익률이 동일하다고 가정한다. 이를 자산수익률 R_i와 시장수익률 R_m에 적용하면, 아래 식과 같이 CCAPM이 도출된다. 여기서 소비증가율과 자산수익률의 공분산 σ_{ci}와 소비증가율과 시장수익률의 공분산 σ_{cm} 간 비율을 소비베타Consumption Beta라고 한다.

$$\frac{E(R_i)-R_f}{\sigma_{ci}}=\frac{E(R_m)-R_f}{\sigma_{cm}}$$

$$E(R_i)-R_f=[E(R_m)-R_f]\frac{\sigma_{ci}}{\sigma_{cm}}$$

$$E(R_i)=R_f+\beta_{ci}[E(R_m)-R_f]$$

$\beta_{ci}=\frac{\sigma_{ci}}{\sigma_{cm}}$: 자산 i의 소비베타

CCAPM에서는 시장수익률이 반드시 종합주가지수 수익률일 필요가 없다. 이 자리에는 자산의 특성에 적합한 시장수익률을 나름대로 정해서 대입할 수 있다. 특히 시장수익률로 소비증가율 R_c를 사용할 경우, CCAPM은 아래 식과 같이 단순해진다. 여기서 소비베타는 자산수익률을 소비증가율로 회귀분석한 계수와 같다.

$$\frac{E(R_i)-R_f}{\sigma_{ci}}=\frac{E(R_c)-R_f}{\sigma_{cc}}$$

$$E(R_i)=R_f+[E(R_c)-R_f]\frac{\sigma_{ci}}{\sigma_c^2}$$

이상의 과정을 찬찬히 살펴보면, CAPM은 소비증가율이 시장수익률과 동일한 CCAPM의 특수한 경우라는 것을 알 수 있다. CCAPM에 소비증가율 대신 시장수익률을 적용하면 아래와 같이 CAPM이 도출된다.

$$\frac{E(R_i) - R_f}{\sigma_{mi}} = \frac{E(R_m) - R_f}{\sigma_{mm}}$$

$$E(R_i) = R_f + [E(R_m) - R_f] \frac{\sigma_{mi}}{\sigma_m^2}$$

CAPM과는 달리, CCAPM은 투자자가 목적하는 바가 무엇인지를 보다 근본적으로 고찰한다. CCAPM이 가정하는 투자의 목적, 즉 다기간의 소비효용 극대화는 경제학의 개념과 잘 부합할 뿐 아니라, CAPM의 시장수익률인 주식수익률이 가지는 자산누락문제도 함께 해결한다. 따라서 CAPM에 비해 부동산시장에 적용하기에도 보다 적합하다.

실제 자본시장의 자료를 이용해서 자산군별로 CAPM과 CCAPM을 도출해 보자. 〈표 6-1〉은 2004년부터 2019년까지 부동산·채권·주식 등 자본자산의 분기별 수익률과 거시경제지표를 정리한 것이다. 부동산에 관한 정보는 국토교통부의 발표자료[29], 나머지 자본자산과 거시경제에 관한 정보는 한국은행의 발표자료[30]를 참조하였다.[31]

자산군들을 수익위험평면에 나타내면 〈그림 6-1〉과 같다. 무위험이자율 CD91이 가장 저위험 저수익, 주식수익률 KOSPI가 가장 고위험 고수익인 가운데, 채권과 부동산이 그 사이에 위치하고 있다. 부동산 중에서는 토지 Land와 아파트 APT가 AA- 신용등급의 채권과 함께 저수익, 오피스 OFC와 리테일 RTL이 고수익의 모습을 보이고 있다. 특히 OFC와

---

29. 한국감정원의 부동산통계정보 R-ONE(https://www.r-one.co.kr) 사이트 참조. 토지는 '전국지가변동률조사', 아파트는 '전국주택가격동향조사', 오피스와 리테일은 '상업용부동산 임대동향조사' 사용.
30. 한국은행의 경제통계시스템 ECOS(http://ecos.bok.or.kr) 사이트 참조.
31. 자본자산의 수익률지수 및 거시경제지표 내역은 p.148 참고.

표 6-1. 자본자산 수익률지수 및 거시경제지표 기초통계량

구분	Land	APT	OFC	RTL	AA-	KOSPI	GDP	Cons	CD91
자산군	토지	아파트	오피스	리테일	채권	주식	생산	소비	무위험
평균	0.82%	0.95%	2.23%	2.03%	0.99%	1.90%	1.26%	1.12%	0.75%
분산	0.01%	0.05%	0.02%	0.01%	0.00%	0.66%	0.01%	0.01%	0.00%
표준편차	1.17%	2.19%	1.40%	1.22%	0.39%	8.11%	1.06%	0.93%	0.31%

그림 6-1. 자본자산의 수익위험 비교

RTL은 고위험의 KOSPI보다 높은 수익률을 기록하였다. 생산 GDP와 소비 Cons의 증가율은 AA-와 유사한 모습을 보이고 있다.

우리의 관심대상인 베타를 계산하기 위해서는 먼저 분산공분산행렬Variance-Covariance Matrix을 작성해야 한다. 주의할 점은 수익률 자체가 아닌 수익률에서 CD91을 차감한 수익률 스프레드를 사용해야 한다는 것이다. 분산공분산행렬은 Excel의 '데이터 분석' 기능 중 '공분산 분석'을 사용해서 쉽게 작성할 수 있다.

분산공분산행렬의 값을 CAPM과 CCAPM 공식에 대입하면, 다양한 베타를 계산할 수 있

표 6-2. 자본자산 수익률 스프레드의 분산공분산행렬

구분	Land	APT	OFC	RTL	AA-	KOSPI	GDP	Cons
Land	0.0145%							
APT	0.0155%	0.0465%						
OFC	0.0060%	0.0110%	0.0165%					
RTL	0.0065%	0.0104%	0.0140%	0.0126%				
AA-	-0.0009%	-0.0007%	-0.0005%	-0.0005%	0.0004%			
KOSPI	0.0271%	0.0142%	0.0072%	0.0138%	0.0017%	0.6641%		
GDP	0.0052%	0.0034%	0.0021%	0.0026%	0.0001%	0.0371%	0.0117%	
Cons	0.0072%	0.0069%	0.0037%	0.0041%	0.0000%	0.0390%	0.0056%	0.0091%

표 6-3. CAPM과 다양한 CCAPM의 베타

모형	시장수익률	Land	APT	OFC	RTL
CAPM	KOSPI	0.0408	0.0214	0.0108	0.0207
CCAPM	KOSPI	0.1858	0.1760	0.0952	0.1049
	GDP	1.2985	1.2302	0.6657	0.7333
	Cons	0.7937	0.7519	0.4069	0.4482

다. 〈표 6-3〉은 KOSPI를 시장수익률로 하는 CAPM과 KOSPI, GDP 및 Cons를 시장수익률로 하는 CCAPM의 베타를 계산한 결과다. 앞에서 설명한 바와 같이 CCAPM의 경우, 다양한 시장수익률을 적용할 수 있다.

〈그림 6-2〉는 〈표 6-3〉의 베타를 이용해서 각 모형을 수익위험평면에 나타낸 것이다. 모든 그림에서 자산군들의 상대적인 위치는 동일하다. 그러나 SML이 어디를 통과하는가에 따라, 각 자산군에 대한 고평가 또는 저평가의 판단에 차이가 발생한다. CAPM은 네 가지 부동산이 모두 저평가된 것으로 판단하고 있지만, CCAPM은 OFC와 RTL은 저평가, APT와 Land는 고평가된 것으로 판단하고 있다.

이 중 어떤 모형이 현실을 제대로 반영하는지는 간단하게 판단하기 어렵다. 다만, CAPM-

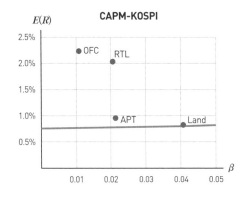
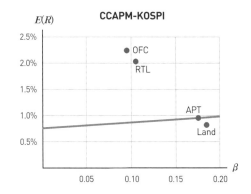
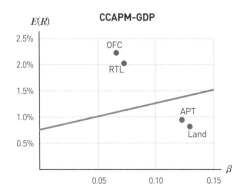
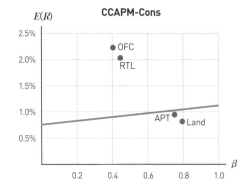

그림 6-2. CAPM과 다양한 CCAPM 비교

표 6-4. CAPM과 CCAPM의 유의성과 적합도

구분		Land	APT	OFC	RTL
CAPM-KOSPI	t통계량	2.2613	0.6398	0.5434	1.1981
	결정계수	0.0762	0.0066	0.0047	0.0226
CCAPM-Cons	t통계량	6.3764	2.7840	2.5049	3.2516
	결정계수	0.3961	0.1111	0.0919	0.1457

KOSPI와 CCAPM-Cons의 통계적 유의성과 적합도를 비교해 보면, 네 가지 부동산 모두
에서 CCAPM이 우수한 것을 알 수 있다.

6.2. 옵션가격결정이론

옵션의 개념

옵션Option이란 파생상품의 일종으로서, 특정한 자산을 미리 정한 가격으로 미래에 사거나 팔 수 있는 권리를 말한다. 여기서 특정한 자산을 기초자산Underlying Asset, 미리 정한 가격을 행사가격Excercise Price, 미래의 거래시점을 만기Expiration Date, 살 수 있는 권리를 콜옵션Call Option, 팔 수 있는 권리를 풋옵션Put Option이라고 한다.

옵션의 가치평가와 관련된 이론을 옵션가격결정이론OPT: Option Pricing Theory이라고 한다. OPT는 콜옵션과 풋옵션뿐 아니라, 전환사채·신주인수권부사채 등 미래의 선택이 결부된 증권의 가치평가에 널리 사용된다. 물론, 미래의 선택이 결부된 부동산의 가치평가에도 활용할 수 있다.

옵션의 가치는 기초자산의 가격 S에 따라 달라진다. 콜옵션의 가치 C는 기초자산이 비쌀수록 크고, 풋옵션의 가치 P는 그 반대다. 행사가격 X가 미리 정해져 있어서, $S>X$이면 콜옵션 보유자가, $S<X$이면 풋옵션 보유자가 이득을 보기 때문이다. 반대로 $S<X$이면 콜옵션의 가치가 0이 되고, $S>X$이면 풋옵션의 가치가 0이 된다. 옵션의 가치를 수식으로 나타내면 다음과 같다.

$$C=\max(S-X,\ 0)$$
$$P=\max(X-S,\ 0)$$

기초자산의 가격수준에 따라 옵션이 가치를 가지는 상태를 In the Money, 가치를 가지지 못하는 상태를 Out of the Money, 기초자산의 가격과 행사가격이 일치하는 상태를 At the Money라고 한다. 이를 그림으로 나타내면 〈그림 6-3〉과 같다.

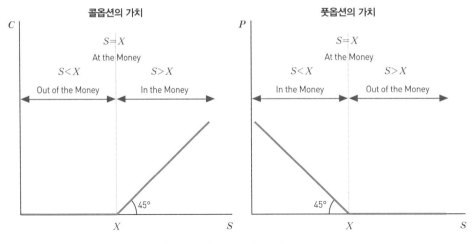

그림 6-3. 기초자산의 가격과 옵션의 가치

옵션의 가치

콜옵션을 기준으로, 옵션의 가치평가 방법을 구체적으로 알아보자. 앞에서 콜옵션의 가치가 어떻게 결정되는지 원리를 살펴보았다. 이것을 단일기간에 적용하되, 기초자산의 가격이 이항분포 한다고 가정하자. 그러면 기초자산의 가격과 콜옵션의 가치를 〈그림 6-4〉와 같이 나타낼 수 있다.

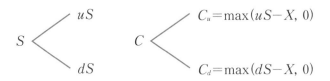

그림 6-4. 기초자산의 가격에 따른 콜옵션의 가치

〈그림 6-4〉에서 u와 d는 가격의 상승 및 하락계수인데, 재정거래가 불가능하기 위해서는 $d \leq 1 + R_f \leq u$의 조건을 만족해야 한다. 만약 $d > 1 + R_f$이면, 최악의 경우에도 자산

수익률이 무위험이자율보다 높아서, 무위험이자율로 차입하여 자산을 취득할 경우 재정이익이 발생한다. 반대로 $1+R_f > u$이면, 최선의 경우에도 자산수익률이 무위험이자율보다 낮아서, 자산을 공매도하여 조달한 자금을 무위험이자율로 대출할 경우 재정이익이 발생한다.

이제 자산 매입과 콜옵션 매도를 통해, 헤지포트폴리오$_{\text{Hedge Portfolio}}$를 구성해 보자. 헤지포트폴리오란 자산의 가격 변동과 무관하게 일정한 가치를 가지는 포트폴리오를 말한다. 자산 1개의 매입과 함께 매도하는 콜옵션의 개수를 m이라고 하면, 헤지포트폴리오의 가치는 $S-mC$가 된다. 이 포트폴리오의 만기 시점 가치는 〈그림 6-5〉와 같은데, 상승과 하락의 경우에서 포트폴리오의 가치가 동일하다는 조건을 이용해 헤지비율$_{\text{Hedge Ratio}}$ m을 계산할 수 있다.

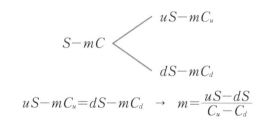

$$uS-mC_u=dS-mC_d \quad \rightarrow \quad m=\frac{uS-dS}{C_u-C_d}$$

그림 6-5. 헤지포트폴리오의 가치와 헤지비율

시장이 균형상태에 있다면, 아래 식과 같이 가치가 일정한 헤지포트폴리오의 수익률은 무위험이자율과 같아야 한다. 이 식에 헤지비율 공식을 적용한 후 C에 대해 정리하면, 콜옵션의 가치를 구할 수 있다. 여기서 p를 헤지확률$_{\text{Hedge Probability}}$이라고 한다. 헤지확률은 자산의 가격이 상승할 확률을 의미하지는 않는다. 그러나 $d \leq 1+R_f \leq u$의 조건을 고려할 때, 0보다 크고 1보다 작은 값을 가지므로 확률과 비슷한 성질을 가지고 있다고 해서 그렇게 부르는 것이다.

$$(S-mC)(1+R_f)=uS-mC_u=dS-mC_d$$

$$C=\frac{C_u\left(\dfrac{1+R_f-d}{u-d}\right)+C_d\left(\dfrac{u-1-R_f}{u-d}\right)}{1+R_f}$$

$$p=\frac{1+R_f-d}{u-d} \quad \rightarrow \quad C=\frac{pC_u+(1-p)C_d}{1+R_f}$$

지금까지 살펴본 일련의 과정은 단일기간이 아닌 다기간으로 확장할 수 있다. 또한, 자산의 가격에 대해서도 이산적인 이항분포 대신에 연속적인 정규분포를 적용할 수 있다. 피셔 블랙Fischer Black과 마이런 숄즈Myron Scholes는 이를 반영하여 현실성을 높인 블랙숄즈모형Black-Scholes Model을 개발하였다.[32] 보통 OPT라고 하면 블랙숄즈모형을 말한다. 한편, 존 콕스John C. Cox, 스티븐 로스Stephen A. Ross 및 마크 루빈스타인Mark Rubinstein은 다기간의 이항분포를 가정하여 블랙숄즈모형보다 적용하기 간편한 OPT를 제안하였다.[33]

실물옵션

앞에서는 옵션을 금융상품 위주로 설명했는데, OPT는 실물자산의 가치평가에도 유용하게 활용된다. 어떤 투자가 그것에 뒤따르는 후속의 투자기회를 제공하는 경우, 단계적 투자 중에 남은 투자의 일정을 임의로 선택할 수 있는 경우, 자산을 취득하면서 그것을 미래에 처분할 수 있는 권리도 함께 취득하는 경우 등이 대표적인 사례다. 앞의 두 경우에서는 투자자가 콜옵션을 가진 것으로, 세 번째 경우에서는 투자자가 풋옵션을 가진 것으로 볼 수 있다. 이렇게 실물자산에 대한 투자의 과정에서 발생하는 옵션을 실물옵션Real

---

32. Fischer Black and Myron Scholes, "The Pricing of Options and Corporate Liabilities," *Journal of Political Economy* 81(3), May-Jun. 1973, pp.637~654.
33. John C. Cox, Stephen A. Ross and Mark Rubinstein, "Option Pricing: A Simplified Approach," *Journal of Financial Economics* 7(3), Sep. 1979, pp.229~263.

$_{Option}$이라고 한다.

부동산투자에서 실물옵션이 활용되는 대표적인 사례는 개발사업을 위해 토지를 매입하는 것이다. 디벨로퍼는 토지를 매입하면서 곧바로 개발에 착수할 수도 있고, 시장상황을 지켜보면서 개발을 연기할 수도 있다. 실제로 디벨로퍼는 토지를 적시에 매입하는 것이 쉽지 않기 때문에, 양질의 토지가 매물로 나올 경우 일단 확보하는 행태를 보인다. 이때 디벨로퍼는 토지뿐 아니라 실물옵션도 함께 매입하는 것이다.

실물옵션을 고려하여 M타워의 토지가치를 다시 평가해 보자. 3장에서는 토지를 매입할 때 정해진 일정대로 개발을 진행하고, 합리적으로 예측한 가격에 매각하는 것을 전제하였다. 산출된 매각수익의 현재가치는 3,413억 원, 건물에 소요되는 비용의 현재가치는 1,827억 원이었으며, 그 결과 토지가치는 1,539억 원으로 평가되었다.

표 6-5. 긍정적인 경우와 부정적인 경우의 토지가치 (단위: 백만 원)

구분		Positive					Negative				
		0년차	1년차	2년차	3년차	4년차	0년차	1년차	2년차	3년차	4년차
매각수익	NOI					28,000					9,700
	매각금액				622,222					215,556	
	매각수수료				6,222					2,156	
	매각수익				616,000					213,400	
	현재가치	509,955					176,663				
건물취득원가	건설비용		50,000	150,000				50,000	150,000		
	건물취득세			4,000					4,000		
	건물취득원가		50,000	154,000				50,000	154,000		
	현재가치	182,724					182,724				
토지가치	토지취득원가	327,231					-6,061				
	토지취득세	6,354									
	토지매입수수료	3,177									
	토지가치	317,700									

표 6-6. 실물옵션을 고려한 토지가치 (단위: 백만 원)

구분		금액	확률
긍정	NOI	28,000	50%
	매각수익 현재가치	509,955	
	건물취득원가 현재가치	182,724	
	토지취득원가	327,231	
	토지가치	317,700	
부정	NOI	9,700	50%
	매각수익 현재가치	176,663	
	건물취득원가 현재가치	182,724	
	토지취득원가	-6,061	
	토지가치	0	
평균	토지가치	158,850	
	옵션가치	4,934	

실물옵션을 고려한 가치평가에서는 NOI를 단일의 기댓값이 아닌 확률분포로 다룬다. 여기서는 가장 단순한 확률분포로서 3년 후 NOI가 긍정과 부정 두 가지 경우를 가지며, 각 경우의 발생확률이 50%라고 가정한다. 긍정적인 경우의 NOI를 280억 원, 부정적인 경우의 NOI를 97억 원이라고 하자. 그러면 NOI의 기댓값이 가치평가에서 본 것과 같은 189억 원이 된다.

각각의 NOI를 기준으로 토지가치를 평가한 결과는 〈표 6-5〉와 같다. 먼저 긍정적인 경우의 NOI인 280억 원을 기준으로 산출한 토지가치는 3,177억 원이다. 이는 3장에서 평가한 토지가치의 두 배가 넘는 수치다. 건물에 소요되는 비용이 고정되어 있으므로, 부동산이 고평가된 만큼 토지가치도 고평가되었다. 한편, 부정적인 경우의 NOI인 97억 원이 낳는 결과는 매우 다르다. 이 NOI로 추정되는 매각수익의 현재가치는 1,767억 원으로서, 건물에 소요되는 비용의 현재가치 1,827억 원에도 못 미친다. 따라서 토지의 가치는 음수가 된다. 두 가지 경우에서 산출된 토지가치의 확률가중평균이 실물옵션을 고려한 토지의 평가금액이다. 한 가지 유념한 것은 디벨로퍼 입장에서 음수로 평가된 토지의 가치는 0원이라는 점이다. 따라서 이 사례에서 토지가치는 1,587억 원으로 평가된다. 이는 가치평가에서 산출된 1,558억 원보다 49억 원 높은 금액이다. 이렇게 토지가치가 높게 평가된 것은 디벨로퍼가 가지는 선택권인 실물옵션이 반영되었기 때문이라고 할 수 있다.

6.3. 행동재무이론

전망이론

CAPM을 개선하고자 하는 대안적 이론들과 달리, 행동재무이론BFT: Behavioral Finance Theory은 경제적 인간 또는 합리적 투자자라는 MPT의 가장 기본적인 가정부터 의심한다. BFT는 행동경제학이 재무이론에 접목된 것으로서, 대니얼 카너먼Daniel Kahneman과 아모스 트버스키Amos Tversky에 의해 정립되었다. 앞에서 설명한 바와 같이, MPT는 시장이 효율적이고, 투자자가 합리적이며, 자산의 선택은 평균분산기준을 따른다고 본다. 그러나 BFT는 이 모든 것에 반박한다. 시장은 그다지 효율적이지 않으며, 투자자는 합리적이기보다 정상적Normal이며, 평균분산기준 외에도 자산의 선택에 영향을 미치는 심리적 변수가 많다는 것이다.

사실 이러한 주장은 경제학의 시작부터 있었다. 아담 스미스는 『도덕감정론』과 『국부론』에서 인간의 도덕감정이 경제활동에 일정정도 역할을 한다고 암시하였으며, 존 메이너드 케인즈John Maynard Kynes도 야성적 충동Animal Spirit이라는 표현을 통해 인간의 경제활동이 가지는 비이성적·비합리적 측면을 지적한 바 있다. 이러한 흐름이 카너먼과 트버스키의 전망이론Perspective Theory[34]을 통해 체계를 갖춘 투자이론으로 자리 잡은 것이다.

전망이론은 MPT의 근간을 이루는 기대효용이론의 대안으로 제시되었다. 이 이론은 합리적 투자자가 고려하는 기대효용 대신에, 비합리적 투자자 고려하는 전망에 관심을 가진다. 여기서 전망이란 자산의 가치변화, 즉 이익과 손실에 대한 예상을 말한다. 실제로 투자자가 하는 예상은 여러 가지 심리적 편향으로부터 영향을 받기 때문에 기대효용과는 성격이 다르다는 것이 전망이론의 핵심적인 내용이다.

전망이론은 효용함수 대신에 가치함수Value Function를 사용한다. 가치함수는 합리적 효용이 아닌 심리적 가치를 나타내며, 〈그림 6-6〉과 같은 모양을 가진다. 그림에서 이익이 나는 영역, 즉 1사분면의 모양은 효용함수와 유사하다. 부가 증가할수록 한계가치가 체감 증가하며, 위로 볼록한 곡선의 형태를 취하고 있다. 그런데 가치함수는 효용함수와 달리 음(-)의 가치변화, 즉 손실의 영역도 포함한다. 손실 영역의 가치곡선은 이익 영역의 가치곡선과 대칭되는 모습인데, 특이한 점은 이익 영역의 가치 곡선에 비해 훨씬 가파른 기울기를 가진다는 점이다.

전망이론에서 투자자는 두 단계의 과정을 거쳐 이익과 손실에 대한 가치판단을 한다. 편집Editing과 평가Evaluation가 그것이다. 투자자는 편집단계에서 휴리스틱Heuristics을 활용하여 전망에 점수를 부여하고, 평가단계에서 이를 기준점Reference Point과 비교하여 판단을 한다. 이때 기준점은 자신이 처한 현상태Status Quo인 경우가 많다.

BFT는 MPT와 같이 정치한 계량모형을 갖추고 있지는 않다. 비록 CAPM과 유사한 BCAPTBehavioral Capital Asset Pricing Theory[35], 포트폴리오이론과 유사한 BPTBehavioral Portfolio Theory[36]가 만들어지기는 했으나, 아직 널리 활용되고 있지는 않다. 현실적으로 BFT는 투자자의 비합리성, 즉 행동편향Behavioral Bias에 영향을 미치는 다양한 심리적 원인들을 하나씩 다루는 수준에서 발전을 지속하고 있다.

행동편향을 야기하는 심리적 요인은 매우 다양하고 경계가 모호해서 명쾌하게 분류하기 어렵다. 현재까지 밝혀진 행동편향을 체계적으로 분류한 사례는 허쉬 쉐프린Hersh Shefrin의 저작에서 찾을 수 있다.[37] 이 책은 투자자의 행동편향을 두 가지 유형으로 구분하였

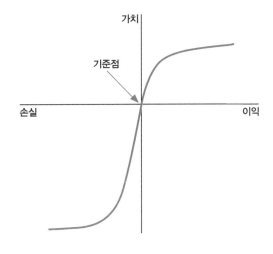

그림 6-6. 전망이론의 가치함수

다. 휴리스틱기반 편향Heuristic Driven Bias과 프레임의존 편향Frame Dependent Bias이 그것이다.

휴리스틱기반 편향

휴리스틱이란 인간이 신속하고 부담 없는 판단을 하기 위해 적용하는 어림셈Rules of Thumb
을 말한다. 이는 일상적인 상황에서 유용하게 작용하는 심리적 현상인데, 냉정해야 할 투
자의 과정에서는 간혹 비합리적인 행동을 유발하기도 한다. 휴리스틱기반 편향에는 대표
성·가용성·정박효과·과잉확신·낙관주의 등이 있다.

34. Daniel Kahneman and Amos Tversky, "Prospect Theory: An Analysis of Decision under Risk," *Econometrica* 47(2), Mar. 1979, pp.263~292.
35. Hersh Shefrin and Meir Statman, "Behavioral Capital Asset Pricing Theory," *The Journal of Financial and Quantitative Analysis* 29(3), Sep. 1994, pp.323~349.
36. Hersh Shefrin and Meir Statman, "Behavioral Portfolio Theory," Aug. 10, 1999, SSRN (https://ssrn.com/abstract=5947)
37. Greg L. Stewart and Hersh Shefrin, *Beyond Greed and Fear: Understanding Behavioral Finance and the Psychology of Investing*, Oxford University Press, 2000.

대표성Representativeness이란 어떤 사건의 발생가능성을 과거의 기억과 비교하여 평가하는 심리적 편향을 말한다. 여기서 과거의 기억은 그 사건과 유사하다고 스스로 판단하는 다른 사건이다. 투자에 있어서 대표성은 어떤 자산의 가치가 과거 추세와 비슷할 것이라고 성급하게 단정 짓는 모습으로 나타난다. 이때 과거 추세가 정상적인 것인지, 예외적인 것인지에 대한 합리적 판단이 결여되기 쉽다.

가용성Availability이란 어떤 사건의 결과를 자신에게 익숙하고 편안한 쪽으로 단정 짓는 심리적 편향을 말한다. 애널리스트의 특정 자산에 대한 가격전망이 경기전망과 일치할 때 투자자가 더 크게 반응하는 것이 대표적인 사례다. 개별 자산의 가격과 경기 간에 필연적인 상관관계가 없지만, 투자자는 두 방향이 일치할 때 애널리스트의 의견을 받아들이기 편한 것이다.

정박효과Anchoring and Adjustment란 어떤 자산의 가치를 평가할 때 미리 정한 기준값에서 출발하여 거기서 크게 벗어나지 못하는 심리적 편향을 말한다. 이 기준값은 합리적 추정치가 아닌, 과거 경험치일 가능성이 높다. 자산의 가치를 평가하기 이전에 과거의 가격정보를 아는 경우가 대부분이므로, 정박효과는 피하기 어려운 심리적 편향이라고 할 수 있다.

과잉확신Overconfidence은 자산의 가치에 대한 자신의 판단을 과하게 신뢰하는 심리적 편향을 말한다. 과잉확신은 과거에 성공적인 투자를 한 경우 발생하기 쉬우며, 자산의 거래량을 늘리는 효과가 있는 것으로 알려져 있다.

낙관주의Optimism는 자산의 가치를 과대평가하는 심리적 편향을 말한다. 낙관주의에 빠진 투자자는 긍정적인 뉴스만을 받아들이며, 가격 거품을 유발하기도 한다. 반대의 편향인 비관주의도 간혹 발견된다.

프레임의존 편향

투자자는 자신이 선택 가능한 심리적 프레임으로부터 영향을 받기 쉽다. 프레임의존 편향에는 손실회피·범위한정·심리회계·처분효과 등이 있다.

손실회피Loss Aversion란 같은 금액이라 하더라도 이익보다 손실에 더 민감한 심리적 편향을 말한다. 이는 손실로부터 오는 후회가 이익의 기쁨보다 크기 때문에 발생한다. 〈그림 6-6〉의 가치곡선이 손실영역에서 더 가파른 것이 이를 나타내고 있다. 손실을 입은 투자자가 더 위험한 투자를 하거나, 시장상황이 좋을 때 손실회피성향이 커지는 현상이 대표적인 사례다.

범위한정Narrow Framing이란 반복되는 위험을 일회적인 것으로 여기거나, 특정 위험에 매몰되어 전반적인 위험을 보지 못하는 심리적 편향을 말한다. 시장이 복잡할수록 범위한정에 빠지기 쉽다.

심리회계Mental Accounting란 시장의 정보를 분리하여 각기 다른 심리적 계정에 담아두는 편향을 말한다. 이러한 투자자는 각 계정을 달리 취급하므로, 투자의 성과에 동일한 영향을 미치는 변화가 생기더라도 그 정보를 어디에 담아두었는가에 따라 달리 대응하는 과오를 범하게 된다.

처분효과Disposition Effect란 가격이 하락한 자산을 보유하고, 가격이 상승한 자산을 서둘러 처분하는 심리적 편향을 말한다. 이는 손실회피 심리에 기인하는데, 보유자산의 가치에 대한 합리적 판단을 어렵게 한다.

자본자산 수익률지수 및 거시경제지표

시기	Land	APT	OFC	RTL	AA-	KOSPI	GDP	Cons	CD91
2004q1	2.10%	0.82%	2.71%	2.77%	1.39%	8.61%	2.50%	0.76%	1.02%
2004q2	0.95%	0.65%	2.64%	2.69%	1.27%	-10.76%	1.77%	0.61%	0.98%
2004q3	0.59%	-1.16%	2.53%	2.67%	1.11%	6.27%	1.14%	1.41%	0.93%
2004q4	0.39%	-1.24%	2.46%	2.60%	0.97%	7.28%	0.93%	1.16%	0.86%
2005q1	0.74%	1.24%	2.40%	2.53%	1.10%	7.79%	0.98%	1.58%	0.89%
2005q2	2.65%	3.91%	2.35%	2.47%	1.05%	4.40%	1.62%	2.65%	0.88%
2005q3	1.44%	2.51%	2.73%	2.41%	1.18%	21.11%	2.05%	1.77%	0.89%
2005q4	1.59%	0.63%	2.66%	2.36%	1.35%	12.97%	1.42%	1.80%	1.00%
2006q1	1.78%	3.45%	2.59%	2.30%	1.35%	-1.43%	0.53%	1.09%	1.06%
2006q2	2.37%	4.82%	2.52%	2.25%	1.29%	-4.74%	0.62%	1.63%	1.10%
2006q3	2.19%	1.37%	2.97%	2.76%	1.28%	5.89%	2.32%	1.32%	1.16%
2006q4	2.53%	12.31%	2.89%	2.68%	1.26%	4.60%	1.19%	1.72%	1.16%
2007q1	1.39%	3.41%	5.72%	5.07%	1.32%	1.26%	2.54%	1.42%	1.24%
2007q2	1.07%	0.63%	5.41%	4.82%	1.37%	20.04%	2.33%	2.45%	1.25%
2007q3	1.40%	1.28%	3.05%	2.67%	1.44%	11.64%	1.77%	1.62%	1.30%
2007q4	1.90%	1.52%	2.96%	2.60%	1.57%	-2.54%	2.91%	1.98%	1.38%
2008q1	1.84%	3.28%	8.49%	7.02%	1.59%	-10.18%	0.32%	2.32%	1.36%
2008q2	2.17%	5.53%	7.82%	6.56%	1.57%	-1.71%	2.40%	1.33%	1.34%
2008q3	1.59%	1.23%	0.36%	-0.32%	1.80%	-13.54%	1.28%	0.95%	1.42%
2008q4	-6.34%	-2.90%	0.36%	-0.32%	2.07%	-22.35%	-2.24%	-3.18%	1.36%
2009q1	-1.38%	-1.35%	-0.65%	-0.12%	1.71%	7.27%	0.91%	-0.18%	0.70%
2009q2	0.68%	0.97%	2.47%	2.35%	1.34%	15.24%	2.95%	4.22%	0.60%
2009q3	1.30%	2.52%	1.78%	1.79%	1.40%	20.36%	3.15%	1.88%	0.63%
2009q4	0.81%	0.33%	2.06%	2.01%	1.37%	0.58%	0.56%	1.36%	0.70%
2010q1	0.72%	0.33%	3.01%	2.79%	1.31%	0.60%	3.51%	1.63%	0.72%
2010q2	0.02%	-0.93%	2.08%	1.74%	1.15%	0.32%	2.85%	1.64%	0.62%
2010q3	-0.25%	-1.19%	1.35%	1.17%	1.16%	10.28%	1.28%	1.75%	0.66%
2010q4	0.04%	-0.27%	1.61%	1.62%	1.04%	9.51%	1.64%	1.76%	0.68%
2011q1	0.40%	0.56%	2.21%	1.97%	1.15%	2.72%	0.64%	1.85%	0.79%
2011q2	0.28%	-0.07%	2.30%	1.92%	1.12%	-0.29%	0.76%	1.64%	0.87%
2011q3	0.17%	-0.37%	1.59%	1.28%	1.09%	-15.76%	1.34%	0.88%	0.90%
2011q4	0.12%	-0.49%	1.74%	1.43%	1.07%	3.17%	1.92%	0.84%	0.89%
2012q1	0.17%	-0.95%	1.89%	1.40%	1.07%	10.31%	0.84%	0.72%	0.89%
2012q2	0.26%	-1.89%	2.04%	1.58%	1.01%	-7.95%	-0.01%	0.56%	0.89%
2012q3	-0.14%	-2.22%	0.31%	0.46%	0.86%	7.67%	0.49%	1.18%	0.81%
2012q4	0.09%	-1.75%	1.99%	1.18%	0.83%	0.04%	1.11%	1.04%	0.72%
2013q1	0.10%	-1.13%	1.82%	1.55%	0.77%	0.39%	1.48%	-0.57%	0.71%
2013q2	0.41%	0.15%	1.38%	1.57%	0.76%	-7.06%	0.94%	0.68%	0.69%
2013q3	0.08%	-0.92%	1.23%	0.86%	0.83%	7.17%	1.32%	1.03%	0.67%
2013q4	0.61%	0.62%	1.68%	1.46%	0.83%	0.72%	0.92%	1.17%	0.66%
2014q1	0.69%	1.03%	1.58%	1.58%	0.83%	-1.28%	1.85%	0.95%	0.66%
2014q2	0.59%	-0.12%	1.76%	1.72%	0.81%	0.84%	-0.06%	-0.03%	0.66%
2014q3	0.69%	0.49%	1.46%	1.33%	0.73%	0.89%	0.62%	0.56%	0.63%
2014q4	0.66%	0.59%	1.74%	1.64%	0.63%	-5.17%	1.52%	0.65%	0.54%
2015q1	0.57%	0.96%	1.76%	1.63%	0.56%	6.55%	3.40%	0.75%	0.52%
2015q2	0.69%	2.05%	1.73%	1.62%	0.51%	1.63%	0.34%	0.62%	0.44%
2015q3	0.69%	1.79%	1.41%	1.40%	0.49%	-5.37%	1.39%	1.20%	0.41%
2015q4	0.72%	1.75%	1.76%	1.66%	0.52%	-0.08%	0.80%	1.76%	0.40%
2016q1	0.57%	0.04%	1.64%	1.61%	0.50%	1.76%	2.26%	-0.31%	0.41%
2016q2	0.76%	0.64%	1.71%	1.67%	0.47%	-1.28%	1.21%	1.16%	0.39%
2016q3	0.83%	1.14%	1.49%	1.49%	0.42%	3.72%	-0.18%	1.18%	0.34%
2016q4	0.78%	1.39%	1.58%	1.53%	0.50%	-0.84%	1.82%	0.53%	0.36%
2017q1	0.75%	0.26%	1.65%	1.48%	0.54%	6.60%	2.03%	1.05%	0.37%
2017q2	1.34%	1.73%	1.71%	1.70%	0.55%	10.72%	0.77%	1.56%	0.35%
2017q3	1.20%	1.10%	1.55%	1.53%	0.58%	0.11%	2.83%	1.80%	0.35%
2017q4	0.96%	1.53%	1.83%	1.86%	0.66%	3.05%	-0.98%	0.60%	0.38%
2018q1	1.28%	3.53%	1.98%	1.87%	0.70%	-0.88%	0.97%	0.81%	0.41%
2018q2	1.09%	0.81%	2.07%	1.96%	0.71%	-4.89%	1.09%	1.02%	0.41%
2018q3	1.87%	3.03%	2.04%	2.00%	0.65%	0.73%	1.13%	0.93%	0.41%
2018q4	1.74%	0.46%	2.11%	2.12%	0.60%	-12.89%	-0.34%	0.81%	0.44%
2019q1	1.00%	-1.17%	1.86%	1.73%	0.56%	4.88%	-0.84%	-0.49%	0.47%
2019q2	1.27%	-0.63%	2.09%	1.88%	0.53%	-0.47%	1.49%	1.50%	0.46%
2019q3	1.47%	0.40%	2.13%	1.88%	0.45%	-3.17%	0.08%	0.09%	0.39%
2019q4	1.45%	2.55%	2.43%	2.19%	0.48%	6.53%	0.71%	1.36%	0.38%

- 'CAPM'은 이론적으로 정치하지만, 실증적으로는 크게 지지받지 못하고 있다. 그 원인으로는 CAPM이 근거하고 있는 비현실적인 가정들이 자주 거론된다.

- CAPM을 개량한 이론은 무수히 많다. 그중 부동산투자와 관련해서는 '다요인모형'과 '소비기반 CAPM'이 시사하는 바가 크다.

- 다요인모형은 전통적인 CAPM이 가지는 단일요인모형의 한계를 극복하기 위해 규모인자, 가치성장인자 등을 함께 고려하는 모형이다.

- 소비기반 CAPM은 전통적인 CAPM이 가지는 단일기간모형의 한계와 자산누락문제를 해결하는 모형이다.

- '옵션'이란 어떤 자산을 미리 정한 가격으로 미래에 사거나 팔 수 있는 권리를 말한다. 옵션의 가치평가와 관련된 이론을 '옵션가격결정이론'이라고 하는데, 이는 부동산투자의 가치평가에도 유용하게 응용된다. '실물옵션'을 고려한 토지의 가치평가가 대표적인 사례다.

- '행동재무이론'은 경제적 인간 또는 합리적 투자자라는 현대포트폴리오이론의 가장 기본적인 가정부터 의심한다.

- '전망이론'은 기대효용이론의 대안으로 제시되었다. 이 이론은 합리적 투자자가 고려하는 '기대' 대신에, 비합리적 투자자 고려하는 '전망'에 관심을 가진다.

- '행동재무이론'은 투자자의 비합리성, 즉 행동편향에 영향을 미치는 다양한 심리적 원인을 밝히고 있다. 행동편향을 야기하는 심리적 요인에는 '휴리스틱기반 편향'과 '프레임의존 편향'의 두 가지가 있다.

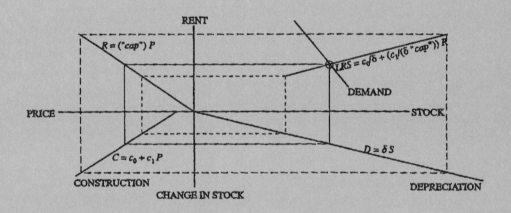

RENT

$R = ("cap") P$

$\bigcirc LRS = c_0/\delta + (c_1/(\delta "cap")) R$

DEMAND

PRICE ——— STOCK

$C = c_0 + c_1 P$

$D = \delta S$

CONSTRUCTION

CHANGE IN STOCK

DEPRECIATION

1992년 데니스 디파스켈리(Denise DiPasquale)와 윌리엄 휘튼(William C. Wheaton)이 부동산시장의 일반균형에 대해 한 편의 논문을 발표하였다. 부동산시장을 공간시장, 자산시장, 건설시장 등 여러 하위시장의 상호작용으로 설명한 그들의 이론은 이후 DW모형이라 불리며 시장분석의 기본적인 틀로 자리를 잡았다. 그림은 2002년 DW모형을 비판적으로 분석한 피터 콜웰(Peter F. Colwell)의 논문에서 가져온 것.

Denise DiPasquale and William C. Wheaton, "The Markets for Real Estate Assets and Space: A Conceptual Framework," *Journal of the American Real Estate and Urban Economics Association* 20(2), Jun. 1992, pp.181~197.

Peter F. Colwell, "Tweaking the DiPasquale-Wheaton Model," *Journal of Housing Economics* 11(1), Mar. 2002, p.28.

실제

7

계획

7.1. 목적과 원칙

투자의 목적

Plan·Do·See로 이어지는 자산운용과정에서, 계획은 투자목표Objectives of Investment가 설정되는 단계다. 지나치게 높은 목표는 무리한 투자를 부르고, 낮은 목표는 나태한 투자를 부르기 때문에, 적절한 목표를 설정하는 일이 중요하다. 그렇다면 목표는 무엇을 근거로 설정해야 할까? 투자목표는 투자목적Goal of Investment을 분명히 하는 과정에서 도출된다. 투자의 궁극적인 목적은 작은 위험을 부담하고 높은 수익을 얻는 것이지만, 계획에 담을 내용은 그렇게 일반적인 것이 아니다. 기관투자자는 각자의 사업목적에 따라 조금씩 차별화된 투자목적을 가진다.

기관투자자가 존재하는 고유의 사업목적과 투자목적은 다르다. 연금성 투자자는 연금사업을, 보험성 투자자는 보험사업을, 사업성 투자자는 목적사업을 차질 없이 수행하는 것이 사업목적이고, 수익성 투자자는 양질의 투자성과를 배분하는 것이 사업목적이다. 사업목적은 일반적으로 기관투자자의 근거법령이나 설립문서에 명문화되어 있다. 그와 달리 투자목적은 기관투자자가 사업목적을 달성하기 위해 여유자금을 어떻게 관리할 것인가를 다루는 하위의 목적이라고 할 수 있다.

일반적으로 연금성 투자자에게는 누적되는 가입자의 납입금을 잘 운용하여 연금을 차질 없이 지급하는 것이 투자목적이고, 보험성 및 사업성 투자자에게는 목적사업의 수행에 필요한 보험금·보조금 등을 적시에 지급할 수 있도록 유동성과 신용을 양호하게 유지하는 것이 투자목적이다. 연금성·보험성·사업성 투자자의 투자목적이 대체로 유사한 것과는 달리, 수익성 투자자의 투자목적은 투자자마다 다양하다. 투자기구와 같은 수익성 투자자는 저위험 저수익에서 고위험 고수익까지 투자전략이 다양하기 때문이다.

투자의 원칙

목적의 차이는 자산운용과정에서 추구하는 가치의 우선순위에 차이를 가져온다. 일반적으로 투자에는 수익성·안정성·유동성 등의 가치가 중시되는데, 기금에 대해서는 공공성이 하나 더 추가된다. 수익성이란 다른 가치를 훼손하지 않는 범위 내에서 최대의 수익을 추구하는 것을 말한다. 안정성은 수익을 추구하는 과정에서 위험지표를 허용범위 이내로 유지하는 것을 말한다. 유동성은 필요한 지출이 차질 없이 이루어질 수 있도록 현금성 자산을 충분하게 유지하는 것을 말한다. 유동성과 관련해서는 예측하기 어려운 지출, 유동성 확보를 위한 자산매각이 시장에 미치는 영향 등을 함께 고려하는 것이 중요하다. 공공성은 기금의 투자가 본래의 목적에 부합하고, 시장에 부정적인 파급효과를 미치지 않도록 하는 것을 말한다.

일반적으로 연금성 투자자는 안정성을, 보험성 및 사업성 투자자는 유동성을 중요하게 취급한다. 수익성 투자자의 경우, 투자목적이 다양한 만큼 가치의 우선순위도 다양하다.

이렇게 투자목적으로부터 파생되는 가치의 우선순위를 투자원칙Principles of Investment이라고 한다. 대부분의 기관투자자는 투자의 목적과 원칙을 명문화하고 있다. 이러한 문서를 투자정책서IPS: Investment Policy Statement 또는 자산운용지침이라고 한다. IPS의 용도는 투자

표 7-1. IPS에 나타난 투자의 목적과 원칙

구분	국민연금기금운용지침 (2019. 12.)	주택도시기금 여유자금 자산운용지침 (2019. 2.)
지침의 목적	이 지침은 「국민연금법」 제101조의 규정에 의하여 설치된 국민연금기금의 운용목표와 투자정책 및 전략을 수립하고 이를 여러 이해관계자에게 공지하여 운용의 일관성을 유지함으로써 기금의 효율적인 운용을 도모함을 목적으로 한다.	이 지침은 「국가재정법」 제63조(기금자산운용의 원칙) 및 동 법 제79조(자산운용지침의 제정 등)에 따라 주택도시기금 여유자금의 운용 및 관리에 필요한 사항을 정함을 목적으로 한다.
투자의 목적	보건복지부장관은 「국민연금법」이 정한 기금 설치 및 운용 목적을 달성하기 위하여 보험료와 운용수익 등으로 조성된 기금의 실질가치를 유지하고, 보험료 부담을 완화하거나 급여를 보강하는 데 기여하도록 위험한도 내에서 추가적인 수익을 창출하도록 노력한다.	기금사업을 원활하게 수행하고 지원하기 위해 필요한 재원을 안정적이며 효율적으로 관리·운용하여야 한다.
투자의 원칙	보건복지부장관은 다음 각 호의 원칙에 따라 기금을 운용한다. 1. 수익성의 원칙: 가입자의 부담, 특히 미래세대의 부담 완화를 위하여 가능한 한 많은 수익을 추구하여야 한다. 2. 안정성의 원칙: 투자하는 자산의 전체 수익률 변동성과 손실위험이 허용되는 범위 안에 있도록 안정적으로 운용하여야 한다. 3. 공공성의 원칙: 국민연금은 전 국민을 대상으로 하는 제도이고, 기금 적립규모가 국가경제에서 차지하는 비중이 크므로 국가경제 및 국내금융시장에 미치는 파급효과를 감안하여 운용하여야 한다. 4. 유동성의 원칙: 연금급여의 지급이 원활하도록 유동성을 고려하여 운용하여야 하며, 특히 투자한 자산의 처분 시 국내금융시장 충격이 최소화되는 방안을 사전에 강구하여야 한다. 5. 지속 가능성의 원칙: 투자자산의 지속 가능성 제고를 위하여 환경, 사회, 지배구조 등의 요소를 고려하여 신의를 지켜 성실하게 운용하여야 한다. 6. 운용 독립성의 원칙: 상기 원칙에 따라 기금을 운용하여야 하며, 다른 목적을 위하여 이러한 원칙이 훼손되어서는 안 된다.	여유자금 자산운용은 아래의 우선순위에 부합하도록 운용하여야 한다. 1. 자산운용의 우선순위는 안정성 > 유동성 > 공공성 > 수익성으로 설정한다. 2. 안정성의 원칙: 허용된 위험한도 내에서의 자산운용으로 투자자금의 안정성을 확보한다. 3. 유동성의 원칙: 예측 가능한 지출뿐 아니라 예측이 어려운 지출에 대한 유동성을 충족한다. 4. 공공성의 원칙: 기금의 설치목적 및 재정의 보조적인 역할을 고려한 공공성을 확보한다. 5. 수익성의 원칙: 상기 목적을 충족시키는 범위 내에서 최고 운용수익률을 달성한다.

의 목적과 원칙을 단순히 기술하는 것뿐만 아니라, 그것을 이해관계자에게 공시함으로써 자산운용의 일관성을 유지하는 것까지로 확대된다. 다수의 고객을 상대하는 기관투자자의 IPS는 홈페이지와 같은 매체를 통해 쉽게 확인할 수 있으며, 고객은 언제든지 기관투자자가 IPS에 부합하게 투자하고 있는지 감시할 수 있다.

IPS가 정한 범위 내에서 실제로 투자업무를 하는 내부의 담당자를 통제하기 위해 마련하는 하위의 문서를 자산운용규정이라고 한다. 자산운용규정은 투자담당자가 지켜야 할 규칙을 상세하게 담고 있으며, 투자담당자가 규칙에 부합하게 업무를 했는지 사후적으로 판단하는 기준이 된다. 자산운용규정은 기관투자자에 따라 다양한 명칭으로 불리는데, 일반적으로 외부에 공개되지는 않는다. 기관투자자에 따라서는 부동산을 포함한 대체투자에 관한 규칙을 자산운용규정과 별도의 규정으로 제정하는 경우도 있다. 우리나라의 대표적인 연금성 기금과 사업성 기금인 국민연금기금과 주택도시기금의 IPS에 나타나 있는 투자의 목적과 원칙을 비교하면 〈표 7-1〉과 같다.

7.2. 자산배분과 목표설정

전략적 자산배분

투자의 목적과 원칙에 의거하여 주식·채권·부동산 등 자산군별로 투자비중을 결정하는 것을 자산배분Asset Allocation이라고 한다. 자산배분은 중장기적인 관점에서 수립하는 전략적 자산배분SAA: Strategic Asset Allocation과 변화하는 시장상황에 대응하여 자산구성을 조정하는 전술적 자산배분TAA: Tactical Asset Allocation으로 나뉜다. 이 중 전략적 자산배분이 투자계획의 핵심적인 부분이다.

전략적 자산배분을 위해서는 미래의 수입과 지출, 자산군별 기대수익률과 위험지표 등 다양한 측면을 고려해야 한다. 전략적 자산배분은 이후 단계인 전술적 자산배분, 종목 및 물건 선택과 비교할 때 투자성과에 미치는 영향이 큰 것으로 알려져 있다. 전략적 자산배분에 관한 사항은 일관된 투자정책의 유지를 위해 IPS에 명시된다.

전략적 자산배분에는 자산군별로 자금을 배분하는 자본예산Capital Budgeting뿐만 아니라, 위험예산Risk Budgeting과 유동성예산Liquidity Budgeting도 포함된다. 위험예산은 감내 가능한 총위험량을 수익창출의 가용자원으로 보고, 자산군별로 배분하는 것을 말한다. 유동성예산은 예상치 못한 지출에 의한 유동성위험에 대비하기 위해 유동성목표를 설정하는 것을 말한다.

자산군별 투자비중은 각 자산군의 수익위험을 분석하여 포트폴리오의 투자효용을 극대화하는 방법으로 결정한다. 두 자산의 기대수익률과 표준편차를 이용해서 포트폴리오의 수익위험을 극대화하는 방법은 5장에서 살펴보았는데, 실제로는 표준편차 외에도 다양한 위험지표가 활용된다. 대표적인 위험지표에는 미달위험·VaR·ES 등이 있으며, 이들은 모두 확률의 개념을 내포하고 있다.

미달위험SR: Shortfall Risk이란 수익률이나 자산가치가 미리 정한 최저수준 이하로 떨어질 확률을 말한다. 수익률이나 자산가치의 확률분포를 안다면 미달위험을 계산할 수 있다. 표준편차가 총위험을 나타내는 반면, 미달위험은 하향위험을 나타낸다. 포트폴리오의 수익률에 대한 미달위험을 수식으로 나타내면 아래와 같다.

$$SR = P(R \leq R_{min})$$

SR: 미달위험
$P(\cdot)$: 어떤 사건이 발생할 확률
R: 포트폴리오의 수익률
R_{min}: 최저수익률

VaR_{Value at Risk}란 일정확률로 일정기간 동안 발생할 수 있는 수익률이나 자산가치의 하락을 말한다. 어떤 포트폴리오의 월간수익률 확률분포가 〈그림 7-1〉과 같이 정규분포를 따른다면, 이 포트폴리오가 5%의 확률_{일정확률}로 한 달_{일정기간} 동안 실현할 수 있는 수익률의 최솟값은 신뢰수준 95%의 좌측임계치인 $R_{95\%}$다. 여기서 이 포트폴리오에 대한 기대수익률 $E(R)$과 $R_{95\%}$의 차이가 바로 수익률에 대한 VaR(5%, 1개월)이다. 일정확률 α와 일정기간 t가 바뀌면 VaR의 값도 달라진다. α가 낮을수록, t가 길수록 VaR가 커진다. 즉 손실 위험이 커진다.[38] 정규분포를 가정한 VaR의 수식은 아래와 같다.

$$VaR(\alpha, t) = E(R) - z\sigma\sqrt{t}$$

z: α가 5%일 때 1.65, 1%일 때 2.33
σ: 수익률의 표준편차

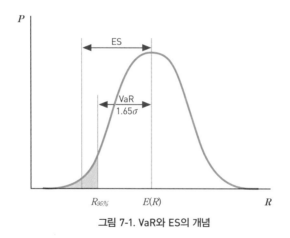

그림 7-1. VaR와 ES의 개념

---

38. 일반적으로 VaR는 수익률이나 자산가치의 하락폭으로 나타낸다. 그러나 경우에 따라서는 수익률이나 자산가치의 최솟값으로 나타내는 경우도 있으니 주의해서 봐야 한다.

ES~Expected Shortfall~ 또는 CVaR~Conditional VaR~는 VaR가 일정확률의 임계치를 넘어서는 위험을 반영하지 못하는 약점을 보완하기 위해 고안되었다. ES는 VaR의 임계치 바깥구간, 즉 〈그림 7-1〉에서 진하게 칠해진 구간 수익률의 기댓값을 의미한다. 따라서 VaR보다 손실위험을 더 크게 계산한다.

미달위험·VaR·ES와 같은 위험지표도 표준편차와 비슷한 방법으로 포트폴리오의 투자효용을 극대화하는 데 활용된다. 이렇게 각 자산군의 기대수익률과 위험지표를 함께 고려하는 전략적 자산배분은 과거부터 현재까지 널리 사용되고 있다.

최근에는 이러한 방법이 자산만 고려할 뿐 부채를 고려하지 못한다는 비판을 받고 있다. 대부분의 기관투자자는 연금·보험금·사업비 등 각종 지출을 해야 한다. 이러한 지출은 일종의 부채에 대한 조달비용이라고 할 수 있다. 그런데 이 조달비용은 이자율·물가·가입자의 소득 등 다양한 경제변수로부터 영향을 받으므로, 자산의 수익률과 상관관계를 가진다. 따라서 자산과 부채의 상관관계를 고려할 경우, 최적의 자산배분이 전통적인 자산중심관리~AOM: Asset Only Management~의 결과와 다를 수 있다. 자산과 부채의 상관관계를 고려하는 자산배분 방법을 자산부채종합관리~ALM: Asset Liability Management~라고 한다.

ALM은 AOM과는 달리 자산수익률~Return on Property~ 대신에 제도수익률~System Return~, VaR 대신에 SaR~Surplus at Risk~ 또는 FRaR~Funding Ratio at Risk~를 사용한다. 제도수익률은 자산수익률에서 조달비용을 차감한 값이다. 제도수익률을 사용할 경우, 자산수익률을 사용하는 경우에 비해 부채와 상관관계가 높은 자산에 대한 배분이 커진다. 잉여~Surplus~란 자산에서 부채를 차감한 값이다. SaR란 일정확률로 일정기간 동안 발생할 수 있는 잉여의 하락폭 또는 최솟값을 말한다. 적립비율~Funding Ratio~은 자산을 부채로 나눈 값이다. FRaR란 일정확률로 일정기간 동안 발생할 수 있는 적립비율의 하락폭 또는 최솟값을 말한다. VaR 대신 SaR나 FRaR를 사용할 경우, 자산과 부채의 변동을 동시에 반영할 수 있다.

$$R_s = R_a - R_l$$

R_s: 제도수익률
R_a: 자산수익률
R_l: 조달비용 또는 부채수익률

ALM은 AOM에 비해 개념적으로 우수하기 때문에, 최근 들어 많은 기관투자자가 채택하고 있다. 그러나 모든 기관투자자에게 ALM이 필수적인 것은 아니다. 투자기구와 같이 부채의 개념이 없는 기관투자자는 AOM을 사용하는 것이 타당하다.

전략적 자산배분에 사용되는 계량모형은 다양하게 개발되어 있다. 가장 간단한 모형은 5장에서 설명한 평균분산최적화기법MVO: Mean Variance Optimization이다. 최근에는 가정이 단순한 MVO 대신에 다양한 변수와 조건을 투입하는 시뮬레이션기법의 사용이 늘고 있다. 시뮬레이션기법 중에서는 임의의 조건을 투입하는 몬테카를로 시뮬레이션Monte Carlo Simulation과 실제로 일어난 과거의 경험치를 투입하는 역사적 시뮬레이션Historical Simulation이 많이 사용된다.

목표수익률

투자의 구체적인 목표는 목표수익률과 허용위험한도로 제시된다. 이들 수치는 전략적 자산배분의 결과로 도출된다.

목표수익률Target Return은 사전적으로 설정하는 수익률의 목표치로서, 투자자의 요구수익률이라고 할 수 있다. 목표수익률은 전체 자산에 대해서만이 아니라, 자산군별로도 설정된다. 목표수익률을 설정하는 데는 두 가지 측면이 고려된다. '자산운용의 목적상 달성해야 하는 최저 수준'과 '실제로 시장에서 달성 가능한 최고 수준'이 그것이다. 전자는 필요에 대응하는 목표치로서 자금운용계획에 의해 구체화되며, 후자는 기대에 대응하는 목표치로서 시장조사를 통해 구체화된다. 목표수익률은 필요와 기대라는 두 가지 측면을 균형 있게 반영해야 한다. 어느 한 쪽이 지나치게 강조될 경우, 무리하거나 나태한 투자를 초래하기 십상이다. 이를 피하기 위해서는 투자의 성과를 평가하고, 그것을 새로운 계획에 반영하는 피드백Feedback 시스템을 잘 갖추어야 한다.

투자계획에서는 목표수익률과 함께 벤치마크Benchmark도 제시해야 한다. 벤치마크란 시장의 평균적인 투자성과를 보여주는 수익률지수를 말한다. 벤치마크는 실행의 단계에서는 투자판단의 기준이 되고, 평가의 단계에서는 성과평가의 기준이 된다.

벤치마크는 자산군별로, 각 자산군 내에서도 투자의 전략별로 구체적으로 제시해야 한다. 다양한 기관들이 자산군별·투자전략별 벤치마크를 발표하고 있으므로, 그중 하나를 선택하거나 필요에 따라 가공해서 사용할 수 있다. 부동산투자의 벤치마크에 대해서는 10장에서 자세히 알아본다.

허용위험한도

허용위험한도Risk Tolerance는 투자위험을 관리하기 위해 설정하는 위험지표의 목표치다. 위험지표란 앞에서 살펴본 수익률의 표준편차·미달위험·VaR·ES·SaR·FRaR 등을 말한다. 허용위험한도 역시 목표수익률과 마찬가지로 전체 자산뿐만 아니라 자산군별로도 설정해야 한다.

기관투자자는 여러 가지 위험지표 중에서 자신에게 적합한 것을 선택하여 허용위험한도를 설정한다. 국민연금기금과 주택도시기금의 IPS에 명시된 목표수익률과 허용위험한도는 〈표 7-2〉와 같다.

자산배분 사례

자산배분의 기법 중에서 가장 간단하고 직관적인 것은 MVO다. MVO는 Excel로도 수행할 수 있기 때문에 활용성도 높다. 실제 시장자료를 이용해서 MVO를 통한 자산배분을

표 7-2. IPS에 나타난 목표수익률과 허용위험한도

구분	국민연금기금운용지침 (2019. 12.)	주택도시기금 여유자금 자산운용지침 (2019. 2.)
목표 수익률	기금은 장기 운용수익률이 '실질경제성장률+소비자물가상승률±조정치'를 달성하도록 노력한다. 조정치는 운용여건, 경제전망 등을 고려하여 위험한도를 초과하지 않는 범위 내에서 기금운용위원회가 정한다.	목표수익률은 기금의 목적사업 및 제반여건 등을 감안하여 기금운용심의회의 심의를 거쳐 설정한다. 목표수익률은 연간 자산운용계획을 통해 결정하며, 금융시장 및 기금의 운용 프로세스의 변경이 있을 경우 기금운용심의회의 심의를 통해 변경할 수 있다. 2019년 기금의 전체 목표수익률은 ○.○○%이며, 단기자산 ○.○○%, 중장기자산 ○.○○%로 설정한다. 기금의 위험예산제도 관리를 위한 목표 정보비율(IR)을 설정한다.
허용 위험 한도	전략적 자산배분(안)은 향후 5년 동안의 누적 운용수익률이 같은 기간의 누적 소비자물가상승률 이하로 떨어질 가능성(Shortfall Risk)을 15% 이하로 하여야 한다. 전략적 자산배분(안)은 5년 후 최저적립금 비율(5년 후 발생할 수 있는 예상 적립금 규모 중 하위 5%에 해당하는 적립금을 적립금의 기댓값으로 나눈 비율), 연간손실확률(연간 운용수익률이 0%에 미치지 못할 가능성), 극단손실(Expected Tail Loss) 등을 고려하여 결정되어야 한다.	위험한도는 자산운용에 영향을 미치는 위험의 특성을 파악하여 적정한 통계적 기준에 따라 산출하여 관리한다. 위험한도는 연간 자산운용계획을 통해 결정하며, 금융시장 및 기금의 운용 프로세스의 변경이 있을 경우 기금운용심의회의 심의를 통해 변경할 수 있다. 기금의 위험한도는 Shortfall Risk와 적립률로 설정하여 관리한다. 1. 만기가 1년 이하인 단기자산은 포트폴리오의 향후 1년 동안의 누적 투자 수익률이 0%를 초과하지 못할 가능성(Shortfall Risk)을 0.1% 이내로 통제한다. 2. 만기가 1년 이상인 중장기 자산은 포트폴리오의 향후 1년 동안의 누적 투자 수익률이 0%를 초과하지 못할 가능성(Shortfall Risk)을 5% 이내로 통제한다. 3. 전체 자산의 위험한도는 향후 1년 동안의 누적 투자 수익률이 0%를 초과하지 못할 가능성(Shortfall Risk)을 5% 이내로 통제한다. 4. 향후 5년 후 기금의 부채 대비 적립금비율(Funded Ratio)이 일정한 수치 이하로 하락할 확률(SaR)을 10% 이내로 통제한다. 기금의 위험예산제도 관리를 위한 목표 추적오차(TE)를 설정하고, 추적오차 허용한도는 별도로 결정하여 관리한다.

해 보자.

MVO를 위해서는 과거 자료를 이용해서 각 자산군의 기대수익률, 분산 및 공분산을 구해야 한다. 과거의 특성이 미래에도 이어질 것으로 가정하는 것이다. 수익률의 시계열은 모든 자산군에 대해 가급적 동질적인 것으로 수집해야 한다. 주식·채권·부동산 등 각 자산군은 특성이 상이하기 때문에, 수익률지수의 산출방법에도 차이가 있다. 특성이 지나치게 다른 자료로 MVO를 수행하면 결과를 신뢰하기 어렵다. 특히, 부동산에 대해서 평활화가 심한 평가기반지수를 사용할 경우, 시장가격으로 지수를 산출한 주식이나 채권에 비해 위험이 과소하게 측정되어 배분비율이 지나치게 커질 수 있으니 주의해야 한다.

6장에서 사용한 6가지 자산군별 수익률지수를 다시 가져오자. 여기에는 주식$_{\text{KOSPI}}$·채권$_{\text{AA-}}$과 함께 토지$_{\text{Land}}$·아파트$_{\text{APT}}$·오피스$_{\text{OFC}}$·리테일$_{\text{RTL}}$ 등 부동산의 섹터별 수익률지수가 포함되어 있다. 〈표 6-2〉에서는 CCAPM의 베타를 계산하기 위해 수익률 스프레드의 분산공분산행렬을 작성하였다. 여기서는 무위험이자율을 차감하지 않은 수익률 자체의 분산공분산행렬을 〈표 7-3〉과 같이 작성한다.

분산공분산행렬은 Excel의 '데이터 분석' 기능 중 '공분산 분석'으로 쉽게 작성할 수 있다. 그런데 실제로 이 기능을 실행하면, 〈표 6-2〉에서와 같이 각 자산군의 분산을 나타내는 대각선과 그 하단의 공분산만 표시된다. 행렬연산을 위해서는 〈표 7-3〉과 같이 대각선의 상단에도 공분산을 대칭되게 채워야 하는데, 이는 행렬을 복사한 후 '선택하여 붙여넣기' 기능을 이용해서 수행할 수 있다. 옵션에서 '행/열 바꿈'과 '내용 있는 셀만 붙여넣기'를 선택하면 된다.

표 7-3. 자본자산 수익률의 분산공분산행렬

구분	Land	APT	OFC	RTL	AA-	KOSPI
Land	0.0136%	0.0159%	0.0072%	0.0071%	-0.0008%	0.0237%
APT	0.0159%	0.0481%	0.0134%	0.0123%	0.0007%	0.0121%
OFC	0.0072%	0.0134%	0.0197%	0.0168%	0.0016%	0.0059%
RTL	0.0071%	0.0123%	0.0168%	0.0148%	0.0012%	0.0119%
AA-	-0.0008%	0.0007%	0.0016%	0.0012%	0.0015%	-0.0007%
KOSPI	0.0237%	0.0121%	0.0059%	0.0119%	-0.0007%	0.6581%

6가지 자산군으로 포트폴리오를 구성하기 전에, 먼저 5장에서 해본 것과 같이 두 가지 자산군으로 포트폴리오를 구성해 보자. 6장의 〈그림 6-1〉을 보면, 채권이 가장 저위험이고 주식이 가장 고위험이며, 부동산 중에서는 토지가 가장 저수익이고 오피스가 가장 고수익인 것을 확인할 수 있다. 이들 각 쌍의 포트폴리오에 대해서 자산의 비중을 변화시키면서 수익위험을 계산한 결과는 〈그림 7-2〉, 〈그림 7-3〉과 같다.

주식과 채권으로 구성한 포트폴리오의 경우, 직선에 가까운 형태를 보여 포트폴리오효과가 미비한 것을 알 수 있다. 샤프지수를 기준으로 찾은 최적의 포트폴리오는 채권만 100% 매입하는 것이다. 참고로, 〈그림 7-2〉 좌측 하단에서 채권보다 수익률이 낮게 꺾인 부분은 주식을 공매도하여 채권을 매입한 경우를 나타내 본 것이다.

토지와 오피스로 구성한 포트폴리오의 경우, 곡선의 형태를 보여 포트폴리오효과가 발생하는 것을 알 수 있다. 하지만, 샤프지수를 기준으로 찾은 최적의 포트폴리오는 오피스만 100% 매입하는 것이다. 오피스의 투자성과가 월등히 높기 때문이다.

이렇게 두 가지 자산군으로 포트폴리오를 구성하는 경우에는 배분비율에 따라 포트폴리오의 수익률과 분산이 결정되므로, 최적화가 개입할 여지가 없다. 그러나 세 가지 이상의 자산군으로 포트폴리오를 구성하는 경우에는 이야기가 달라진다. 이때는 먼저 수익률의

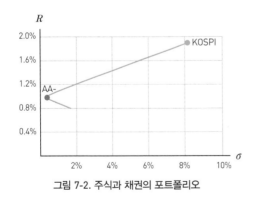

그림 7-2. 주식과 채권의 포트폴리오

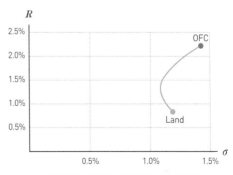

그림 7-3. 토지와 오피스의 포트폴리오

범위를 정한 다음, 그사이의 수익률 수준마다 분산을 최소화하는 배분비율을 찾아야 한다. 이는 최적화 기법을 통해 수행할 수 있다. 수익률의 범위는 전체 자산군의 최저수익률과 최대수익률로 정하는 것이 일반적이다. 지금 다루고 있는 6가지 자산군 중에서는 토지 0.82%와 오피스 2.23%가 최솟값과 최댓값이다.

포트폴리오의 분산 σ_p^2을 계산하기 위해서는 자산군별 배분비율과 분산공분산행렬을 이용해서 행렬연산을 해야 한다. 계산방법은 아래 식과 같다. Excel을 이용하면 행렬연산도 쉽게 할 수 있다. 'MMULT', 'TRANSPOSE' 등의 함수를 적절히 사용하면 된다. 단, 이들 함수는 배열수식에 해당하기 때문에, 수식을 작성한 후 Enter 키가 아닌 Ctrl+Shift+Enter 키를 눌러야 시행되는 것에 주의해야 한다.

$$\sigma_p^2 = W^T \times VCM \times W$$

σ_p^2: 6가지 자산군 포트폴리오의 분산 (단일값)
W: 6가지 자산군의 배분비율 (크기 6의 벡터)
VCM: 6가지 자산군 수익률의 분산공분산행렬 (6×6 행렬)

최적화는 Excel의 '해 찾기' 기능으로 수행한다. 해 찾기의 '목표 설정'은 위에서 계산한 분산을 최소화하는 것으로, '변수 셀 변경'의 대상은 자산군들의 배분비율로 설정한다. 그리고 '제한 조건에 종속'에 배분비율의 합이 1일 것과 포트폴리오의 수익률이 0.82%일 것을 추가한 다음, '해 찾기' 단추를 누르면 된다. 이 시행은 포트폴리오의 수익률을 0.82%로 만드는 조합 중 분산이 가장 작은 배분비율을 찾는다. 그 결과는 당연히 토지에 100% 투자하는 것이다.

〈표 7-4〉는 포트폴리오의 수익률에 대한 제한 조건을 2%씩 증가시키면서 위 과정을 반복한 결과다. 수익률이 최솟값과 최댓값이 아닌 영역에서 각 자산군에 대한 배분비율이 다양하게 계산된 것을 확인할 수 있다. 그중 샤프지수를 기준으로 투자효용이 극대화된

포트폴리오는 채권에 55%, 리테일에 43%, 오피스에 1% 투자하는 것이다.

한 가지 유의할 점은 모든 영역에서 주식에 대한 배분비율이 매우 낮다는 사실이다. 이는 앞에서 언급한 자산군별 지수특성 차이에 기인하는 오류일 수 있다. 여기서 사용된 주식지수는 시가변동을 그대로 포착하는 데 반해, 부동산지수는 평활화된 것이다. 따라서 부동산의 위험이 과소평가되었을 가능성이 높다. 아쉽게도 국내에는 시가변동을 민감하게 포착하는 부동산지수가 존재하지 않는다. 이에 대해서는 10장에서 자세히 알아본다.

〈그림 7-4〉의 좌측 곡선은 수익률별 최소분산 포트폴리오를 연결한 것이다. 토지와 오피스가 양 극단에 위치하는 가운데, 포트폴리오효과가 강하게 발생하는 것을 알 수 있다. 곡선 상의 빨간 점은 투자효용이 극대화된 포트폴리오를 나타낸다.

여기에 두 가지 자산으로 구성한 포트폴리오인 〈그림 7-2〉와 〈그림 7-3〉을 겹쳐보면, 포트폴리오효과를 더욱 확실하게 확인할 수 있다. 〈그림 7-4〉의 우측에서 보는 바와 같이, 다수의 자산으로 구성한 포트폴리오의 효율적 프런티어는 두 가지 자산으로 구성한 포

표 7-4. 수익률 수준별 최소분산 포트폴리오의 자산배분비율

구분	자산배분비율									
Land	100%	11%	1%	0%	0%	0%	0%	0%	0%	0%
APT	0%	0%	0%	0%	0%	0%	0%	0%	0%	0%
OFC	0%	0%	0%	0%	1%	22%	50%	78%	97%	100%
RTL	0%	3%	20%	40%	43%	33%	18%	4%	0%	0%
AA-	0%	86%	79%	60%	55%	45%	31%	17%	2%	0%
KOSPI	0%	0%	0%	0%	0%	0%	1%	1%	1%	0%
합계	100%	100%	100%	100%	100%	100%	100%	100%	100%	100%
분산	0.01%	0.00%	0.00%	0.00%	0.00%	0.01%	0.01%	0.01%	0.02%	0.02%
표준편차	1.17%	0.36%	0.44%	0.59%	0.64%	0.77%	0.96%	1.17%	1.37%	1.40%
평균	0.82%	1.00%	1.20%	1.40%	1.46%	1.60%	1.80%	2.00%	2.20%	2.23%
샤프지수	0.061	0.708	1.020	1.110	1.113	1.107	1.090	1.073	1.059	1.054

트폴리오들의 효율적 프런티어보다 좌측 상단에 위치해 있다.

여기서 찾은 '투자효용이 최적화된 포트폴리오'는 위험자산만으로 구성한 포트폴리오다. 만약 무위험자산에도 투자할 수 있다면, 이 포트폴리오와 무위험자산을 연결하는 직선, 즉 CAL도 구성할 수 있다. 그리고 투자자의 위험회피성향을 계량화할 수 있다면, CAL 상의 점들 중 최적의 포트폴리오도 찾을 수 있다. 그 방법은 5장에서 살펴보았다.

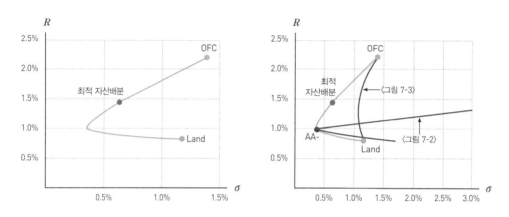

그림 7-4. 다수의 자산군으로 구성한 포트폴리오의 수익위험

- '투자의 목적'은 투자자가 존재하는 고유의 사업목적으로부터 도출된다. 연금성·보험성·사업성 및 수익성 투자자는 각자 자신에게 적합한 투자의 목적을 가진다.

- 목적의 차이는 투자의 과정에서 추구하는 가치의 우선순위에 반영된다. 일반적인 가치로는 수익성·안정성·유동성·공공성 등이 있는데, 투자자에 따라 이에 대한 정의와 우선순위가 조금씩 다르다. 이를 '투자의 원칙'이라고 한다.

- 투자의 목적과 원칙을 명문화한 문서를 '투자정책서' 또는 '자산운용지침'이라고 한다. 투자정책서는 이해관계자에게 공개되어 자산운용의 일관성을 유지하도록 유도한다. 투자정책서가 정한 범위 내에서 투자담당자를 통제하기 위해 마련하는 하위의 규칙을 '자산운용규정'이라고 한다.

- 투자의 목적과 원칙에 의거하여 장기적인 관점에서 자산군별 투자비중을 결정하는 것을 '전략적 자산배분'이라고 한다.

- 전략적 자산배분은 각 자산군에 대한 수익과 위험 정보를 이용해서 투자의 효용을 최적화하는 방법으로 수행된다. 수익으로는 기대수익률이, 위험으로는 수익률의 변동성(표준편차), 미달위험, VaR, ES(CVAR) 등 여러 가지 위험지표가 사용된다.

- 최근에는 자산뿐 아니라 부채도 함께 고려하는 '자산부채종합관리'가 널리 활용되고 있다. 여기서는 자산수익률 대신에 제도수익률을, VaR 대신에 SaR 또는 FRaR를 사용한다.

- 투자의 구체적인 목표는 '목표수익률'과 '허용위험한도'로 제시된다. 목표수익률과 허용위험한도를 설정하는 방법은 투자정책서에 명시되며, 구체적인 수치는 전략적 자산배분의 결과로 도출된다.

8

Do: Investment Process

실행: 투자과정

8.1. 취득

탐색: 투자기회 포착

Plan·Do·See로 이어지는 자산운용과정에서, 실행은 실제로 자금의 이동이 이루어지는 중요한 단계다. 실무적으로도 계획이나 평가에 비해 큰 비중을 차지하는 실행은 취득·보유·처분의 투자과정으로 진행된다. 일반적으로 기관투자자는 실행업무를 외부의 자산운용자에게 위탁한다.

취득은 투자과정 중에서 투자성과에 가장 큰 영향을 미치는 단계다. 주식이나 채권의 경우, 취득이 투자활동의 대부분을 차지한다. 그에 비해 부동산은 실물자산이라는 특성으로 인해 유지관리와 가치부가활동의 중요성이 상대적으로 크다. 그래도 취득이 가장 중요하다는 점에서는 부동산투자도 예외가 아니다. 잘못 취득한 부동산으로 좋은 성과를 내는 것은 하늘의 별 따기다.

부동산의 취득은 탐색·결정·집행의 절차로 수행된다. 탐색은 투자기회를 포착하고, 투자구조를 설계하는 것을 말한다. 결정은 타당성검토를 통해 투자 여부를 판단하고, 내부수권절차를 이행하는 것을 말한다. 집행은 결정한 바에 따라 부동산의 매도자와 계약을 체결하고 이행함으로써 취득을 종결하는 것을 말한다. 이제 실행의 첫 단추인 투자기회 포착부터 하나씩 알아보자.

투자기회를 포착하는 방법은 자산군마다 다르다. 주식과 같이 거래소가 마련된 자산은 상장된 후보군이 확정되어 있어서 투자자는 그중 적합한 종목을 고를 수 있다. 그러나 부동산의 경우, 일부 부동산 관련 증권을 제외하고는 거래소가 존재하지 않기 때문에 투자기회를 장외에서 사적으로 찾아야 한다. 실무에서는 그 과정을 딜소싱Deal Sourcing, 딜소싱의 경로나 대상을 파이프라인Pipeline이라고 한다.

모든 장외거래가 그렇듯이, 투자에 적합한 부동산을 포착하는 방법에는 정해진 규칙이 없다. 다만, 기관투자자가 사용하는 전형적인 방법에는 경쟁입찰 참가, 중개인 활용, 소유자 접촉의 세 가지가 있다.

경쟁입찰Competitive Bidding이란 좋은 조건에 부동산을 매각하기 위해 매도자가 임의로 진행하는 경매Auction를 말한다. 일반적으로 매도자는 전문적인 매각주간사Seller Agent의 도움을 받아 경쟁입찰을 진행한다. 경쟁입찰의 방식은 참가자Bidder의 범위에 따라 완전경쟁입찰, 제한경쟁입찰, 지명경쟁입찰로 나뉜다. 완전경쟁입찰에는 누구나 참여할 수 있지만, 제한경쟁입찰은 일정한 자격을 갖춘 자만이, 지명경쟁입찰은 매각주간사로부터 초대를 받은 자만이 참여할 수 있다. 낙찰자의 선택은 원칙적으로 참가자가 제시한 가격을 기준으로 한다. 그러나 가격과 함께 자금조달능력, 매매거래 소요기간 등 다른 변수가 함께 고려되기도 한다. 선택된 참가자는 우선협상대상자Preferred Bidder로 지정되어 일정한 기간 동안 독점적으로 매도자와 협상을 진행할 권한을 가지게 된다. 만약 우선협상대상자와의 협상이 결렬되면, 차상위 참가자와 다시 협상이 시작된다.

전문적인 중개인Broker을 통해 사적으로 부동산을 찾는 것은 투자자 입장에서 경쟁입찰에 비해 수월한 방법이다. 따라서 그만큼 기회도 적다. 매도자가 경매를 피하는 이유는 여러 가지다. 시장상황이 불리하거나, 부동산에 약점이 있거나, 약점이 없더라도 부동산의 성격이 특수하여 잠재적인 매수자가 흔하지 않은 경우가 여기에 해당한다. 이때는 신뢰할 수 있는 매각주간사를 선정하여 매입가능성이 높은 투자자를 순차적으로 접촉하는 것이 매도자 입장에서 유리할 수 있다. 투자자가 이러한 기회를 포착하기 위해서는 시장에서 좋은 명성과 네트워크를 유지해야 한다.

투자자가 부동산의 소유자를 직접 접촉하는 것은 흔하지 않은 방법이다. 소유자가 재무적으로 곤경에 처했거나, 자산유동화Asset Securitization의 유인이 있다고 판단될 때, 투자자는 이러한 시도를 한다. 거래의 구조도 복잡한 경우가 많다. 소유자가 단순히 부동산을 매각하기보다는 매각·재임대Sale and Lease-back, 매각·재임대·재매입Sale, Lease-back and Buy-back 등 재무적인 거래를 원하는 경우가 많기 때문이다. 이러한 기회는 특정한 산업군에서 전반적으로 발생하기도 한다. 유통업계나 호텔업계가 시장상황의 변화에 따라 자산을 유동화하는 것이 대표적인 사례다.

탐색: 자본구조 설계

투자구조는 자본구조와 거래구조, 두 가지로 구성된다. 자본구조는 지분투자와 채권투자 간의 선택과 비율을, 거래구조는 투자의 주체로 기능을 하는 법적 실체Legal Entity의 활용과 역할을 각각 의미한다. 우선 자본구조에 대해 알아보자.

1장에서 설명한 바와 같이, 자금을 조달하는 방법에는 자기자본과 타인자본 두 가지가 있다. 이는 역으로 투자자의 지위에도 지분과 채권 두 가지가 있다는 것을 의미한다. 지분투자자는 채권투자자에 대한 채무가 모두 이행된 이후 남은 투자성과를 취하는 궁극적인 투자자 지위에 있다. 따라서 채권투자는 저위험 저수익, 지분투자는 고위험 고수익의 특성을 가진다.

투자자는 지분과 채권의 중간 성격인 메자닌Mezzanine 지위를 취할 수도 있다. 메자닌투자란 채권투자처럼 원리금을 보장받되, 지분투자처럼 이익도 함께 취하는 지위를 말한다. 처음에는 채권의 지위를 가지다가 일정한 조건이 성취되면 지분으로 전환되는 채권, 채권의 지위를 가지되 지분투자자와 이익도 나누는 채권 등이 이에 해당하는데,[39] 부동산 투자에서는 증권이 아닌 계약의 형태로 메자닌투자를 설계하는 경우가 많다. 메자닌투자는 지분투자와 채권투자의 중간 성격을 가지므로, 중위험 중수익의 특성을 가진다.

지분·채권·메자닌 등의 지위를 투자의 포지션Position이라고 한다. 지분투자뿐 아니라 채권투자·메자닌투자 등 다양한 포지션을 취할 수 있는 것은 부동산투자가 가지는 중요한 특징이다. 심지어 한 건의 투자에서 여러 포지션에 참여하는 경우도 심심치 않게 볼 수 있다. 투자목표에 부합하도록 최적의 포지션을 설계하는 것은 투자자가 가져야 할 중요한 능력이다.

지분투자자 입장에서 자본구조가 투자의 수익위험에 미치는 영향을 구체적으로 알아보자. 일반적으로 부동산을 담보로 하는 타인자본비용은 자기자본비용보다 낮기 때문에, 타인자본을 사용할 경우 지분수익률Return on Equity이 높아지는 효과가 있다. 이를 레버리지효과Leverage Effect라고 한다.

1,000억 원을 투자해서 1년 만에 100억 원의 이익을 낼 수 있는 투자가 있다. 이 투자의 수익률은 10%다. 만약 투자비의 절반인 500억 원을 5% 이자율로 차입한다면, 지분수익률은 어떻게 될까? 전체 투자의 수익률은 여전히 10%지만, 지분수익률은 15%로 상승한다. 1년 뒤 이자비용 25억 원500억 원×5%이 발생하여, 이익이 75억 원으로 감소하는 대신에 자기자본 투자액이 500억 원으로 더 많이 감소하기 때문이다. 〈표 8-1〉은 자기자본과 타

---

39. 지분의 지위와 관계없이 이자율이 높은 후순위 채권을 메자닌이라고 부르기도 한다.

인자본의 비중을 200억 원씩을 변화시키면서 레버리지효과를 계산한 것이다. 투자비 대비 타인자본의 비율, 즉 레버리지비율이 높아질수록 지분수익률이 커지는 것을 확인할 수 있다.

표 8-1. 자본구조에 따른 지분수익률 변화: 이자율 고정
(단위: 억 원, %)

투자비	자기자본	타인자본	이익	이자율	이자비용	순이익	지분수익률
1,000	1,000	0	100	5%	0	100	10%
1,000	800	200	100	5%	10	90	11%
1,000	600	400	100	5%	20	80	13%
1,000	400	600	100	5%	30	70	18%
1,000	200	800	100	5%	40	60	30%
1,000	0	1,000	100	5%	50	50	-

그런데 레버리지효과는 공짜가 아니다. 레버리지비율이 높을수록, 지분투자자의 채무불이행위험Default Risk도 함께 커지기 때문이다. 위의 표에서 타인자본이 커짐에 따라 이자비용이 이익에서 차지하는 비중도 함께 커지는 것을 통해, 채무불이행위험의 증가를 확인할 수 있다. 즉, 지분투자자는 레버리지를 통해 더 큰 위험을 감수하는 대가로 더 높은 수익을 얻는 것이다.

같은 이유로 채권투자자 입장에서도 자본구조는 중요하다. 레버리지비율이 높을수록, 원리금을 적시에 상환 받지 못할 가능성이 커지기 때문이다. 따라서 〈표 8-1〉과 같이 레버리지비율과 무관하게 동일한 이자율로 채권투자를 하는 것은 사실 합리적이지 않다. 만약 채권투자자가 레버리지비율에 따라 이자율을 다르게 요구한다면, 지분수익률은 이처럼 큰 폭으로 증가하지는 않을 것이다. 〈표 8-2〉는 부채비율이 20% 늘어날 때마다 이자율이 1%씩 높아지는 것으로 가정하고 지분수익률을 다시 계산한 것이다. 이자율이 일정한 경우와 비교해서 지분수익률의 증가추세가 현저히 낮은 것을 확인할 수 있다.

실제 자본시장에서는 어느 한 채권투자자가 〈표 8-2〉에서처럼 넓은 범위의 레버리지비

실제 편

표 8-2. 자본구조에 따른 지분수익률 변화: 이자율 조정

(단위: 억 원, %)

투자비	자기자본	타인자본	이익	이자율	이자비용	순이익	지분수익률
1,000	1,000	0	100	5%	0	100	10%
1,000	800	200	100	6%	12	88	11%
1,000	600	400	100	7%	28	72	12%
1,000	400	600	100	8%	48	52	13%
1,000	200	800	100	9%	72	28	14%
1,000	0	1,000	100	10%	100	0	-

표 8-3. 자본구조에 따른 지분수익률 변화: 선후순위 구조

(단위: 억 원, %)

구분		대안 1	대안 2	대안 3
투자비		1,000	1,000	1,000
	자기자본	1,000	500	300
	선순위차입금	0	500	500
	후순위차입금	0	0	200
이익		100	100	100
	이자비용	0	25	39
순이익		100	75	61
	지분수익률	10.0%	15.0%	20.3%

율을 취급하는 경우가 흔하지 않다. 시중은행과 같이 낮은 레버리지비율을 선호하는 채권투자자와, 저축은행과 같이 높은 레버리지비율을 선호하는 채권투자자가 구분되어 있다. 이들은 LTV Loan to Value · DSCR Debt Service Coverage Ratio 등의 기준을 가지고 각자 레버리지 한도를 관리한다. 그리고 한도 내에서는 크게 차이나지 않는 이자율을 적용한다.

그렇다고 해서 자본구조 설계가 불가능한 것은 아니다. 다수의 채권투자자로부터 순위를 차등하여 타인자본을 조달할 수 있기 때문이다. 예를 들어, 시중은행이 LTV 50% 한도 내에서 이자율 5%, 저축은행이 LTV 70% 한도 내에서 이자율 7%로 대출을 제공한다고 하

자. 이때, 지분투자자는 양자 간의 선택만을 할 수 있는 것이 아니다. 시중은행으로부터 선순위대출을 LTV 50%까지 받고, 저축은행에서는 추가로 총 LTV 70%까지 후순위대출을 받을 수 있다. 자본구조를 전액 자기자본대안 1, 자기자본 50%와 차입금 50%대안 2, 자기자본 30%, 선순위차입금 50% 및 후순위차입금 20%대안 3 세 가지로 설계했을 때의 지분수익률을 계산하면 〈표 8-3〉과 같다. 대안 1 < 대안 2 < 대안 3으로 갈수록 지분수익률이 커지는 것을 확인할 수 있다.

탐색: 거래구조 설계

자본구조와 함께 설계해야 하는 또 하나의 요소는 거래구조다. 기관투자자 입장에서는 직접투자와 간접투자 간의 선택, 간접투자 내에서는 적절한 투자기구의 선택이 중요하다. 간접투자는 넓은 의미의 구조화금융Structured Finance 중 하나다. 구조화금융이란 자금을 조달하거나 투자함에 있어서 SPC와 같은 수단을 사용하여 조달이나 투자의 조건을 유리하게 설계하는 것을 말한다. 2장에서 설명한 바와 같이 투자기구도 SPC 중 하나다. 기관투자자는 대부분 직접투자보다 간접투자를 선호한다. 그 이유는 다음과 같다.

첫째, 간접투자를 할 경우 자산운용자의 전문성을 활용할 수 있다. 부동산투자에는 높은 수준의 전문성이 요구된다. 뿐만 아니라 장외거래의 특성상 비전문적인 투자자는 양질의 거래에 접근하는 것조차 쉽지 않다. 외부의 자산운용자를 활용하는 것은 투자자가 전문성을 직접 확보하는 것보다 효율적이다.

둘째, 구조화를 통해서 다양한 트랜치Tranche를 설계할 수 있다. 투자기구가 자금을 조달함에 있어서, 한 가지 방법만 활용하지 않고 포지션이 다른 수종의 방법을 활용할 경우, 투자자별 수익위험 특성을 다양화할 수 있다. 이때, 차별화된 각 자금조달의 방법을 트랜치라고 한다. 자본시장에는 다양한 투자자가 있고, 각 투자자는 수익과 위험에 대한 선호가 다르다. 시간에 따라 변화하는 자본시장의 수요에 적합하게 트랜치를 설계할수록, 자금조달의 효율이 높아진다.

셋째, 구조화는 부동산투자에 유동성Liquidity을 부여한다. 간접투자를 선택할 경우, 투자자는 부동산 실물 대신에 투자기구가 발행한 증권을 취득하게 된다. 따라서 필요시 자본시장에서 매각하기가 더 용이하다.

넷째, 구조화는 각종 비용을 절감시킨다. 세계 각국의 정부는 구조화금융에 대해 여러 가지 세제혜택을 주고 있다. 특히 부동산의 경우 거래세와 보유세가 많이 발생하는데, 투자기구를 적절히 이용하면 이러한 세금을 절감할 수 있다. 또한, 간접투자는 여러 투자자의 자금을 집합하여 운용하므로, 투자의 규모가 큰 것이 일반적이다. 따라서 세금 외에도 여러 가지 비용에서 규모의 경제 효과가 발생한다.

2장에서 살펴본 바와 같이, 우리나라 부동산시장에는 부동산펀드와 리츠라는 두 가지 투자기구가 존재한다. 투자자 입장에서 각 투자기구가 가지는 특징을 좀 더 자세히 살펴보면 다음과 같다.

부동산펀드는 투자신탁·투자회사·투자유한회사·투자합자회사·투자유한책임회사·투자합자조합·투자익명조합 등 다양한 형태로 만들 수 있는데, 그중 실제로 가장 많이 활용하는 것은 투자신탁이다. 리츠에는 자기관리리츠·위탁관리리츠·기업구조조정리츠의 세 종류가 있는데, 모두 주식회사의 형태로만 만들 수 있다. 투자자에게 이러한 법적 실체의 차이는 각 투자기구가 발행하는 증권의 차이 때문에 중요하다.

투자신탁 형태의 부동산펀드는 지분투자자에게 수익증권을 발행한다. 수익증권은 통상 사모로 발행하며, 선순위와 후순위를 차등할 수 있다. 부동산펀드는 운용기간 중 환매를 허용하지 않기 때문에, 일단 투자를 하면 펀드가 해지될 때까지 투자금을 회수하기 어렵다. 부동산펀드가 타인자본을 조달할 때는 차입을 한다. 투자신탁에 대해서는 사채와 같은 채무증권의 발행이 허용되지 않기 때문이다.[40]

주식회사 형태의 리츠는 지분투자자에게 주식을 발행한다. 주식은 통상 공모로 발행하며, 우선주와 보통주를 차등할 수 있다. 공모로 발행한 리츠의 주식은 거래소에 상장된다. 상장된 주식은 유동성이 크므로, 투자자는 언제든지 이를 처분하여 투자금을 회수할 수 있다.[41] 리츠가 타인자본을 조달할 때는 차입과 사채발행이 모두 가능하다. 법적으로 주식회사이기 때문이다.

한편, 최근 들어 기관투자자의 해외 부동산투자가 급증하고 있다. 여기에는 유동성 증가, 분산투자 필요, 해외투자에 대한 노하우 축적 등이 이유로 작용하고 있다. 해외 부동산투자도 본질은 국내 부동산투자와 다르지 않다. 특히 기관투자자가 선호하는 선진국의 경우, 간접투자 시장이 발달해 있어서 진입하는 데도 큰 어려움이 없다. 그러나 투자실무 관점에서는 다음과 같은 중요한 차이가 있다.

첫째, 우리나라 투자자 입장에서 해외 부동산시장에 대한 이해는 국내 부동산시장에 비해 낮을 수밖에 없다. 부동산시장은 시기와 지역에 따라 특성이 다른 하위시장을 형성하기 때문이다. 해외 부동산시장은 제도·관행·수익위험 특성 등 여러 면에서 국내 부동산시장과 다르다.

둘째, 해외투자의 경우 문제가 발생했을 때 국내투자처럼 신속하고 정확하게 대응하기 어렵다. 여기에는 거리·시차·문제를 파악하고 대안을 수립하는 데 드는 비용 등 여러 원인이 작용한다.

셋째, 해외투자의 성과는 환율에 의해서도 영향을 받는다. 외환시장은 금융시장 중에서 변동성이 큰 편에 속한다. 환율변동 위험을 해지하기 위해 통화선도계약Currency Forward이나 통화스왑계약Currency Swap을 사용할 수 있지만, 위험이 완전히 제거되지는 않는다.

---

40. 수익증권을 공모로 발행하는 경우에는 선순위와 후순위를 차등할 수 없다. 또한, 공모와 사모를 막론하고 투자신탁이 부동산펀드나 PEF가 아닌 경우에는 차입도 할 수 없다.
41. 우리나라의 경우, 리츠가 부동산펀드와 유사하게 사모 비상장 위주로 발달해 왔다. 그러나 유동성에 대한 요구가 커짐에 따라, 최근에는 공모 상장 리츠 시장도 점차 성장하고 있다.

넷째, 해외투자에서 발생하는 세금은 정확하게 예측하기 어렵다. 모든 국가의 조세제도는 복잡하며, 국가 간 조세협약도 복잡하다. 또한, 대부분 국가는 외국인의 소득에 대해 엄격하게 세금을 징수하며, 세부적인 제도를 자주 변경한다. 따라서 투자에서 회수까지 장기간 소요되는 부동산투자에서는 조세가 중요한 위험요소로 부상한다.

해외투자에서 구조설계의 가장 큰 목적은 절세다. 해외투자의 세금부담은 조세협약에 의해 좌우되므로, 우리나라에서 현지로 직접 투자하는 것보다 제3국을 거쳐서 투자하는 것이 더 유리한 경우도 있다. 우리나라와 현지 간 조세협약에 비해 우리나라와 제3국, 제3국과 현지 간 조세협약이 더 우호적일 수 있기 때문이다. 세계에는 금융허브가 되는 것을 목적으로 외국인에 대해 조세를 우호적으로 적용하는 국가나 도시가 여럿 존재하는데, 이를 조세피난처Tax Haven라고 한다. 해외투자의 구조설계에 있어서 조세피난처는 유용한 도구가 된다.

해외투자의 경우, 현지에서도 투자기구와 같은 간접투자 수단을 사용하는 것이 일반적이다. 외국인이 직접 부동산을 소유하는 것에 비해, 현지의 법적 주체가 부동산을 소유하

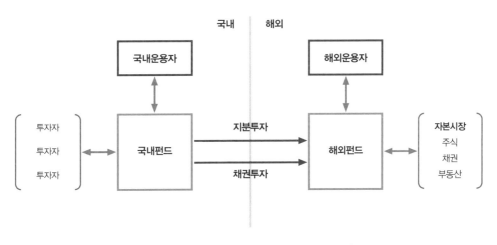

그림 8-1. 해외 부동산투자의 구조: 현지 간접투자

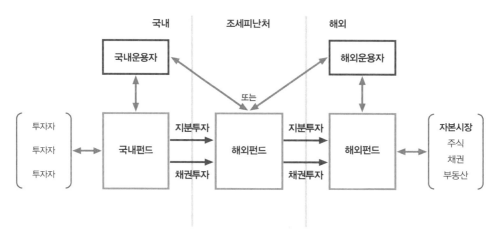

그림 8-2. 해외 부동산투자의 구조: 조세피난처 활용

는 것이 대체로 유리하기 때문이다. 우리나라 투자기구가 해외 투자기구에 투자를 한다면, 우리나라 투자기구의 투자자산은 해외 투자기구의 지분이나 채권이 된다. 조세피난처를 거친다면, 해외 투자기구의 지분이나 채권에 투자하는 투자기구가 한 단계 더 추가된다. 이때 최종적으로 부동산을 소유하는 회사를 PropCo_{Property Company}, PropCo의 지분을 소유하는 회사를 HoldCo_{Holding Company}라고 부른다.

결정

투자기회 포착, 자본구조 설계, 거래구조 설계 등 탐색이 마무리되면, 비로소 결정을 위한 조건이 확정된다. 어떤 투자로부터 기대할 수 있는 현금흐름은 기본적으로 그 자산이 무엇인가에 따르지만_{투자기회}, 투자자의 포지션과 레버리지_{자본구조}, 투자기구와 조세전략_{거래구조}에 따라 더 유리해지거나 불리해질 수 있기 때문이다. 결정은 타당성검토와 수권절차이행으로 구성된다.

투자판단에는 법률적·사회적·물리적 측면이 두루 고려되지만, 최종적으로는 재무적 측면이 가장 중요하게 대두된다. 그 외의 문제들은 재무적 측면의 희생, 즉 비용의 지출에 의해 해결되는 경우가 많고, 그것으로도 해결되지 않는 문제를 가진 부동산은 애초부터 투자대상이 될 수 없기 때문이다.

재무적 타당성검토는 시장조사, 현금흐름 추정, 투자지표 산출의 순서로 진행된다. 시장조사는 현금흐름 추정을 위해, 현금흐름 추정은 투자지표 산출을 위해 필요하다. 투자지표는 투자의 타당성을 하나의 숫자로 보여주는 도구다. 투자자는 투자지표의 목표값과 기댓값을 비교함으로써 확정적인 투자판단을 할 수 있다. 학술적으로나 실무적으로 가장 널리 쓰이는 투자지표는 순현재가치와 내부수익률이다.

사실, 순현재가치와 내부수익률의 계산은 투자기회를 포착하는 중에도, 자본구조를 설계하는 중에도, 거래구조를 설계하는 중에도 최선의 판단을 위해 여러 차례 수행된다. 타당성검토의 구체적인 방법은 9장에서 자세히 알아본다.

내부수권절차Delegation of Authority란 어떤 업무를 수행하는 개인이 자신이 속한 법적 실체로부터 업무의 집행과 관련된 법률행위를 할 수 있도록 권한을 위임받는 것, 또는 그와 관련된 일련의 절차를 말한다. 투자에 있어서 개인은 투자담당자, 법적 실체는 투자기구, 법률행위는 투자와 관련된 계약의 체결과 이행인 것이 일반적이다.

내부수권절차의 형식은 투자기구의 성격에 따라 다르다. 가장 일반적인 형식은 자산운용자 내부의 투자위원회로부터 심의와 의결을 받는 것이다. 투자기구의 자산운용자는 투자에 대한 최종적인 의사결정을 하는 투자위원회 외에도 위험관리위원회·성과평가위원회 등 여러 기관을 둔다. 위험관리위원회와 성과평가위원회는 투자위원회로부터 독립되어 투자에 수반되는 위험을 전문적으로 관리하거나, 투자의 결과인 성과를 평가하는 기능을 한다. 자산운용자는 이러한 기구들을 통해 투자의 객관성을 확보한다.

집행

투자의 실행은 지루한 협상의 과정이며, 그 최종적인 집행은 매도자_{소유자}와 매수자_{투자자} 간 매매계약에 의해 이루어진다. 가장 전형적인 투자기회 포착의 방법인 경쟁입찰을 전제로, 집행에 이르는 협상의 과정을 알아보면 다음과 같다.

첫째, 매도자의 매각의사 결정과 매각주간사 선정으로 모든 것이 시작된다. 매각의사 결정은 매각 여부뿐만 아니라 매도가격, 매도시기 등 핵심적인 조건의 결정을 포함한다. 매각주간사는 경쟁을 통해 선정하는 것이 일반적이다. 선정의 기준은 매각의 배경과 목적에 대한 이해, 매각전략의 타당성, 매각수수료의 합리성 등이다. 사실, 매도자가 매각의 세부조건을 모두 정한 뒤 매각주간사를 선정하는 경우는 흔하지 않다. 매각주간사의 중요한 역할 중 하나는 그러한 조건에 대한 자문이다.

둘째, 매각주간사가 선정되면 잠재적 매수자의 명단을 작성한다. 그리고 그들에게 배포할 안내장Teaser과 투자설명서IM: Information Memorandum를 작성한다. 비록 이 과정에 투자자가 참여하지는 않지만, 투자자의 명성과 네트워크는 잠재적 매수자의 명단 작성에 영향을 미친다. 매각이 완전경쟁입찰로 진행되지 않는다면, 상당수의 투자자가 이 과정에서 투자기회를 잃게 된다.

셋째, 준비가 완료되면 매각주간사가 잠재적 매수자에게 제안요청서RFP: Request for Proposal 와 함께 Teaser를 배포한다. 그리고 관심을 표하는 잠재적 매수자에게는 IM을 추가로 배포한다. IM 배포 전에는 비밀유지협약CA: Confidentiality Agreement을 체결하는 것이 일반적이다. IM에는 부동산이 가진 장점뿐만 아니라 단점까지도 파악할 수 있는 정보가 포함되기 때문이다.

넷째, IM을 제공받은 매수자에게는 현장설명과 상세자료가 제공된다. 현장설명은 부동산의 구조·설비·외관·내장 등을 안내Tour하는 방식으로, 상세자료는 데이터룸Data Room을 운영하는 방식으로 제공된다. 매수자는 이 단계에서 심도 있는 시장분석을 진행한다. 그 결과를 토대로 매도자에게 매수가격을 포함한 매수조건을 제시해야 하기 때문이다.

다섯째, 부동산에 대한 파악이 끝나면 매수자는 구체적인 매수조건을 제시한다. 매수조건은 투자의향서LOI: Letter of Intent 형식으로 제출하는 것이 일반적이다. LOI에는 매수가격·지불일정·지불방법 등이 포함되는데, 매수자가 제시한 조건의 구속력은 LOI에 따라 상당히 다르다. 매수의지가 강한 매수자일수록 더 구속력 있는 LOI를 제출하는 경향이 있다.

여섯째, 매도자와 매각주간사는 접수된 LOI를 비교하여 우선협상대상자를 선정한다. 그리고 우선협상대상자와 양해각서MOU: Memorandum of Understanding를 체결한다. 매도자는 일정기간 동안 우선협상대상자를 배타적인 상대방으로 인정하고, 우선협상대상자는 LOI를 통해 제시한 매수조건을 성실히 이행하기로 하는 것이 MOU의 내용이다.

일곱째, MOU에서 정한 배타적 협상기간 동안 매수자는 부동산에 대한 세부적인 실사Due Diligence, 매수를 위한 자금조달 등 필요한 절차를 이행한다. 실사는 법률적 실사[42], 회계적 실사[43], 물리적 실사[44] 등으로 구성되는데, 우선협상대상자는 이러한 정보에 접근할 수 있는 보다 포괄적인 권한을 매도자로부터 부여받아 충분한 기간을 투입하여 실사를 진행한다. 실사 과정에서 문제가 발견될 경우, 사안에 따라 다양한 대응이 이루어진다. 어떤 문제는 매매거래가 종결되기 전에 매도자가 해결하기도 하고, 어떤 문제는 매매금액을 차감하거나 매수자에게 해결비용을 지급하여 처리하기도 한다. 매도자와 매수자가 합의

---

42. 법률적 실사란 매도자가 적법한 소유권을 가지고 있는지, 소유권을 제약하는 제한물건·압류·가압류 등은 없는지, 부동산과 관련해서 진행되고 있거나 앞으로 진행될 소송 및 분쟁은 없는지, 부동산의 매각에 필요한 내부수권절차는 적합하게 거쳤는지 등을 엄밀하게 검증하는 것을 말한다. 법률적 실사는 외부의 법무법인에 의해 수행되는데, 부동산투자에 전문성을 가진 변호사가 업무를 담당하는 것이 일반적이다. 법률적 실사의 결과는 법률실사보고서 또는 법률의견서의 형태로 제시된다.

43. 회계적 실사란 부동산과 관련된 수입과 지출을 장부·영수증·입출금 내역 등을 통해 확인하는 것을 말한다. 통상 매도인이 제공한 정보에 틀림이 없는지 확인하는 방식으로 진행된다. 회계적 실사는 외부의 회계법인에 의해 수행되는데, 부동산투자에 전문성을 가진 회계사가 업무를 담당하는 것이 일반적이다. 회계적 실사의 결과는 회계실사보고서의 형태로 제시된다.

44. 물리적 실사란 부동산의 구조·설비·외관·내장 등 물리적 상태를 점검하는 것을 말한다. 그 과정에서 과거에 지출한 자본적 지출과 수선유지비를 확인하고, 향후 발생할 지출도 추정한다. 물리적 실사는 전문적인 실사기관을 통해 수행된다. 통상 부동산관리자가 이러한 서비스를 제공하는데, 실사만 전문적으로 수행하는 회사도 존재한다. 물리적 실사의 결과는 물리실사보고서의 형태로 제시된다.

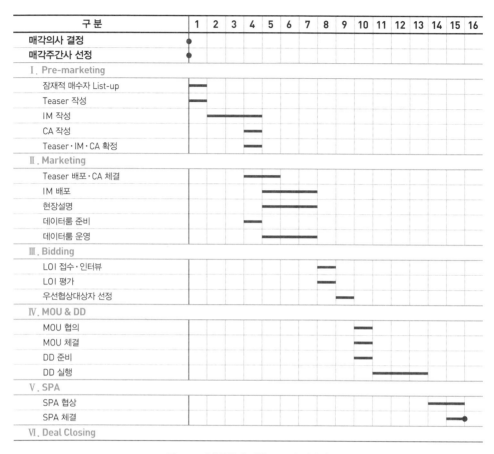

그림 8-3. 경쟁입찰에 의한 부동산 매각절차

하기 어려운 문제가 발견되는 경우, 거래가 무산될 수도 있다.

여덟째, 모든 절차가 만족스럽게 완료되면 매매계약SPA: Sale and Purchase Agreement을 체결한다. 그리고 SPA에서 정한 대로 매수자는 계약금·중도금 및 잔금을 지급하고, 매도자는 잔금지급일에 부동산에 대한 권리를 양도한다. 이 여덟 번째 절차가 바로 투자의 집행이다. 만약 우선협상대상자와 SPA에 이르지 못할 경우, MOU는 효력을 상실하고, 매도자는 차상위 참가자와 동일한 절차를 다시 진행한다.

〈그림 8-3〉에서 보는 바와 같이, 매도자가 매각주간사를 선정한 이후 매매거래를 종결하기까지 일반적으로 3~5개월이 소요된다. 매도자와 매수자는 그동안 CA·LOI·MOU·SPA 등 여러 계약을 체결한다. 그중 마지막 계약인 SPA는 매입에 의한 투자의 경우 최종 목적물인 부동산을, 개발에 의한 투자의 경우 최종 목적물을 짓기 위한 사업부지를 매매의 대상으로 한다.[45]

8.2. 보유

부동산관리

부동산의 취득이 완료된 후 보유 중에는 크게 두 가지 관리행위가 이루어진다. 부동산 자체에 대한 관리와 부동산을 소유한 투자기구의 관리가 그것이다. 일반적으로 자산운용자는 투자기구관리는 직접 수행하고, 부동산관리는 외부의 전문가에게 다시 위탁한다. 전문적인 부동산관리서비스 제공자를 부동산관리자Property Manager라고 한다. 부동산관리PM: Property Management는 시설관리·임대관리·일반관리의 세 영역으로 구성된다.

시설관리FM: Facility Management는 부동산의 구조·설비·외관·내장 등을 최상의 상태로 유지하는 업무를 말한다. 여기에는 일상적인 수선유지R&M: Repair and Management뿐 아니라, 부동산의 가치를 유지하기 위한 자본적 지출CapEx: Capital Expenditure도 포함된다. FM에는 안내·경비·청소·미화와 같이 보편적인 업무도 있지만, 전기·기계·소방·방재 등 공인된 자격이 필요한 업무도 있다. 이러한 업무는 다시 전문적인 시설관리자에게 재위탁되기도 한다.

---

45. 개발에 의한 투자에서 토지매입은 긴 취득과정의 시작에 불과하다. 이후 설계·인허가·건설 등 힘든 개발사업의 과정을 거쳐야 최종 목적물인 부동산의 취득이 완성된다.

임대관리LM: Leasing Management는 임차인으로부터 임대료를 징수하고 그들의 요구에 응대하는 업무를 말한다. 부동산투자에 있어서 수익의 원천은 임차인이다. 따라서 LM은 고객관리 차원에서 이해할 필요가 있다. 임대관리의 목적은 우량한 임차인을 계속 유지하고, 불량한 임차인을 우량하게 이끌거나 교체하는 것이다. 이를 위해서는 고객만족을 위한 수단을 다양하게 구사할 필요가 있다. LM은 기본적으로 현재의 임차인을 관리하는 업무를 말하지만, 넓게는 새로운 임차인을 유치하는 업무Leasing도 포함한다.

일반관리General Management는 부동산의 운영과 관련된 기획·절세전략 등 FM과 LM 외의 업무를 포괄한다. 여기에는 부동산의 소유자에 대한 정기적인 보고도 중요한 부분을 차지한다.

투가기구관리

자산운용자는 투자기구의 관리에 대해 전적인 책임과 권한을 가진다. 투자기구관리의 구체적인 내용은 포트폴리오관리, 부동산관리, 부동산 외 자산과 부채관리, 기관투자자에

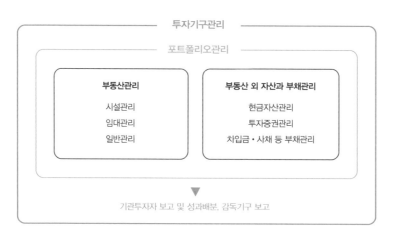

그림 8-4. 자산운용자의 투자기구관리

대한 보고와 성과배분, 감독기구에 대한 보고 등으로 구성된다. 이 중 개별 부동산관리에 대해서는 앞에서 살펴보았다.

자산운용자는 일상적인 관리 외에 보다 적극적으로 부동산의 가치를 증진시키는 활동을 하기도 한다. 여기에는 물리적 개선, 운영효율성 증대, 재무구조 개편 등 다양한 수단이 동원된다. 가치부가활동에는 직간접적인 비용이 수반되므로 상당히 적극적인 운용행위에 해당한다. 가치부가전략을 구사하는 투자의 스타일을 Value-added라고 하는데, 이에 대해서는 11장에서 자세히 알아본다.

8.3. 처분

매도의사결정

처분은 취득의 반대 입장에서 생각하면 쉽게 이해할 수 있다. 사실 〈그림 8-3〉은 처분의 절차를 나타낸 것이니, 이를 참고하면 된다. 처분이 취득과 다른 점은 부동산의 매각 여부와 매도가격, 매도시기 등 매도조건을 사전에 정한다는 것이다.

매도조건 중 가장 중요한 것은 매도가격이다. 처분을 통해 투자의 성과가 확정되므로, 애초에 설정한 목표수익률, 전체 포트폴리오의 성과에 미치는 영향, 시장상황 등을 폭넓게 고려하여 매도가격을 결정해야 한다. 그중 시장상황은 특히 중요한 요소다. 부동산시장뿐 아니라 자본시장을 포함한 전체적인 시장상황은 매도시기에도 영향을 미친다.

매수자 물색과 협상

매수자 물색은 매각주간사 선정으로부터 시작된다. 앞에서 설명했듯이, 매각주간사의 본격적인 업무는 잠재적인 매수자의 목록을 작성하는 것으로 시작된다. 매수자의 유형에 따라 자금력·의사결정기간·투자스타일 등이 상이하므로, 다양한 조건을 고려하여 접촉 대상을 선정해야 한다.

부동산의 특성에 따라 잠재적인 매수자의 수와 종류가 다를 수 있다. 이를 고려하여 매각방식, 즉 경쟁입찰과 개별접촉 간 선택을 해야 한다. 매각방식이 결정되면 RFP를 발송하는데, 이로써 본격적인 매각이 시작된다. 이후 절차는 〈그림 8-3〉을 참고하기 바란다.

계약의 체결과 이행

매매계약을 체결함에 있어서 매도자는 매수자와 다른 입장을 가진다. 매수자는 매매대금을 지급하는 것으로 모든 의무를 다하지만, 매도자는 소유권을 이전한 뒤에도 하자담보 등의 책임을 져야 하기 때문이다. 따라서 매도자는 매매계약서 작성 시 향후 우발적인 채무가 발생하지 않도록 신중을 기해야 한다.

매매계약의 이행, 즉 처분이 완료되면 투자를 통해 실현한 성과를 결산해야 한다. 일반적으로 개별 투자의 종합적인 성과는 그 투자와 관련된 현금흐름의 크기를 반영하는 IRR로 측정한다.[46] 부동산투자의 경우 취득·보유·처분의 과정에서 상당히 잦은 현금의 유입과 유출이 발생하므로, 실현수익률을 정확하게 계산하는 것이 생각보다 쉽지 않다.

처분의 완료와 함께 시작되는 또 다른 업무는 회수된 자금을 처리하는 것이다. 만약 특정한 단일 물건에만 투자하는 프로젝트펀드Project Fund라면 투자기구의 청산 절차를 개시하고, 불특정한 다수의 물건에 투자하는 블라인드펀드Blind Fund라면 현금을 운용하면서 새로운 투자기회를 탐색해야 한다.

참고로 우리나라에서는 프로젝트펀드와 블라인드펀드라는 용어를 흔히 사용하지만, 해외에서는 이러한 표현을 잘 사용하지 않는다. 투자기구가 단일 물건에만 투자하는 경우

---

46. 10장에서 설명하겠지만, 투자기구 또는 자산운용자의 투자성과를 평가할 때는 현금흐름의 크기를 반영하지 않는 시간가중 평균수익률을 주로 사용한다.

실제 편

가 흔하지 않고, 따라서 펀드라는 용어 자체가 다수의 물건에 투자한다는 의미를 가지고 있기 때문이다. 프로젝트펀드와 같은 의미로 Single Deal Fund, Deal by Deal Fund 등의 용어가 있지만 자주 사용되지는 않는다. 그리고 블라인드펀드와 유사한 의미로 Blind Pool이라는 용어가 있는데, 이는 자산운용자의 재량으로 다양한 자산군까지 투자할 수 있는 좀 더 포괄적인 투자기구를 의미하는 경우가 많다.

한편 2장에서 투자기구의 일반적인 구조를, 이번 장의 거래구조 부분에서 우리나라 투자기구의 제도를 각각 살펴본 바 있다. 여기에 더하여, 글로벌시장에서 흔히 발견되는 투자기구의 분류와 라이프사이클을 좀 더 설명하면 다음과 같다.

글로벌 시장에서 투자기구를 분류하는 일반적인 용어는 폐쇄형 투자기구Closed-end Fund 와 개방형 투자기구Open-end Fund다. 폐쇄형은 만기가 있고, 일단 만들어지면 추가적인 투자나 환매가 허용되지 않는 투자기구를 말한다. 국내·외를 막론하고 대부분 부동산펀드는 폐쇄형으로 만들어지고 있다. 부동산은 유동성이 낮기 때문에 수시로 환매요청이 있을 경우 이에 대응하기가 어렵기 때문이다. 반대로 개방형은 만기가 없고, 운용 중 추가적인 투자나 환매가 허용되는 투자기구를 말한다. 부동산펀드 중에서는 부동산 관련 권리나 금융상품에 투자하는 투자기구가 개방형으로 만들어지기도 한다. 단, 리츠의 경우 만기나 환매의 개념을 가지지 않으므로 이러한 분류와 상관이 없다.

폐쇄형 투자기구의 라이프사이클은 다음과 같다. 일반적으로 폐쇄형 투자기구의 준비 및 운용기간은 10년 내외이며, 세 단계로 구성된다. 첫째, 자금모집기간Fundraising Period은 자산운용자가 투자자로부터 자금을 모집하는 시기로서 투자기구가 만들어지기 이전의 준비단계에 해당한다. 여기에는 1~2년 정도의 기간이 소요되며, 경우에 따라서는 자금조달을 한 번에 하지 않고 여러 차례 나누어서 하는 경우도 있다. 자금모집을 마감하는 것을 Closing, 여러 차례의 자금모집 중 첫 번째를 마감하는 것을 First Closing이라고 한다. 둘째, 투자기간Investment Period은 모집된 자금으로 투자를 실행하는 시기를 말한다. 투자기간은 자금모집의 Closing 또는 First Closing과 함께 개시되며, 이때 투자기구도 만들어진다. 일반적으로 투자기간은 3~5년 정도로 설정된다. 단, 모집된 자금은 투자기간의 개시와 함께 전부 투입되지 않고, 개별 투자가 이루어질 때마다 필요한 만큼만 투입Capital Call된다. 불필요한 현금을 최소화하기 위해서다. 셋째, 운영기간Management Period 또는 회수기간Harvest Period 또는 Realization Period은 투자한 부동산을 보유 및 처분하는 시기로서 5년 내외로 설정된다. 운영기간 중에는 추가적인 투자를 하지 않으며, 부동산의 처분을 통해 회수된 자금은 유동성 자산에 운용하거나 투자자에게 배분한다. 모든 부동산을 처분하거나 운영기간이 종료되면, 투자기구를 청산한다.

- 부동산의 경우, 주식이나 채권처럼 거래소가 존재하지 않기 때문에 투자기회를 장외에서 사적으로 포착해야 한다. 기관투자자가 전형적으로 사용하는 방법은 '경쟁입찰 참가', '중개인 활용', '소유자 접촉'의 세 가지다.

- 투자구조는 자본구조와 거래구조의 두 가지로 구성된다. '자본구조'는 지분투자와 채권투자 간의 선택과 비율을, '거래구조'는 투자에 동원되는 법적 실체의 활용과 역할을 각각 의미한다.

- 자본구조 설계에 따라, 투자자는 저위험 저수익의 '채권투자', 중위험 중수익의 '메자닌투자', 고위험 고수익의 '지분투자' 등 다양한 포지션을 취할 수 있다. 이는 부동산투자가 가지는 중요한 특징 중 하나다.

- 거래구조 설계에서는 직접투자와 간접투자 간의 선택, 간접투자인 경우에는 적절한 투자기구의 선택이 중요하다. 해외투자는 절세 전략에 의해 거래구조가 더 복잡하다.

- 투자의사결정은 '타당성검토'를 통해 투자판단을 하는 것과, '수권절차이행'을 통해 실제로 투자를 집행할 수 있도록 하는 것으로 수행된다.

- 투자의 실행은 지루한 협상과정이며, 최종적인 집행은 '매매계약'에 의해 이루어진다. 매매계약은 매입형 투자의 경우 수익을 발생시키는 부동산을, 개발형 투자의 경우 사업부지인 토지를 목적물로 한다.

- 투자자는 부동산을 보유하는 동안 일상적인 투자관리와 비일상적인 가치부가를 수행한다. '일상적인 투자관리'란 투자기구의 포트폴리오관리, 부동산관리, 부동산 외 자산과 부채관리, 기관투자자에 대한 보고와 성과배분, 감독기관에 대한 보고 등을 의미한다.

- 처분업무의 내용은 취득업무의 반대 입장에서 생각하면 쉽게 이해할 수 있다. 한 가지 차이가 있다면, 각종 매도조건을 사전에 정한다는 점이다.

9

Do: Feasibility Study
실행: 타당성검토

9.1. 시장조사

부동산시장의 구조

타당성검토는 시장조사Market Survey로 시작된다. 시장조사를 체계적이고 효율적으로 진행하기 위해서는 부동산시장의 구조를 일목요연하게 파악할 필요가 있다. 데이빗 겔트너David M. Geltner, 노만 밀러Norman G. Miller, 짐 클레이튼Jim Clayton, 피트 아이크홀츠Piet Eichholtz는 부동산시장의 구조를 〈그림 9-1〉과 같이 표현하였다.[47] 여기서 부동산시장은 크게 공간시장과 자산시장으로 구분된다.

공간시장에서는 공간서비스에 대한 수요와 공급에 의해 임대료와 공실률이 결정된다. 이

---

47. David M. Geltner, Norman G. Miller, Jim Clayton and Piet Eichholtz, *Commercial Real Estate Analysis and Investments*, 2nd Edition, South-Western Educational Publishing, 2006.

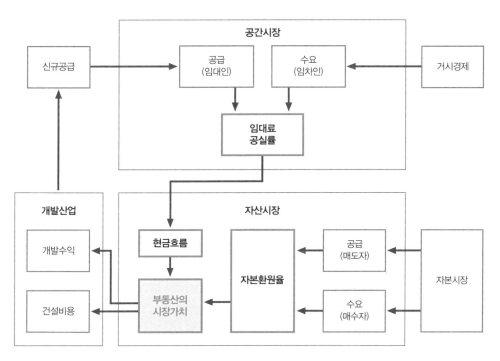

그림 9-1. 부동산시장의 구조

는 부동산으로부터 기대되는 현금흐름에 영향을 미친다. 자산시장에서는 현금흐름과 자본환원율에 의해 부동산의 가치가 결정된다. 자본환원율은 매매에 대한 수요와 공급에 의해 결정되는데, 이는 자본시장으로부터 영향을 받는다. 자산시장에서 결정된 부동산의 가치는 개발산업에 영향을 미친다. 디벨로퍼는 부동산의 가격을 관찰하면서 사업의 진행 여부를 판단하고, 그 결과 공간시장의 공급이 결정된다. 이는 거시경제 여건에 의해 결정된 공간시장의 수요와 함께 다시 임대료와 공실률을 결정한다.

조사의 내용과 방법

시장조사는 정보를 수집하고 분석하는 일이다. 앞에서 살펴본 부동산시장의 구조에 근거하여 현금흐름과 직접 연관되는 시장조사의 내용과 방법을 알아보면 다음과 같다.

공간시장, 즉 임대시장에 대해서는 임대료와 공실률을 조사하는 것이 기본이다. 주택의 경우 정부가 상세한 통계를 발표하고 있지만, 오피스·리테일 등 다른 용도의 부동산에 대해서는 공공통계의 양이 많지 않다. 그러나 상업용 부동산에 대해서도 임대료와 공실률을 발표하는 민간의 전문기관이 존재하기 때문에 크게 걱정할 필요는 없다. 다만, 민간통계의 경우 조사기관마다 내용의 차이가 있으므로 선택에 유의해야 한다.

임대시장의 수요와 공급에 관한 사항도 중요한 조사내용이다. 임대시장의 수요와 공급에 영향을 미치는 요인은 부동산의 용도에 따라 다르다. 예를 들어 주택의 경우, 인구·가구·세대원·소득 등이 임대수요를, 재고량·인허가량·착공량·건설원가·정부규제 등이 임대공급을 결정하는 요인이다. 반면 오피스의 경우, 사무직 종사자수, 인당 사용면적, FIREFinance, Insurance and Real Estate나 TAMITechnology, Advertising, Media and Information로 대표되는 오피스 사용 산업의 동향 등이 임대수요를, 재고량·인허가량·착공량·건설원가·정부규제 등이 임대공급을 결정하는 요인이다.

임대료와 공실률을 관찰할 수 있는데도 수요와 공급에 관한 조사를 하는 이유는 임대료와 공실률이 결정되는 구조를 파악하고, 미래를 예측하기 위해서다. 단순히 임대료와 공실률의 추세만으로 미래를 예측하는 데는 한계가 있다.

자산시장, 즉 매매시장에 대해서는 매매가와 거래량을 조사하는 것이 기본이다. 매매가는 투자의 수익을 결정하는 요소이며, 거래량은 매도자와 매수자의 시장전망과 유보가격의 변화를 보여주는 지표다. 부동산의 용도별로 매매 관련 정보가 제공되는 현황은 임대시장과 크게 다르지 않다. 주택에 대해서는 공공통계가 비교적 풍부하게 제공되고 있고, 다른 용도의 부동산에 대해서는 공공통계가 부족하여 민간통계가 이를 보완하고 있다.

매매시장에 대해서도 수요와 공급은 중요한 조사내용이다. 매매시장의 수요와 공급은 주로 자본시장으로부터 영향을 받는다. 자본시장에서 주식·채권 등 부동산 외의 자산이 높은 기대수익률을 제공할 경우 부동산에 대한 매매수요가 감소하며, 이는 부동산의 매매가 하락으로 이어진다. 자본시장의 여건이 반대라면, 부동산의 매매가는 상승할 것이다. 특히 금리는 채권이라는 경쟁 자산의 가격뿐 아니라 차입금의 조달비용이라는 경로를 통해서도 부동산의 매매수요에 영향을 미친다. 대부분 투자자가 부동산을 매수할 때 레버리지를 사용하기 때문이다. 금리의 상승은 채권 가격의 하락, 즉 채권 기대수익률의 상승과 차입금 조달비용의 상승이라는 두 가지 경로를 통해 부동산에 대한 매매수요를 감소시키며, 금리의 하락은 반대의 결과를 초래한다. 자본시장의 유동성 또한 매매수요에 영향을 미치는 중요한 요소다. 유동성은 통화량에도 영향을 받지만, 앞에서 언급한 다른 투자대안의 매력, 금리 등에도 영향을 받는다. 매매시장의 공급에 영향을 미치는 요인은 수요의 경우와 같다. 투자자들이 각자 시장을 분석한 후 매수자가 되었다가 매도자가 되었다가 하기 때문이다.

매매가와 거래량을 관찰할 수 있는데도 수요와 공급에 관한 조사를 하는 이유는 공간시장에서와 동일하다. 매매가와 거래량이 결정되는 구조를 파악하고, 미래를 예측하는 데 활용하기 위해서다.

9.2. 현금흐름

취득시점 현금흐름

투자지표를 산출하기 위해서는 시장조사를 바탕으로 현금흐름을 추정해야 한다. 현금흐름은 현금유입에서 현금유출을 차감한 값인데, 부동산투자는 거액의 현금유출이 먼저 발생하고, 현금유입은 미래에 장기적으로 발생하는 특성을 가진다.

3장에서 가치평가를 위한 현금흐름을 살펴본 바 있다. 타당성검토를 위한 현금흐름도 그와 본질적으로 동일한데, 몇 가지 차이점이 있다. 첫째, 가치평가는 미래의 현금유입만 다루는 데 반해, 타당성검토는 현재의 현금유출, 즉 투자비도 중요하게 다룬다. 가치평가는 미래 현금흐름의 현재가치를 구하는 작업이고, 타당성검토는 미래 현금유입이 현재 현금유출보다 큰가를 따지는 작업이기 때문이다. 둘째, 가치평가는 NOI와 매각수익을 기준으로 하지만, 타당성검토는 그보다 BTCF나 ATCF를 더 중시한다. 투자판단의 주체가 지분투자자이기 때문이다. 셋째, 가치평가는 최유효이용을 가정하지만, 타당성검토는 부동산이 처한 현실적인 제약을 반영한다. 부동산의 물리적 상태와 운영현황·재무구조 등은 갑자기 변경하기 어려운 경우가 많다. 따라서 투자기간 중 최유효이용의 상태에 있기 어려운 부동산의 현금흐름을 가치평가 하듯이 추정하면, 허용 가능한 투자비가 과다하게 산출될 수 있다.

이제 취득시점의 현금흐름을 알아보자. 현금흐름 추정의 시작은 투자비를 산출하는 것이다. 매입에 의한 투자의 경우에는 부동산의 매입금액·취득세·매입수수료로 구성된 투자비가 일시에 지출되고. 개발에 의한 투자의 경우에는 토지비·건설비·금융비용으로 구성된 투자비가 여러 해에 걸쳐 지출된다.

개발에 의한 투자비를 좀 더 자세히 알아보자. 개발에 있어서 투자의 시작은 토지매입이다. 토지비는 토지의 매입금액·취득세·매입수수료로 구성된다. 만약 다수의 소유자로부터 토지를 매입하는 상황이라면, 토지비의 지출에도 상당한 기간이 소요될 수 있다. 건설에 소요되는 기간은 사업에 따라 다르다. 일반적인 아파트 개발사업의 경우 공사에 3~5년 정도 소요되지만, 그 이전에 필요한 설계 및 인허가 기간까지 합하면 건설에 5~10년까지 걸리는 경우도 있다. 건설비는 설계비·공사비와 건물분 취득세로 구성된다. 한편 개발은 토지를 매입하는 시점부터 차입금, 즉 프로젝트 파이낸싱Project Financing을 활용하는 경우가 많다. 따라서 투자비에서 금융비용이 차지하는 비중도 만만치 않다. 금융비용은 개발의 전 기간에 걸쳐 꾸준하게 지출된다.

매입에 의한 투자의 투자비	개발에 의한 투자의 투자비
매입금액_{토지+건물}	토지비_{매입금액+취득세+수수료}
+ 취득세_{토지+건물}	+ 건설비_{설계비+공사비+취득세}
+ 수수료_{중개, 평가 등}	+ 금융비용_{프로젝트 파이낸싱 이자비용}
= 투자비_{취득원가}	= 투자비_{취득원가}

투자비가 산출되면, 이를 충당하기 위한 자금조달계획을 수립한다. 8장에서 설명한 바와 같이, 자금조달의 방법에는 자기자본과 타인자본의 두 가지가 있다.

자기자본은 투자를 기획하는 주체가 전액 투입할 수도 있고, 공동투자자를 모집하여 함께 투입할 수도 있다. 그리고 자기자본 내에서도 우선주·보통주 또는 선순위·후순위와 같이 순위를 둘 수 있다. 타인자본은 부동산을 담보로 하는 차입금과 임차인으로부터 수취하는 보증금으로 구성된다. 금액 면에서는 차입금이 타인자본의 대부분을 차지한다. 차입금에도 순위를 둘 수 있으며, 고위험 고수익의 투자일수록 레버리지효과를 위해 후순위 차입금을 많이 활용한다. 앞에서도 말했듯이, 개발에 의한 투자는 차입금, 즉 프로젝트 파이낸싱에 크게 의존한다. 이때, 개발에 필요한 자금에 비해 담보로 제공하는 토지의 가치가 부족한 것이 보통이므로, 건설회사로부터 연대보증이나 책임준공의 형태로 신용을 제공받는 경우도 있다.

매입에 의한 투자의 경우는 자본구조가 취득시점에 결정되지만, 개발에 의한 투자의 경우는 개발기간 동안과 개발기간 후에 자본구조가 변하는 것이 일반적이다. 자기자본은 초기에 모두 투입되지만, 타인자본은 토지를 매입하고 건설을 진행하여 준공 후 보유하는 과정에서 여러 차례 조달되기 때문이다.

개발의 차입금은 토지매입과 인허가가 완료되기 전까지 신용으로 조달하는 경우에는 브리지론_{Bridge Loan}, 토지매입과 인허가가 완료되어 토지를 담보로 제공하는 경우에는 프로젝트론Project Loan으로 불린다. 브리지론은 고금리의 위험한 대출에 해당하며, 프로젝트론은 브리지론에 비해 저금리의 안전한 대출에 해당한다. 그러나 프로젝트론도 준공 후 부동산에 대한 담보대출인 모기지론Mortgage Loan에 비해서는 상당히 위험한 대출이다. 모기지론은 보증금과 함께 준공 후 타인자본을 구성한다. 때로는 건설비를 충당하기 위한 차입을 토지비와는 별도로 하는 경우도 있다. 이를 컨스트럭션론Construction Loan이라고 한다. 건설비의 지출은 건설기간 동안 분산된다. 따라서 컨스트럭션론은 건설공정에 맞추어 분할조달하는 경우가 많다.

매입에 대한 자금조달

자기자본

·우선주 또는 선순위

·보통주 또는 후순위

타인자본

·차입금

·보증금

개발에 대한 자금조달

자기자본

·우선주 또는 선순위사업초기

·보통주 또는 후순위사업초기

타인자본

·차입금사업초기 ~ 준공 후

·선수금사업초기 ~ 준공 전

·보증금준공 후

한편, 개발에 의한 투자에서는 완성된 목적물을 보유하지 않고 취득과 동시에 처분하기도 한다. 이때 실제 처분행위를 사업초기에 진행하는 경우가 많은데, 이를 선매각Presale이라고 부른다. 우리나라의 경우, 선매각에 의한 개발의 비중이 해외에 비해 큰 편이다. 선분양을 하는 아파트나 상가개발이 대표적인 사례다.

선매각을 하는 경우, 매수자 또는 수분양자가 매매대금을 전체 사업기간에 걸쳐 분할지급하는 것이 일반적이다. 이러한 계약금과 중도금은 개발에 있어서 자금조달의 수단이

될 수 있다. 선매각에 의한 자금조달은 매매대금을 사전에 받는 것이므로, 목적물이 완성되기 전까지는 타인자본에 해당한다. 회계적으로는 이를 선수금이라고 부른다. 선매각에 의한 개발은 개발기간 동안 투자비 지출과 회수금 수입이 함께 이루어지는 특성을 가진다. 따라서 현금흐름을 추정하는 일 또한 까다롭다.

보유기간 현금흐름

매입에 의한 투자와 선매각을 하지 않는 개발에 의한 투자에서는 부동산을 일정기간 보유하게 된다. 보유기간 중에는 부동산의 운영에 따른 수입과 지출이 발생하는데, 이는 그 자체로 중요할 뿐 아니라 처분시점의 매각금액에도 영향을 미친다.

3장에서 살펴본 가치평가에서는 보유기간 현금흐름으로 NOI를 사용하였다. 이는 지분투자자와 채권투자자를 구분하지 않은 전체적인 현금흐름, 즉 자산현금흐름Cash Flow of Property이다. 타당성검토에서는 자산현금흐름보다 지분투자자에게 귀속되는 지분현금흐름Cash Flow of Equity을 중요하게 취급한다. 대표적인 지분현금흐름은 NOI에서 부채원리금을 차감한 BTCF다.

차입금에 대한 이자는 이자지급주기마다 전기의 원금잔액에 이자율을 곱하여 계산한다. 이자지급주기가 1년이 아닌 경우에는 해당주기에 맞게 이자율을 환산하면 된다. 차입원금은 만기에 일시 상환하는 경우도 있고만기일시상환, 일정한 기간마다 분할 상환하는 경우도 있으며원금균등분할상환, 이자와 원금의 합계가 일정하도록 맞추는 경우도 있다원리금균등분할상환. 해당되는 상황에 맞게 원금상환액도 계산하면 된다.

보유기간 중에 차입금의 금액이나 내용이 변하는 경우도 있다. 부동산을 취득할 때 기존 부채를 함께 인수한 후, 재무적 개선Financial Improvement을 하는 것이 대표적인 사례다. 재무적 개선은 이자율·원금상환방식 등의 조건이 좋지 않은 차입금을 보다 조건이 좋은 차입금으로 대체하는 재조달Refinancing, 부동산의 가치를 상승시킨 후 차입원금을 증액하여 지분투자액을 일부 회수하는 재자본화Recapitalization 등 다양한 방법으로 이루어진다. 재조달이나 재자본화의 계획을 가지고 있다면, 이 역시 현금흐름에 반영해야 한다.

보증금도 차입금과 함께 타인자본을 구성한다. 보증금이 이자비용을 유발하지 않더라도 임대료의 감소를 통해 기회비용을 발생시킨다는 것은 3장에서 설명한 바 있다. 그러면 보증금의 예치를 통해 얻은 이자수익은 투자자에게 어떤 의미를 가질까? 회계적으로는 영업외수익으로 인식해야 한다. 그러나 보증금과 임대료의 관계를 고려할 때, 가치평가나 타당성검토에서 보증금 이자수익을 영업활동과 무관하다고 보는 것이 옳은지는 의심해 볼 필요가 있다. 임대인이 더 많은 보증금을 수취할수록 임대료가 작아져서 NOI가 감소하고, 그 결과 부동산의 가치가 낮게 평가된다면 이는 정당하지 않다. 동일한 부동산의 가치가 임대인의 전략에 따라 달라지는 결과를 초래하기 때문이다. 따라서 가치평가의 관점에서는 보증금 이자수익을 NOI에 포함시키는 것이 옳다. 타당성검토에 있어서도 마찬가지다.

한편 투자자가 일반 회사와 같이 소득세를 납부하는 주체라면, 이를 차감한 ATCF로 투자판단을 할 수도 있다. 소득세는 세법에 따라 산출된 세전순이익을 기준으로 계산한다. 세전순이익은 BTCF와 개념적으로 비슷하지만 같지는 않다. 세전순이익은 감가상각비와

운영수익임대수익+기타수익+이자수익-공실대손

− 운영비용재산세+보험료+관리비용

= 순영업소득NOI

− 부채원리금이자지급액+원금상환액

= 세전현금흐름BTCF

− 소득세법인세

= 세후현금흐름ATCF

같은 비현금 비용도 차감하여 계산한다.

실무적으로는 일반 회사라 하더라도 타당성검토를 할 때 ATCF를 사용하지 않는 경우가 많다. 소득세는 한 해의 전체적인 경영성과에 따라 결정되므로, 개별 부동산투자에 대한 소득세를 정확히 계산하기가 어렵기 때문이다. 특히 부동산펀드나 리츠와 같은 투자기구는 일정한 요건을 갖추면 소득세를 납부하지 않는다. 따라서 기관투자자의 투자판단은 일반적으로 BTCF를 기준으로 한다.

처분시점 현금흐름

매입에 의한 투자든지, 개발에 의한 투자든지, 부동산을 처분하여 얻는 현금흐름은 자본이득을 결정하는 요소이므로 신중하게 산출해야 한다. 부동산은 투자기간이 길기 때문에 처분시점이 취득시점으로부터 먼 미래인 경우가 많고, 따라서 불확실한 가정에 근거하여 추정할 수밖에 없기 때문이다.[48] 무리한 투자를 피하기 위해서는 가급적 보수적인 관점을 견지할 필요가 있다.

3장에서 살펴본 바와 같이, 매각수익은 투자기간 말 부동산의 매각금액을 추정한 후 매각에 수반되는 부대비용을 차감하여 계산한다. 매각금액은 다음해의 NOI와 자본환원율을 추정하여 산출한다. 매각에 따르는 부대비용에는 수수료가 대부분을 차지한다. 우리나라의 경우, 부동산 거래와 관련된 세금을 매수자가 부담하기 때문에 매도자인 투자자가 이를 반영할 필요는 없다.

한편, 매각금액을 추정하는 단계에서 보증금 문제가 다시 대두된다.[49] 부동산의 가치평가에서 타인자본을 반영하는 방법에는 두 가지가 있다. 첫 번째 방법은 타인자본의 가치

---

48. 선매각을 하는 개발의 경우 개발기간 중 처분이 이루어지므로, 미래의 예측에 대한 부담이 상대적으로 적은 편이다. 그러나 선매각 가격에도 개발이 완료되는 시점의 부동산 가치가 반영되기 때문에, 미래의 예측에서 완전히 자유롭지는 않다.
49. 선매각을 하는 개발의 경우, 부동산을 보유하지 않으므로 보증금 문제가 발생하지 않는다.

를 포함하여 자산 전체의 가치를 평가하는 것이고, 두 번째 방법은 자기자본의 가치를 구한 다음 타인자본의 가치를 더해 주는 것이다. 그런데, 둘 다 우리나라 보증금에 적용하기에는 완전하지 않다.

전자의 방법을 적용하려면 NOI를 구할 때 보증금 이자수익을 더해 줘야 한다. 보증금이 임대료를 감소시켰기 때문에 그 영향을 보정해 주기 위해서다. 그런데, 여기에 한 가지 문제가 있다. 전월세전환율과 보증금의 이자율이 같지 않아서, 보증금이 감소시킨 임대료의 영향이 정확하게 보정되지 않기 때문이다. 이론적으로는 보증금이 감소시킨 임대료를 전월세전환율로 구해야 한다. 그러나 적절한 전월세전환율을 찾는 것이 쉽지 않아서 보증금의 이자율을 적용하는 것이 일반적이다.

후자의 방법을 적용하려면 보증금 이자수익을 고려하지 않은 NOI로 자기자본의 가치를 평가한 후, 여기에 보증금을 더하여 자산가치를 구해야 한다. 그런데 이 방법에도 문제가 있다. 같은 부채인 보증금과 차입금의 처리에 일관성이 떨어지기 때문이다. 일관성을 가지기 위해서는 NOI에서 부채원리금까지 차감한 현금흐름으로 자기자본의 가치를 구하고, 여기에 차입금과 보증금의 가치를 더해서 자산가치를 구해야 한다. 그런데 NOI에서 부채원리금을 차감한 현금흐름에 적용할 가치비율을 찾기가 쉽지 않다. 시장에서 관찰되는 자본환원율이 아니기 때문이다.

두 가지 방법은 각기 장단점을 가지고 있어서 어느 하나가 반드시 옳다고 말하기 어렵다. 다만, 현금흐름 추정의 목적이 투자의 타당성을 판단하는 데 있고, 매각금액은 먼 미래의 불확실한 값이므로 많은 가정이 들어가지 않은 전자가 널리 사용되고 있다.

매각수익에서 추가로 차감해야 하는 지출로는 부채상환금이 있다. 처분시점까지 남아 있는 차입금과 보증금 잔액이 그것이다. 매각수익에서 이들 부채까지 차감해야 BTCF가 계산된다.

투자자가 부동산펀드나 리츠와 같은 투자기구가 아닌 일반 회사라면, 처분시점에서도 소득세를 차감하여 ATCF를 계산할 수 있다. 단, 개인이 아닌 경우 소득세가 처분에 대해서만 별도로 발생하지 않고, 그해의 보유와 처분에 따른 세전순이익 전체에 대해서 발생한다는 사실을 잊지 말아야 한다.

현금흐름을 구성하는 각 항목을 얼마나 자세히 세분할지는 투자자가 결정해야 한다. 항목이 자세할수록 추정의 정밀도가 높아지겠지만, 반드시 정확도도 높아진다고 말하기는 어렵다. 현금흐름의 각 항목을 추정하는 것은 쉽지 않은 일인데, 항목이 많을수록 더 많은 가정이 투입되고 이것이 오히려 정확도를 낮출 수도 있기 때문이다.

　　매각금액
－ 수수료_{중개, 평가 등}
──────────────────────
＝ 매각수익
－ 부채상환금_{차입금+보증금}
──────────────────────
＝ 세전현금흐름_{BTCF}
－ 소득세_{법인세}
──────────────────────
＝ 세전현금흐름_{ATCF}

9.3. 투자지표

투자판단의 기준

현금흐름을 추정했다고 해서 재무적 타당성을 곧바로 판단할 수 있는 것은 아니다. 투자판단을 위해서는 현금흐름이 어떠한 조건을 만족시킬 때 타당성이 있다고 판단할지 기준을 세워야 한다. 일반적으로 사용되는 투자지표에는 투자비 회수기간, 재무비율, 현금흐름의 현재가치 등이 있다.

투자비 회수기간이란 초기에 지출한 투자비가 전액 회수되는 데 걸리는 기간을 말한다. 즉, 현금흐름의 누계가 처음으로 양$_{(+)}$의 값을 가지는 시점까지의 기간이다. 이 시점이 빨리 도래할수록 타당성이 높은 것이고, 늦게 도래할수록 타당성이 낮은 것이다. 통상 목표 기간을 정해 놓고 계산된 회수기간이 그보다 긴지 짧은지를 통해 투자 여부를 판단한다. 이 방법은 인프라 건설, 천연자원 개발 등 장기간의 투자와 운영이 수반되는 경우에 주로 활용된다. 투자비 회수기간을 부동산투자에 적용하기에는 다소 불편한 점이 있다. 부동산을 매입하여 임대수익으로 투자비를 전액 회수하는 데는 상당한 기간이 소요되며, 통상 그 이전에 부동산을 매각하기 때문이다.

재무비율이란 기업의 건전성 분석에서 사용되는 것과 유사한 재무비율을 부동산투자에 적용한 것을 말한다. 재무비율이 목표기준을 충족하는지 여부를 통해 타당성을 판단한다. 자기자본 대비 타인자본의 비율인 부채비율, 부동산의 가치 대비 타인자본의 비율인 LTV, 원리금 대비 NOI의 비율인 DSCR, 부동산의 가치 대비 PGI 또는 EGI의 비율인 자산회전율, PGI 또는 EGI 대비 NOI의 비율인 순영업소득률 등이 대표적인 재무비율이다. 이 방법은 영속기업의 건전성 분석을 위해 개발된 것이어서 부동산투자에 합당한 목표 기준을 설정하기가 쉽지 않은 단점을 가진다.

실제로 부동산투자의 타당성검토에 가장 많이 활용되는 투자지표는 현금흐름의 현재가치다. 이 값이 양수인지 여부를 통해 타당성을 판단하는 것이다. 현금흐름의 현재가치를 순현재가치라고 한다. 순현재가치와 유사하면서 함께 사용되는 지표로는 내부수익률이 있다. 두 가지 투자지표는 학술적으로나 실무적으로 매우 중요하게 사용되므로 반드시 이해해야 한다.

순현재가치

투자는 수입이 지출보다 커야 의미를 가진다. 그런데 수입과 지출이 동시에 일어나지 않기 때문에, 화폐의 시간가치를 고려해야만 정확한 판단을 할 수 있다. 〈그림 9-2〉를 통해 아주 간단한 예를 들어 보자. 어떤 투자기회가 있다. 이 투자에는 1,000억 원의 투자비가 소요되며, 1년 후부터 매년 50억 원씩 수입이 발생한다. 그리고 5년 말 운영에 따른 수입 50억 원과 매각에 따른 수입 1,050억 원 등 총 1,100억 원의 현금유입이 발생한다. 수입이 지출보다 300억 원 크므로 이 투자는 타당성이 있는 것일까?

그림 9-2. 5년 만기 투자기회의 현금흐름

화폐의 시간가치를 고려하지 않을 경우, 이 투자는 타당성이 있어 보인다. 그러나 실제로는 미래 현금흐름 CF_t를 현재가치로 환산하는 할인율 i가 얼마인가에 따라 타당성에 대한 판단이 달라진다. 〈그림 9-3〉과 같이 매기 현금흐름을 현재가치화해서 수입과 지출을 비교해야 하기 때문이다. 이렇게 현금유출과 현금유입의 현재가치를 합한 값을 순현재가치NPV: Net Present Value라고 한다. NPV는 가치평가에서 살펴본 현재가치와 거의 유사하다. 단지 초기에 지출되는 투자비도 고려한다는 의미에서 '순Net'이라는 표현이 추가된 것이다.

$$NPV = CF_0 + \sum_{t=1}^{n} \frac{CF_t}{(1+i)^t} = \sum_{t=0}^{n} \frac{CF_t}{(1+i)^t} > 0 \ \rightarrow \ 타당성 \ 있음$$

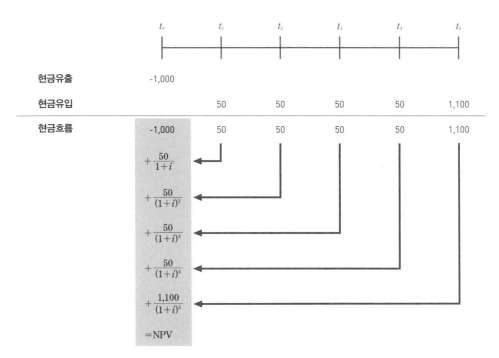

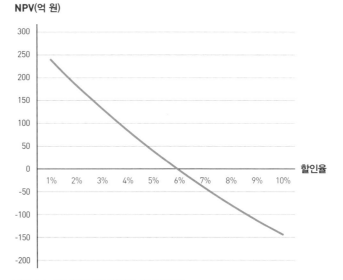

그림 9-3. 5년 만기 투자기회의 NPV

할인율	NPV(억 원)
1%	239
2%	183
3%	131
4%	82
5%	37
6%	-4
7%	-43
8%	-79
9%	-113
10%	-144

그림 9-4. 5년 만기 투자기회의 순현가곡선

NPV는 현금흐름과 할인율, 두 가지 요소로 결정된다. 현금흐름이 클수록, 할인율이 작을수록 NPV가 커진다. 〈그림 9-4〉는 위 현금흐름에 대해서 할인율을 1%에서 10%까지 변화시키면서 NPV를 계산한 것이다. 이를 순현가곡선NPV Curve이라고 한다. 그래프를 통해 할인율이 높아질수록 NPV가 감소하는 가운데, 6%가 되면 NPV가 0보다 작아지는 것을 알 수 있다. 따라서 이 투자는 할인율이 6%보다_{정확히는 5.89%보다} 낮을 때 타당성이 있고, 그 이상인 경우에는 타당성이 없다고 판단한다.

내부수익률

NPV와 0을 비교하는 것과 동일한 논리로, NPV를 0으로 만드는 할인율과 투자자의 요구수익률을 비교하여 타당성을 판단할 수도 있다. 위 사례에서 NPV가 0이 되는 할인율은 5.89%인데, 투자자의 요구수익률이 이보다 낮으면 타당성이 있다고 판단하는 것이다. 실제로 NPV 계산을 위해 할인율을 설정하는 것은 매우 어려운 일이다. 그보다는 NPV를 0으로 만드는 할인율을 계산한 다음, 그 값에 만족할 수 있는지를 판단하는 것이 심리적으로 수월할 수 있다. NPV를 0으로 만드는 할인율을 내부수익률IRR: Internal Rate of Return이라고 한다. 위 그래프에서 NPV 곡선이 가로축과 만나는 점, 즉 가로축 절편이 바로 IRR이다.

$$CF_0 + \sum_{t=1}^{n} \frac{CF_t}{(1+IRR)^t} = 0, \ IRR \geq 요구수익률 \ \rightarrow \ 타당성 있음$$

NPV와 IRR은 개념적으로 동일하다. 그렇다면 둘 중 어느 것을 사용해도 상관없는 것일까? IRR이 사용하기에 편리하긴 하지만, 투자이론은 NPV가 더 우수하다고 이야기한다. 여기에는 두 가지 이유가 있다. 첫째, IRR은 현금흐름에 따라서 해가 없거나 복수의 해가 존재할 수 있다. 음(-)의 현금흐름이 투자기간 중에 있는 경우, 순현가곡선이 고차함수 모습을 보이면서 가로축과 만나지 않거나 두 번 이상 만날 수 있기 때문이다. 둘째, NPV는 잉여현금흐름을 할인율, 즉 자본비용으로 재투자하는 것을 가정하지만, IRR은 내부수익률로 재투자하는 것을 가정한다. 이러한 차이는 두 가지 투자대안을 비교할 때 상반된 결과를 낳기도 한다. 즉, NPV 기준으로는 대안 1이 우수한데, IRR 기준으로는 대안 2가 우수하게 나타날 수 있는 것이다. 내부수익률은 투자의 결과이므로, 잉여현금흐름을 내부수익률로 재투자하는 IRR의 가정은 사실 합당하지 않다.

첫 번째 문제를 해결하기 위해서는 현금유출COF과 현금유입CIF을 별도로 다루는 방법이 사용된다. 현금유출은 IRR의 이자율로 대출하는 것으로, 현금유입은 자본비용의 이자율로 차입하는 것으로 가정하여 두 미래가치를 일치시키는 IRR을 구하는 것이다. 이 방법을 사용하면 현금흐름에 음$_{(-)}$의 값이 반복되더라도 단일한 값의 IRR을 얻을 수 있다.

$$\sum_{t=0}^{n} COF_t(1+IRR)^{n-t} = \sum_{t=0}^{n} CIF_t(1+i)^{n-t}$$

두 번째 문제를 해결하기 위해서는 수정내부수익률MIRR: Modified IRR을 사용한다. 이는 매

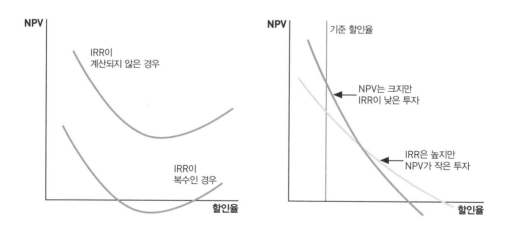

그림 9-5. NPV와 IRR 비교

실제 편

기 현금흐름을 할인율, 즉 자본비용으로 재투자한 미래가치의 합을 먼저 구한 후, 그것의 현재가치를 투자비와 일치시키는 방법으로 내부수익률을 계산하는 것이다. MIRR로 두 가지 투자대안을 비교하면 NPV와 동일한 결과를 얻을 수 있다.

$$CF_0 + \frac{\sum_{t=1}^{n} CF_t (1+i)^{n-t}}{(1+MIRR)^n} = 0$$

투자판단 사례

M타워를 통해 실제로 투자판단을 해 보자. 만약 매도자와 협상된 매매가격이 4,000억 원이라면, M타워를 매입해야 할까?

가장 먼저 할 일은 시장조사다. 3장 〈표 3-2〉의 조건들이 그 결과라고 하자. 단, 3장에서는 가치평가에 대한 이해를 쉽게 할 수 있도록 임대료에 대한 가정을 단순하게 하였다. 그러나 여기서는 우리나라의 임대차 관행을 고려하여 관리비와 보증금을 추가해 보자. 3장에서 임대료가 120,000원/평·월이라고만 가정한 것을 임대료 80,000원/평·월, 관리비 40,000원/평·월, 보증금 800,000원/평으로 가정하는 것이다. 여기서 관리비는 임대료와 동일하게 상승하지만, 보증금은 일정하게 유지된다고 하자. 또한, 투자비의 계산을 위해 취득세율 2%라는 조건을 추가한다.

이렇게 조건을 변경하면 M타워의 가치가 약간 증가할 것이다. 임대료와 관리비를 합한 수익이 3장에서 가정한 임대료 120,000원/평·월과 동일한 가운데 보증금으로부터 이자 수입이 추가로 발생하기 때문이다. 여기에 자본환원율 4.5%, 할인율 6.5%를 적용한 결과는 〈표 9-1〉과 같다. 예상대로 현금흐름할인에 의한 가치는 4,228억 원, 자본환원에 의한 가치는 4,269억 원으로 3장에서보다 높은 것을 알 수 있다.

취득시점의 투자비를 산출하기 위해서는 먼저 취득세와 매입수수료를 구해야 한다. 매입

표 9-1. M타워의 가치평가 (단위: 백만 원)

구분		0년차	1년차	2년차	3년차	4년차	5년차	6년차
보유기간	임대수익		28,800	29,376	29,964	30,563	31,174	31,798
	기타수익		1,440	1,469	1,498	1,528	1,559	1,590
	이자수익		480	480	480	480	480	480
	PGI		30,720	31,325	31,942	32,571	33,213	33,867
	공실대손		1,536	1,566	1,597	1,629	1,661	1,693
	EGI		29,184	29,759	30,345	30,942	31,552	32,174
	재산세		1,200	1,224	1,248	1,273	1,299	1,325
	보험료		20	20	21	21	22	22
	관리비용		8,755	8,928	9,103	9,283	9,466	9,652
	NOI		19,209	19,587	19,972	20,365	20,766	21,175
처분시점	매각금액						470,552	
	매각수수료						4,706	
	매각수익						465,847	
현금흐름(NOI+매각수익)			19,209	19,587	19,972	20,365	486,612	
가치평가	현금흐름할인	422,838						
	자본환원	426,862						

금액 4,000억 원에 각 비율을 곱한 결과는 취득세 80억 원, 매입수수료 40억 원이다. 이 값을 매입금액에 더하면 투자비, 즉 부동산의 취득원가가 산출된다. 그 값은 4,120억 원이다. 여기서는 토지와 건물의 가치 비율이 각 50%인 것으로 가정한다.

한편, 투자비가 산출되면 자금조달계획을 수립한다. 이를 위해 대출기관을 조회한 결과, LTV 60%까지 만기일시상환 조건으로 이자율 4%의 차입이 가능한 것을 확인했다. 단, 여기서 LTV한도 60%는 보증금도 합산한 수치라고 봐야 한다. 보증금이 차입금에 비해 선순위일 수 있기 때문이다. 공실대손율을 고려한 M타워의 보증금 총액이 152억 원이므로, 실제로 차입 가능한 금액은 2,320억 원이 된다. 나머지 40%인 1,648억 원은 자기자본으로 충당한다. M타워에 대한 투자 및 자금조달계획을 정리하면 〈표 9-2〉와 같다.

표 9-2. M타워의 투자 및 자금조달계획 (단위: 백만 원)

구분	조건	금액	비고
매입금액	협상결과	400,000	
취득세	매입금액의 2%	8,000	
매입수수료	매입금액의 1%	4,000	
취득원가		412,000	
토지원가	취득원가의 50%	206,000	
건물원가	취득원가의 50%	206,000	
타인자본	취득원가의 60%	247,200	보증금 15,200 + 차입금 232,000
자기자본	취득원가의 40%	164,800	

보유기간 현금흐름은 NOI에서 부채원리금과 소득세를 차감하여 계산한다. 이 사례에서는 부채원리금 계산이 간단하다. 만기일시상환 조건으로 조달한 차입금이 2,320억 원이므로, 여기에 이자율 4%만 곱하면 된다. 매년 발생하는 이자비용 93억 원을 NOI에서 차감하면, BTCF가 계산된다. 반면 소득세는 계산하기가 다소 까다롭다. BTCF에서 감가상각비를 추가로 차감한 후, 세율을 곱해서 계산해야 한다. 투자자의 한계세율은 20%라고 가정한다. 소득세를 차감한 ATCF는 투자자가 부동산펀드나 리츠와 같은 투자기구가 아닌 일반 회사일 때 참고할 수 있다.

소득세를 납부하는 투자자에게 부동산투자가 가지는 장점 중 하나가 이자비용·감가상각비 등 소득세를 감소시키는 비용항목이 많다는 것이다. 이자비용의 경우 명목적인 이자율은 4%지만, 절세효과를 고려하면 실제 비용이 4%×(1−20%)=3.2%로 감소한다. 감가상각비는 현금유출이 없는 비현금 비용으로서, 건물가치 2,060억 원에 내용연수 40년을 정액법으로 적용하면 연간 52억 원이 발생한다. 이 비용은 소득세를 52억 원×20%=10.4억 원 감소시키는 효과를 가진다.

처분시점 현금흐름은 매각수익에서 차입금 및 보증금 잔액과 소득세를 차감하여 계산한다. 이 사례에서 차입금 잔액은 최초 차입금과 동일한 2,320억 원이다. 만기일시상환 조건이기 때문이다. 또한, 보증금 역시 보유기간 중 인상 없이 유지되었으므로 잔액이 152억원이다. 이들 부채상환금을 매각수익 4,658억 원에서 차감하면, BTCF가 2,186억 원으로계산된다. 반면 소득세는 보유기간에서와 마찬가지로 계산하기가 다소 까다롭다. 소득세는 매각수익에서 부동산의 잔여가치를 차감한 자본이득에 세율을 곱하여 계산한다. 여기서 부동산의 잔여가치란 취득원가에서 5년간의 감가상각비 누계를 차감한 값을 말한다. 산출된 자본이득은 796억 원, 소득세는 159억 원이다. 소득세를 차감한 ATCF는 투자자가 부동산펀드나 리츠와 같은 투자기구가 아닌 일반 회사일 때 참고할 수 있다.

부동산투자와 관련해서 지금까지 언급된 세 가지 현금흐름을 정리해 보자.

첫째, NOI와 매각수익을 더한 현금흐름은 가치평가의 기준일 뿐 아니라 타당성검토에서도 중요하게 취급된다. 이를 자산현금흐름이라고 하는데, 여기서 투자비는 부동산의 취득원가가 된다.

둘째, 자산현금흐름에서 부채원리금을 차감한 현금흐름, 즉 BTCF는 투자판단의 기준이된다. 이를 지분현금흐름이라고 하는데, 여기서 투자비는 전체 자금조달금액 중 자기자본이 된다.

셋째, 소득세를 납부하는 투자자의 경우, 지분현금흐름에서 소득세를 차감한 ATCF로 투자판단을 할 수도 있다. 그러나 소득세에 영향을 미치는 변수가 많아서 실제로는 첫째와둘째 현금흐름을 많이 사용한다.

여기서 첫째 현금흐름을 Unleveraged Cash Flow, 둘째 현금흐름을 Leveraged Cash Flow라고도 한다. 이를 계산한 결과는 〈표 9-3〉과 같다.

이제 할인율을 결정해 보자.

첫째, 자산현금흐름의 경우 가치평가에서와 마찬가지로 자본환원율에 NOI 기대증가율을 합한 요구수익률로 할인한다. 자산현금흐름을 산출하는 과정에서 두 가지 구성요소

표 9-3. M타워의 현금흐름　　　　　　　　　　　　　　　　　　　　　　　　　　(단위: 백만 원)

구분		0년차	1년차	2년차	3년차	4년차	5년차
취득시점	매입금액	400,000					
	취득세	8,000					
	매입수수료	4,000					
	투자비	412,000					
	자기자본	164,800					
	보증금	15,200					
	차입금	232,000					
	조달금액	412,000					
보유기간	NOI		19,209	19,587	19,972	20,365	20,766
	이자비용		9,280	9,280	9,280	9,280	9,280
	BTCF		9,929	10,307	10,692	11,085	11,486
	소득세		956	1,031	1,108	1,187	1,267
	ATCF		8,973	9,275	9,584	9,898	10,219
처분시점	매각수익						465,847
	부채상환						247,200
	BTCF						218,647
	소득세						15,919
	ATCF						202,727
현금흐름	자산현금흐름	-412,000	19,209	19,587	19,972	20,365	486,612
	지분현금흐름	-164,800	9,929	10,307	10,692	11,085	230,132

가 모두 구해지기 때문에 추가적인 노력이 필요하지 않다. 이 사례에서 가정한 자본환원율이 4.5%, NOI 기대증가율이 2%이므로, 할인율은 6.5%가 된다.

할인율＝자본환원율＋NOI 기대증가율

6.5%　　　　4.5%　　　　　2%

둘째, 지분현금흐름은 투자자의 자기자본에 대한 요구수익률로 할인해야 한다. 그런데, 부동산투자에는 대부분 레버리지가 활용되기 때문에 자기자본 요구수익률을 관찰하기가 어렵다. 다행인 점은 첫째 방법에서 도출한 자산수준 요구수익률 6.5%와 차입금 이자율 4%를 이용해서 자기자본 요구수익률을 계산할 수 있다는 사실이다. 자산수준 요구수익률은 자기자본 요구수익률과 차입금 이자율의 WACC이기 때문이다. 이렇게 자기자본 요구수익률을 계산한 결과는 10.25%다. 참고로 소득세를 납부하는 투자자의 WACC에는 이자비용에 대한 절세효과가 포함된다. 따라서 자기자본 요구수익률을 계산함에 있어서도 이를 반영해야 한다.

$$i = WACC = w_e K_e + w_d K_d$$

$$K_e = (i - w_d K_d)/w_e = (6.5\% - 60\% \times 4\%)/40\% = 10.25\%$$

단, 소득세를 납부하는 투자자의 $WACC = w_e K_e + w_d K_d (1 - 실효세율)$

i: 자산수준 요구수익률
w_e: 자기자본비중
K_e: 자기자본비용
w_d: 타인자본비중
K_d: 타인자본비용

M타워의 현금흐름으로 NPV와 IRR을 산출한 결과는 〈표 9-4〉와 같다. 첫째, 자산현금흐름의 NPV는 108억 원으로서 0보다 크므로, 타당성이 있는 것으로 판단한다. 그런데 NPV를 통해서는 흑자인 것만 알 수 있을 뿐, 어느 정도 타당성이 있는지는 감을 잡기 어렵다. 이때는 IRR을 참고하는 것이 좋다. 자산현금흐름의 IRR은 7.10%인데, 이는 5년간의 평균수익률이 7.10라는 의미다. NPV 계산에 적용한 할인율이 6.5%였으니, 그것을 어느 정도 초과하는지 가늠할 수 있다. 둘째, 지분현금흐름으로 산출한 NPV는 94억 원, IRR은 11.62%다. NPV가 0보다 크고, IRR 또한 자기자본에 대한 요구수익률 10.25%보다 크기

표 9-4. M타워의 NPV와 IRR   (단위: 백만 원)

구분	NPV	IRR
자산현금흐름	10,838	7.10%
지분현금흐름	9,448	11.62%

때문에 자산현금흐름에서와 마찬가지로 타당성이 있다고 판단한다.

만약 개발에 의해 M타워를 취득한다면, 현금흐름이 〈표 9-5〉보다 복잡해진다. 토지매입에서 준공까지 긴 기간이 소요되기 때문이다. 이는 〈표 9-5〉에서 0년차로 표시된 취득시점을 수년으로 늘이는 결과를 초래할 것이다. 만약 M타워를 개발하면서 선매각을 한다면, 현금흐름이 더 크게 달라진다. 〈표 9-5〉에서 1~5년차에 걸친 보유에 의한 현금흐름이 사라지고, 5년차의 처분에 의한 현금흐름이 할인되어 개발기간 중에 분산될 것이다. 그러나 아무리 현금흐름이 복잡해지더라도, 이를 이용해서 NPV와 IRR을 계산하는 방법은 달라지지 않는다.

한편 NPV와 IRR은 현금흐름과 할인율에 대한 가정에 따라 값이 달라진다. 따라서 어느 한 조건에 대해서만 투자지표를 산출할 경우, 일반적이지 못한 결론으로 이어질 수 있다. 실제로는 투자비·임대수익·운영비용·매각금액·이자율 등 여러 변수의 값을 다양하게 적용해서 투자지표를 산출한 후, 종합적으로 검토하여 이러한 문제를 해결한다.

이때 무작위로 많은 조건을 적용하는 것은 투자판단에 도움이 되지 않는다. 모든 변수에 대해 발생확률이 가장 높은 값을 적용한 투자지표를 기본안Base Case으로 놓고, 각 변수를 하나씩 불리한 방향으로 조정하면서 언제 타당성이 없어지는지를 관찰하는 것이 효율적인 방법이다. 이를 민감도분석Sensitivity Analysis이라고 한다. 만약 어떤 변수를 약간만 조정해도 타당성이 급격하게 떨어진다면, 이 투자는 그 변수에 대해 민감하다고 이야기한다. 그 변수의 변동성이 높고 대응할 방법이 없는 경우에는 기본안이 타당하더라도 투자를 하지 않는 쪽으로 결정할 수 있다. 만약 그런데도 투자를 한다면, 투자기간 동안 그 변수를 면밀하게 모니터링해야 한다.

최근에는 컴퓨터 기술의 발달로 여러 변수를 동시에 변화시키면서 투자지표를 관찰하는 것이 가능해졌다. 특히 변수들 간의 상관관계를 제약식으로 추가함으로써 투자지표를 보다 현실성 있게 계산할 수도 있다. 이러한 분석을 시나리오분석Scenario Analysis이라고 한다. 민감도 분석이나 시나리오 분석과 같이 불리한 쪽으로 변수를 조정하면서 투자지표를 검토하는 것을 스트레스 테스트Stress Test라고 한다.

- 타당성검토는 '시장조사'로 시작된다. 시장조사는 부동산의 공간시장과 자산시장을 대상으로 한다.

- 투자판단을 위해서는 '현금흐름'을 추정해야 한다. 현금흐름은 현금유입에서 현금유출을 차감한 값인데, 부동산투자는 거액의 현금유출이 먼저 발생하고, 현금유입은 나중에 장기적으로 발생하는 특성을 가진다.

- 현금흐름을 구성하는 각 항목을 얼마나 자세히 세분할지는 투자자가 정해야 한다. 항목이 자세할수록 추정의 정밀도가 높아지겠지만, 반드시 정확도도 높아진다고 말하기는 어렵다.

- 현금흐름을 추정했다고 해서 투자의 타당성을 곧바로 판단할 수 있는 것은 아니다. 투자판단을 위해서는 현금흐름이 어떠한 조건을 만족시킬 때 타당성이 있다고 판단할지 기준을 정해야 한다. 가장 많이 사용하는 '투자지표'는 순현재가치와 내부수익률이다.

- 투자판단을 위한 현금흐름에는 '자산현금흐름'과 '지분현금흐름', 두 가지가 있다.

- '순현재가치'의 계산에 있어서 자산현금흐름에는 자본환원율에 NOI 기대증가율을 합한 자산수준 요구수익률을, 지분현금흐름에는 WACC 수식을 이용해서 계산한 자기자본 요구수익률을 할인율로 사용한다.

- 투자판단을 위해서는 두 가지 현금흐름으로 산출한 순현재가치와 내부수익률을 종합적으로 고려한다. 특히 현금흐름과 할인율에 다양한 스트레스 테스트를 시행하여 최종적인 판단에 참고한다.

10

See

평가

10.1. 목적과 방법

평가의 목적

Plan·Do·See로 이어지는 자산운용과정에서, 평가는 마무리이자 새로운 계획을 위한 준비의 단계다. 평가는 크게 두 가지 차원으로 이루어진다. 첫째는 포트폴리오 전체 또는 자산군별 투자성과를 평가하는 것이고, 둘째는 그러한 투자성과에 대한 투자담당자, 즉 투자업무에 참여한 조직이나 개인의 기여도를 평가하는 것이다. 전자는 평가의 결과를 새로운 계획에 피드백하기 위해 필요하고, 후자는 투자담당자에 대한 보상을 하기 위해 필요하다. 평가의 결과는 새로운 계획, 그중에서도 투자목표의 설정에 반드시 피드백되어야 한다. 간혹 미래 자금수요에만 근거해서 투자목표를 설정하는 경우가 있는데, 이는 위험천만한 일이다. 목표수익률이나 허용위험한도가 비현실적이면, 무리한 투자나 나태한 투자를 초래할 수 있다.

투자담당자에 대한 보상은 적절하고 공정하게 시행되어야 한다. 적절성과 공정성이 결여된 보상 역시 무리한 투자나 나태한 투자를 초래할 수 있다. 특히 공정성은 투자업무의 영역 간에 문제되기 쉽다. 기관투자자 내부에는 투자를 실행하는 프런트오피스Front Office 뿐 아니라, 위험관리를 담당하는 미들오피스Middle Office, 지급결제·리서치 등을 담당하는 백오피스Back Office 기능이 함께 있다. 이 중 프런트오피스의 성과는 비교적 쉽게 측정되지만, 나머지 업무영역의 성과는 계량화하기 어렵다. 이러한 문제를 극복하기 위해 대부분 기관투자자가 정교한 평가시스템을 운영하고 있다.

평가의 방법

포트폴리오의 투자성과를 평가하는 것은 평가단계에서 가장 기본적이자 핵심적인 작업이다. 평가와 관련해서 투자론이 다루는 영역도 이 부분이다. 투자성과를 평가함에 있어서는 수익뿐 아니라 위험도 함께 고려해야 한다. 수익과 위험을 함께 고려하는 방법에는 다음의 세 가지가 있다.

첫째는 수익률과 위험지표를 사전에 정한 기준과 비교하여 각각 평가하는 것이다. 이 방법은 간단한 대신에 수익과 위험을 동시에 고려할 수 없다는 단점을 가진다. 둘째는 수익과 위험을 결합한 위험조정수익률을 사전에 정한 기준과 비교하여 평가하는 것이다. 위험조정수익률은 샤프지수·트레이너지수와 같이 전통적인 것부터 ALM에 기반을 둔 것까지 다양하다. 각 지표마다 특성이 달라서 복수의 위험조정수익률을 사용함으로써, 성과에 대한 해석을 풍부하게 할 수도 있다. 단, 이 방법을 사용하기 위해서는 충분한 양의 수익률 정보를 확보해야 한다. 셋째는 수익률로 평가하되, 유사한 위험을 가진 집단의 평균적인 수익률지수와 비교하는 것이다. 여기서 유사한 집단을 동류집단Peer Group, 평균적인 수익률지수를 벤치마크Benchmark라고 한다. 부동산투자에 대해서는 세 번째 방법이 가장 널리 활용된다. 세 번째 방법을 사용할 때 한 가지 유의할 점은 평가대상에게 주어진 재량권의 범위에 맞는 벤치마크를 골라야 한다는 것이다. 예를 들어, 부동산의 모든 섹터에 투자할 수 있는 재량권을 가진 자산운용자가 결과적으로 오피스에만 투자했다면, 어떤 벤치마크와 비교해서 성과를 평가해야 할까? 이 자산운용자의 수익률은 오피스의 수익률지수와 비교해서는 안 된다. 부동산의 모든 섹터를 포괄하는 종합적인 수익률지수와 비교해야 한다. 종합적인 수익률이 낮은데도 오피스를 선택해서 상대적으로 높은 수익률을 실현했다면 우수하게 평가되어야 하고, 종합적인 수익률이 높은데도 오피스를 선택해서 상대적으로 낮은 수익률을 실현했다면 열등하게 평가되어야 한다. 적절한 벤치마크의 선택은 수익률의 측정만큼 중요하다.

평가는 처분을 통해 투자를 종결할 때 한 번 하는 것이 아니라, 보유기간 중에도 주기적으로 해야 한다. 평가의 주기는 연 단위가 일반적이지만, 기관투자자에 따라서는 반기나 분기 단위로 평가하기도 한다. 2000년대 후반 글로벌 금융위기 이후 자본시장 전체적으로 평가의 주기가 짧아지고 있다. 특히 다양한 자산군으로 포트폴리오를 구성하는 기관투자자에게 주기적인 성과평가는 매우 중요하다. 그 결과에 대응하여 전술적 자산배분을 해야 하기 때문이다.

10.2. 성과측정

지분수익률

9장에서 설명한 바와 같이, 수익률은 자산 전체의 입장에서 측정할 수도 있고, 자기자본의 입장에서 측정할 수도 있다. 자산수익률Return on Property은 취득시점의 자산가치 전부를 투자비로, 보유 및 처분시점의 현금흐름 전부를 수익으로 다룬다. 반면 자기자본수익률 또는 지분수익률Return on Equity은 취득시점의 자산가치 중 타인자본을 제외한 자기자본을 투자비로, 보유 및 처분시점의 현금흐름 중 타인자본에 대한 채무를 이행하고 남은 부분을 수익으로 다룬다.

투자자 입장에서 성과를 측정할 때는 자산수익률이 아닌 지분수익률을 기준으로 한다. 실제로 투자자에게 귀속되는 것은 지분수익이기 때문이다. 지분수익률은 자산수익률뿐 아니라 타인자본비용에서도 영향을 받는다. 따라서 8장에서 설명했듯이, 동일한 자산에 투자하더라도 자본구조에 따라 상이한 지분수익률이 달성될 수 있다.

$$R_a = R_c + R_i = \frac{P_1 - P_0}{P_0} + \frac{NOI_1}{P_0}$$

$$R_e = \frac{(P_1 - D_1) - (P_0 - D_0)}{P_0 - D_0} + \frac{NOI_1 - DS_1}{P_0 - D_0}$$

R_a: 자산수익률
R_c: 자본수익률
R_i: 소득수익률
R_e: 지분수익률
P: 가격
D: 타인자본
DS: 부채원리금

위험조정수익률

투자의 목적이 수익에 있는 만큼 투자성과의 측정은 수익률로 한다. 그런데, 높은 수익률을 실현했다고 해서 무조건 우수한 투자를 했다고 할 수 있을까? 시장이 효율적이라면 큰 위험을 감수하지 않고서는 높은 수익률을 실현할 수 없다. 이 점을 생각한다면 수익률과 함께 그것을 얻기 위해 감수한 위험을 함께 측정하여 성과를 평가하는 것이 옳다는 것을 이해할 수 있다.

위험조정수익률의 대표적인 지표는 샤프지수Sharpe Ratio다. 5장에서 설명한 바와 같이, 샤프지수는 투자한 자산의 수익률 R_i에서 무위험이자율 R_f를 차감한 초과수익률을 수익률의 표준편차 σ_i로 나누어 계산한다. 이는 표준편차로 측정된 위험 한 단위에 대해, 얼마만큼의 초과수익률을 실현했는가를 나타낸다. 트레이너지수_{Treynor Ratio}는 샤프지수와 유사한데, 위험을 표준편차가 아닌 CAPM의 베타 β_i로 측정한다. 이는 체계적 위험 한 단위에 대한 초과수익률의 크기를 나타낸다. 정보비율_{Information Ratio}은 무위험이자율 대신에 투자자가 관심을 두고 있는 특정한 벤치마크에 대한 초과수익률 R_b를 사용한다. 위험도 투자한 자산의 수익률에서 벤치마크를 차감한 초과수익률의 표준편차로 계산한다. 이 표준편차 σ_b를 추적오차_{Tracking Error}라고 한다. 따라서 정보비율은 미리 정한 벤치마크에서 이탈한 위험 한 단위에 대해 얼마만큼의 초과수익률을 실현했는가를 나타낸다.

샤프지수 $S_i = \dfrac{R_i - R_f}{\sigma_i}$

트레이너지수 $T_i = \dfrac{R_i - R_f}{\beta_i}$

정보비율 $I_i = \dfrac{R_i - R_b}{\sigma_b}$

샤프지수·트레이너지수·정보비율은 AOM에 기반하고 있기 때문에, 부채 개념이 없는 투자기구에 적합한 지표라고 할 수 있다. 따라서 연금성·보험성·사업성 투자자는 ALM에 기반을 둔 지표를 사용하기도 한다. 대표적인 ALM 기반 위험조정수익률로는 잉여샤프지수_{Surplus Sharpe Ratio}가 있다. 잉여샤프지수는 자산수익률 대신에 자산수익률에서 부채수익률을 차감한 제도수익률 $R_{s,i}$를, 자산수익률의 표준편차 대신에 제로수익률의 표준편차 $\sigma_{s,i}$를 사용한다.

잉여샤프지수 $SS_i = \dfrac{R_{s,i} - R_f}{\sigma_{s,i}}$

평균수익률

투자성과를 평가하다 보면 5년, 10년 등 여러 해에 걸친 투자성과의 평균을 구해야 하는 경우가 있다. 이때 사용되는 방법에는 금액가중평균과 시간가중평균, 두 가지가 있다.

금액가중 평균수익률Dollar Weighted Average Return은 투자기간 중 투입 및 회수된 자금의 크기를 반영하여 평균수익률을 계산하는 방법이다. 매기 현금흐름을 고려하는 IRR이 금액가중 평균수익률의 대표적인 사례다. IRR은 개별 투자의 종합적인 수익률을 알고 싶을 때 주로 사용한다.

투자자의 자금이 수시로 들어오고 나가는 개방형 펀드Open-end Fund의 성과를 측정할 때는 금액가중 평균수익률이 적당하지 않다. 자산운용자의 역할은 그것이 얼마이건 주어진 자금을 잘 운용하는 것이므로, 자금의 크기와 관계없이 매기 실현한 수익률로 평균을 구하는 것이 개념적으로 합당하다. 이때는 4장에서 설명한 바와 같이 기하평균수익률을 사용한다. 이는 시간가중 평균수익률Time Weighted Average Return의 대표적인 사례다.

미실현 자본이득

부동산투자의 성과를 측정하는 데 있어서 특히 유념해야 할 이슈가 하나 있다. 바로 미실현 자본이득이다. 주기적으로 수익률을 측정하기 위해서는 기초와 기말의 가격정보가 필요한데, 부동산을 보유하는 기간 중에는 그 부동산이 거래되지 않기 때문에 가격정보가 존재하지 않는다. 게다가 부동산은 개별 물건마다 고유한 특성을 가지고 있어서 유사한 부동산의 거래가격을 무턱대로 적용할 수도 없다. 거래가 빈번하지 않고 자산 간 이질성이 큰 부동산의 특성은 보유기간 중 수익률의 측정을 어렵게 한다. 이러한 문제를 해결하는 방법은 부동산의 가치를 주기적으로 평가하여 자산가치의 변동을 파악하는 것이다.

미실현 자본이득은 국제투자성과기준GIPS: Global Investment Performance Standards에서도 중요하게 다루어지고 있다. GIPS는 투자성과의 공정한 측정과 완전한 공시를 위해 1999년

CFA협회CFA Institute[50]가 제시한 기준으로서, 부동산투자의 실현수익률을 측정할 때 총수익률을 사용하도록 권고하고 있다. 여기서 총수익률이란 소득수익률뿐 아니라 미실현 자본수익률까지 합한 수익률을 말한다. 미실현 자본이득의 반영은 2000년대 후반 글로벌 금융위기 이후 제도적으로도 의무화되는 추세다. 사모투자기구의 경우, 과거에는 투자자나 감독당국에 대한 보고의무가 느슨하여 투자성과를 엄격하게 측정하지 않았다. 그러나 금융위기를 겪으면서 사모투자기구의 불투명성이 도마에 올랐고, 그 결과 세계 각국에서 투명성에 관한 규제가 강화되었다.

그러나 부동산의 가치를 주기적으로 평가하는 것에도 문제는 있다. 부동산의 가치평가는 평가시점에 비해 과거의 정보에 의지할 수밖에 없고, 반복적으로 평가를 할 경우 직전 평가금액에서 크게 벗어나기 어려워 시장가치를 충분히 반영하지 못하기 때문이다. 이렇게 평가금액이 시장의 변화에 대해 느리고 둔감하게 반응하는 문제를 평가금액의 지연Lagging 및 평활Smoothing 현상이라고 한다.

10.3. 벤치마크

지수의 개념과 종류

사회현상을 파악하기 위해 자료를 수집하고 정제한 것을 통계Statistics라고 한다. 전통적인 사회과학은 통계적 기법을 주로 사용하기 때문에 통계는 중요하게 취급되어 왔다. 최근 대량의 정제되지 않은 수치자료, 심지어 이미지·사운드 등 비수치자료까지 신속하게 분

---

50. CFA는 Chartered Financial Analyst의 약자다. CFA협회는 재무분석과 관련해서 긴 역사와 큰 규모를 가진 국제적인 단체다.

석하는 빅데이터Big Data 기술이 발달하고 있지만, 통계는 여전히 우리 사회에서 중요한 축을 형성하고 있다.

지수Index란 사회현상을 상대적으로 비교할 수 있도록 수치로 나타낸 것이다. 지수는 통계를 가공하여 작성한다. 가장 대표적인 지수는 가격지수와 물량지수다. 그중 가격지수는 일상생활과도 밀접하다. 매년 지역별로 작성되는 물가지수가 그 사례다. 가격지수를 작성할 때는 시점에 따라 표본의 특성이 달라지지 않도록 유의해야 한다. 표본의 특성이 달라질 경우, 시점 간 지수의 차이가 가격의 변화 때문인지, 표본의 차이 때문인지 구분하기 어렵기 때문이다.

부동산의 가격지수를 작성하는 방법에는 평가기반모형Appraisal-based Model과 거래기반모형Transaction-based Model 두 가지가 있다. 전자는 동일한 표본에 대해 주기적으로 가치평가를 한 후 평균이나 중위수를 구하는 방법이다. 이 방법은 표본의 동질성이 유지되는 대신에 평가비용이 크고, 평가금액에 지연 및 평활 현상이 발생하는 문제를 가진다. 후자는 실제로 거래가 이루어진 사례를 이용하되 통계적인 기법으로 표본의 특성변화를 통제하는 방법이다. 이 방법은 시장의 변화를 민감하게 포착하는 대신에 거래사례가 풍부하지 않을 경우 안정성과 신뢰성이 떨어지는 문제를 가진다. 표본의 특성변화를 통제하는 기법에는 반복매매모형Repeat Sales Model과 특성가격모형Hedonic Pricing Model이 있다. 이 중 특성가격모형에 대해서는 3장에서 살펴보았다.

수익률지수Return Index는 가격지수Price Index와 관련이 크다. 수익률 산식에서 알 수 있듯이, 가격의 변화율이 곧 수익률이기 때문이다. 그래서 가격지수와 수익률지수를 같은 의미로 사용하는 경우도 종종 발견할 수 있다.

수익률지수는 작성의 목적에 따라 벤치마크지수Benchmark Index와 리서치지수Research Index로 구분된다. 벤치마크지수는 투자성과를 평가하고 투자특성을 분석하는 용도의 지수로서, 동류집단 전수조사를 바탕으로 작성된다. 반면 리서치지수는 시장분석 등 성과평가

외의 용도에 사용되는 지수로서, 표본조사를 바탕으로 작성된다.

벤치마크지수는 자료의 원천에 따라 다시 자산수준지수Property Level Index와 펀드수준지수Fund Level Index로 구분된다. 펀드수준지수는 다수의 부동산으로 구성된 포트폴리오의 수익률이라는 점, 레버리지 사용·여유자금 운용·조세특례 활용 등 개별 물건과 직접 연관되지 않는 자산운용자의 운용행위가 반영되는 점에서 자산수준지수와 차이가 있다. 지금까지 설명한 수익률지수의 종류는 데이빗 겔트너와 데이빗 링David Ling이 제시한 〈그림 10-1〉에 잘 정리되어 있다.[51]

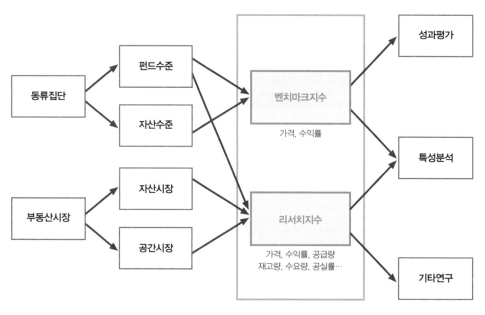

그림 10-1. 수익률지수의 종류

51. David Geltner and David Ling, "Ideal Research and Benchmark Indexes in Private Real Estate: Some Conclusions from the RERI/PREA Technical Report," *Real Estate Finance* 17(4), winter 2001, p.17.

벤치마크의 조건

수익률지수는 크게 세 차례 필요하다. 계획을 수립하는 단계에서 자산배분을 위한 것이 첫 번째고, 실행을 하는 단계에서 투자판단을 위한 것이 두 번째며, 평가를 수행하는 단계에서 실현수익률과 비교하기 위한 것이 세 번째다. 양질의 벤치마크는 기관투자자의 자산운용에 있어서 중요한 도구라고 할 수 있다.

제프리 베일리Jeffery V. Bailey는 증권시장에서 좋은 벤치마크가 가져야 할 조건으로 다음의 여덟 가지를 제시하였다. 지수의 작성에 모집단의 상당부분이 포함될 것, 시간에 따른 표본변경이 적을 것, 능동적 포지션Active Position의 성과가 양(+)의 값일 것, 포지션의 규모Position Size가 투자 가능한 정도일 것, 지수 대비 초과위험이 시장수익률 대비 초과위험보다 작을 것, 평가대상과 지수의 초과수익률 간에 양(+)의 상관관계가 있을 것, 평가대상의 지수 대비 초과수익률과 지수 간에 상관관계가 없을 것, 평가대상과 벤치마크의 스타일이 유사할 것. 이들 조건은 증권 분야에서 'Bailey's Criteria'라고 불리며 널리 인용되고 있다.[52] 그러나 부동산에 직접 적용하기는 현실적으로 어렵다.

겔트너와 링은 부동산시장의 특성을 고려하여 펀드수준 벤치마크에 요구되는 조건을 다음과 같이 여섯 가지로 제시하였다. 투자기간에 맞게 지수의 산출이 가능할 것Measurability, 투자자가 펀드매니저를 거치지 않고도 벤치마크에 투자할 수 있을 것Client Investability, 펀드매니저가 벤치마크에 역행하여 투자하도록 강요받지 않을 것No Forced Bet, 벤치마크가 펀드매니저의 스타일이나 전문성을 잘 반영할 것Appropriateness, 펀드매니저가 지수에 영향을 미칠 수 없을 것Non-Manipulatability, 투자자와 펀드매니저 간 지수에 대한 합의가 투자 이전에 가능할 것Agreement in Advance.

---

52. Jeffery V. Bailey, "Evaluating Benchmark Quality," *Financial Analysts Journal* 48(3), May-Jun. 1992, pp.33~39.

위 조건들 외에도 대표성·적시성·안정성·신뢰성 등 좋은 벤치마크가 갖추어야 할 덕목은 수없이 많다. 요구조건이 많다 보니 실제로 이를 모두 만족하는 벤치마크는 존재하기 어렵다. 그러나 많은 지수업체가 양질의 벤치마크를 제공하려 경쟁하고 있어서 기관투자자의 선택범위는 좁지 않은 편이다.

향후 벤치마크의 작성과 활용에 관한 조건은 한층 고도화할 것으로 보인다. 2013년 국제증권위원회기구IOSCO: International Organization of Securities Commissions가 벤치마크의 작성자·자료제공자 및 이용자가 준수해야 할 일반 원칙인 「Principles for Financial Benchmarks」를 발표한 이후, 이를 채택하는 기관이 늘어나고 있기 때문이다. 유럽에서는 2020년부터 IOSCO Principle보다 규제의 범위가 더 포괄적인 「EU Benchmarks Regulation」도 전면적으로 시행되었다.

부동산 벤치마크

합리적인 평가, 나아가서 성공적인 투자를 위해 적절한 벤치마크를 선정하는 일은 중요하다. 따라서 투자자는 자본시장에서 발표되고 있는 부동산 벤치마크를 폭넓게 파악하고 있어야 한다. 세계적으로 널리 활용되고 있는 부동산 벤치마크를 소개하면 다음과 같다. 부동산투자의 성과를 나타내는 벤치마크는 크게 상장지수와 비상장지수로 구분된다. 상장지수는 리츠와 같이 상장된 증권의 수익률지수를 말한다. 반면에 비상장지수는 부동산 실물이나 사모 부동산펀드의 수익률지수를 말한다. 상장지수는 거래소에서 형성되는 가격에 근거하므로 작성방법이 주식지수와 크게 다르지 않다. 그와 달리 비상장지수는 부동산 가격의 관찰이 어렵기 때문에 작성에 많은 시간과 노력이 소요된다.

상장지수는 전 세계를 대상으로 주식·채권·파생상품 등의 벤치마크를 생산하는 종합지수업체가 제공하고 있다. 대표적인 종합지수업체로는 S&P Dow Jones Indices, FTSE Russell, MSCI 등이 있다. 이들은 지수업체 국제조직인 지수산업협회IIA: Index Industry

Association의 핵심적인 구성원이다.

S&P Dow Jones Indices는 1896년부터 Dow Jones Industrial Average를 발표한 Dow Jones Indexes와 1957년부터 S&P 500을 발표한 S&P Indices가 2012년에 합병하여 탄생했다. S&P Dow Jones Indices는 역사가 길뿐더러 규모가 크며, 다양한 자산군에 대해 많은 지수를 생산하고 있다. 부동산 관련 상장지수는 S&P Real Assets Index의 하위 지수로 제공되고 있다. 한편 S&P Dow Jones Indices는 Case-Shiller 주택가격지수도 발표하고 있다.

FTSE Russell은 London Stock Exchange Group의 일원으로서, 2015년에 FTSE Group과 Frank Russell Company의 지수 부문을 통합하여 출범하였다. FTSE Russell은 상장부동산 및 리츠지수로 지명도가 높은 FTSE EPRA/NAREIT Global Real Estate Index를 발표하고 있다. 참고로 EPRA European Public Real Estate Association 와 NAREIT National Association of Real Estate Investment Trusts 은 각각 유럽과 미국의 상장부동산 및 리츠 관련 협회다. NAREIT은 자체적으로도 리츠 관련 지수를 발표하고 있다.

MSCI는 1998년에 Morgan Stanley와 Capital Group International에 의해 조직되었으며, 2009년 독립적인 회사가 되었다. 사실상 1969년부터 주식지수를 생산한 MSCI는 지속적인 인수합병을 통해 지수사업을 확장하였다. MSCI는 국제적인 산업분류기준인 GICS Global Industry Classification Standard 에 근거한 MSCI Sector Real Estate Indexes을 비롯해서, 리츠지수인 MSCI Core Real Estate Indexes, 스타일지수인 MSCI Real Estate Factor Indexes, 상장지수에서 부동산투자의 성과만 추출한 MSCI Liquid Real Estate Indexes 등을 발표하고 있다.

상장지수와 달리 비상장지수는 부동산에 특화된 기관에 의해 생산되고 있다. 여기에는 미국의 NCREIF와 PREA, 유럽의 INREV, 아시아태평양의 ANREV과 같은 협회도 있고, 미국의 RCA와 CoStar, 유럽의 Preqin과 같은 민간업체도 있다. 종합지수업체 중에서는

MSCI가 유일하게 비상장지수를 제공하고 있다.

MSCI는 오랜 역사를 가진 부동산 지수업체인 IPD를 인수하면서 비상장지수도 제공하게 되었다. MSCI가 제공하는 지수는 크게 자산수준지수인 MSCI Property Indexes와 펀드수준지수인 MSCI Property Fund Indexes로 구분된다. 이들 지수는 전 세계를 대상으로 하며, 국가별·대륙별로 발표되고 있다.

NCREIFNational Council of Real Estate Investment Fiduciaries는 1982년에 설립된 미국의 비영리 단체로서, 부동산투자 관련 기관들을 회원으로 한다. NCREIF는 회원들로부터 수집한 정보로 다양한 지수를 작성하고 있다. NCREIF의 대표적인 자산수준지수는 1977년부터 발표된 평가기반지수인 NPINCREIF Property Index다. 이와 함께 거래사례를 반영하는 NTBINCREIF Transaction Based Index도 발표하고 있다. 2000년대에는 펀드수준지수인 NFINCREIF Fund Index도 발표하였다. 2005년 Core 스타일의 NFI-ODCEOpen End Diversified Core Equity를 시작으로, 2008년 Closed End, Value Added 및 Opportunistic 스타일을 포함하는 NCREIF-Townsend Fund Indices 등 여러 펀드수준지수를 추가하였다. NCREIF-Townsend Fund Indices는 2013년에 NFI-CEVAClosed End Value Add Index로 대체되었다.

PREAPension Real Estate Association는 1979년 설립된 미국의 비영리 단체로서, 부동산에 투자하는 기관투자자를 회원으로 한다. PREA는 미국의 부동산펀드를 대상으로 하는 MSCI/PREA US Property Fund Index를 발표하고 있다. 이름에서 알 수 있듯이, 이 지수는 MSCI와 협력하여 작성되고 있으며, 크게 Open-End Funds와 Core, Diversified Open-End Funds의 두 가지로 구성되어 있다.

INREVEuropean Association for Investors in Non-listed Real Estate Vehicles은 2003년 유럽의 비상장 부동산펀드 자산운용자들이 사모투자기구 활성화를 위해 결성한 단체로서, 2005년부터 다양한 지수를 발표하고 있다. INREV의 지수는 펀드수준을 중심으로 편성되어 있다.

　　　　　　　　　　　　　　　　　　　　　　　　　　　　　　실제 편

대표적인 지수는 INREV Annual/Quarterly Index다. 최근에는 자산수준지수인 INREV ALIAsset Level Index도 발표하고 있다.

INREV과 성격이 유사한 단체로 2009년 아시아태평양의 비상장 부동산펀드 자산운용자들이 결성한 ANREVAsian Association for Investors in Non-Listed Real Estate Vehicles도 있다. ANREV 역시 아시아태평양 지역을 대상으로 지수를 작성하고 있다.

한편, NCREIF, INREV, ANREV은 전 세계를 대상으로 하는 펀드수준지수 GREFIGlobal Real Estate Fund Index를 공동으로 개발하여 2014년부터 발표하고 있다. GREFI는 지역적으로는 미국·유럽·아시아태평양, 스타일로는 Core·Non-Core로 구분되며, Open-End 지수도 별도로 발표되고 있다. 미국은 1978년, 나머지 지역은 2010년을 시점으로 한다.

RCAReal Capital Analytics는 2000년에 설립된 미국의 상업용 부동산 전문업체다. RCA는 2006년부터 자산수준지수인 Moody's/REAL CPPICommercial Property Price Index를 발표하고 있다. 이 지수는 이후 Moody's/RCA CPPI, RCA CPPI로 여러 차례 이름이 바뀌었다. RCA CPPI는 전 세계를 대상으로 오피스·리테일·인더스트리얼 등 다양한 섹터에 대해 발표되고 있으며, 지금까지 살펴본 지수들과는 달리 거래사례에 기반을 둔 반복매매지수라는 특성을 가지고 있다.

CoStar는 1987년에 설립된 미국의 중개 및 정보제공업체다. Costar는 온라인 정보제공서비스를 기반으로 2010년부터 자산수준지수인 CCRSICoStar Commercial Repeat-Sale Indices를 발표하고 있다. CCRSI는 다양한 섹터의 부동산을 대상으로 하며, 지역적으로는 미국에 국한되어 있다. CCRSI도 RCA CCPI처럼 반복매매지수다.

펀드수준지수를 발표하는 민간업체로는 Preqin이 있다. Preqin은 2003년 설립된 대체투자 관련 서비스회사로서, 부동산에 대해서도 다양한 정보와 분석을 제공하고 있다. Preqin은 온라인으로 시장정보를 제공하는데, 여기에 Private Capital Benchmarks, PrEQIn Quarterly Index 등 부동산펀드의 수익률지수를 담은 벤치마크가 포함되어 있다. Preqin은 APREA~Asia-Pacific Real Estate Association~와 APREA-Preqin Quarterly Monitor 를 발간하고 있는데, 여기서도 2019년부터 PrEQIn APAC Private Real Estate Quarterly Index를 제공하고 있다.

지금까지 살펴본 기관 중에서, 우리나라를 대상으로 부동산지수를 발표하는 곳은 MSCI 뿐이다. ANREV, RCA 등 여러 기관이 우리나라의 정보를 조사하고 있지만, 지수를 발표 하지는 않고 있다.

	상장지수	비상장지수		
		펀드수준	자산수준	
			평가기반	거래기반
US		NCREIF NFI MSCI/PREA USPFI	NCREIF NPI	NCREIF NTBI CoStar CCRSI
Global	S&P DJ FTSE Russell MSCI	MSCI PFI INREV A/Q Index GREFI PrEQIn REI	MSCI PI INREV ALI	MSCI TLI RCA CPPI

그림 10-2. 대표적인 부동산 벤치마크

우리나라의 사정은 어떠할까? 안타깝게도 우리나라에서는 부동산 벤치마크를 체계적으로 발표하는 민간업체를 찾아보기 힘들다. 다수의 정보업체가 활동하고 있지만, 임대료·거래사례 등 시장정보만 제공할 뿐 수익률지수는 개발하지 않고 있기 때문이다. 다행인 것은 공공부문에서 수익률지수를 발표하고 있다는 사실이다. 한국감정원이 운영하는 상업용부동산 임대동향조사와 리츠정보시스템이 그것이다.

상업용부동산 임대동향조사는 전국을 대상으로 오피스와 리테일의 수익률지수를 소득수익률과 자본수익률로 구분하여 발표하고 있다. 상업용부동산 임대동향조사는 지역 면에서 방대할 뿐 아니라 2000년대 초반부터 발표되어 역사도 비교적 긴 편이다. 그러나 평가기반지수가 가지는 평활화 문제, 잦은 표본교체로 인한 일관성 문제, 기관투자자가 투자대상으로 하는 수준의 부동산 비중이 낮은 대표성 문제 등의 이유로 널리 활용되지는 못하고 있다.

리츠정보시스템이 제공하는 수익률지수는 실제로 운용되고 있는 리츠를 대상으로 한다는 점에서 중요한 의미를 가진다. 리츠정보시스템에서는 수익률지수 외에도 다양한 리츠 관련 통계가 발표되고 있다. 그런데 리츠정보시스템은 배당수익률을 기준으로 수익률지수를 작성하고 있어서 미실현 자본이득이 수익률에 반영되지 못하는 문제를 가지고 있다. 또한, 수익률이 연 주기로 발표되고 있어서 활용성이 다소 낮다. 한편 한국리츠협회가 발간하는 『리츠저널』에서도 리츠의 수익률지수를 담고 있다. 『리츠저널』 역시 배당수익률을 기준으로 수익률지수를 발표하고 있는데, 발표주기가 분기라서 활용성은 리츠정보시스템에 비해 높은 편이다.

실제로 발표되고 있는 벤치마크로 그래프를 그려 보면, 부동산투자의 특성·지역·시기 등에 따른 성과의 차이를 분명하게 파악할 수 있다. 먼저, 미국의 자산수준지수인 NPI와 펀드수준지수인 NFI를 비교하면 〈그림 10-3〉과 같다. 두 지수는 미국의 부동산투자 수익률이 2010년대 초반에 높은 수준을 기록한 이후 최근까지 서서히 하락했음을 보여 주고 있다. NPI와 NFI가 대체로 유사한 가운데, 레버리지와 같은 투자특성이 반영된 NFI에서 수익률의 수준과 변동성이 약간 큰 것을 확인할 수 있다.

NPI와 NFI는 일치하지 않지만, 그렇다고 해서 크게 다르지도 않다. 두 지수가 얼마나 유사한지는 상장 리츠의 수익률지수와 비교해 보면 쉽게 알 수 있다. 〈그림 10-4〉는 NAREIT이 발표하는 Equity REITs 수익률지수를 〈그림 10-3〉에 추가한 것이다. 상장리츠

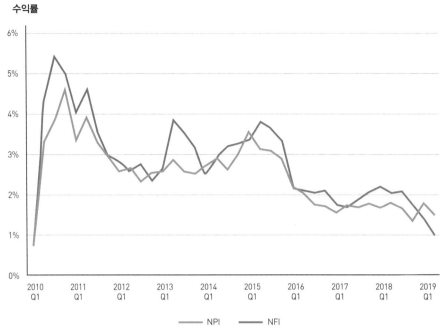

그림 10-3. NPI와 NFI 비교

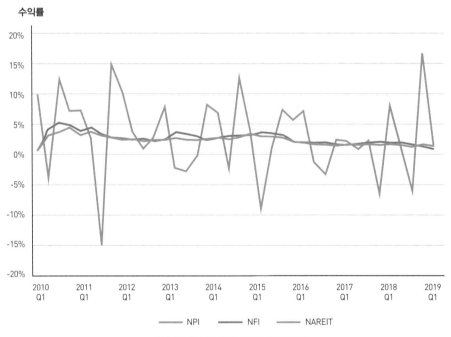

그림 10-4. NPI, NFI 및 NAREIT 비교

실제 편

그림 10-5. GREFI 지역별 비교(금융위기 포함)

그림 10-6. GREFI 지역별 비교(최근 10년)

수익률은 부동산시장뿐만 아니라 주식시장에서도 영향을 받기 때문에, 변동성이 비상장 지수인 NPI나 NFI에 비해 매우 크다. 그래프에서 NAREIT의 상하 변동 폭이 커서 NPI와 NFI가 거의 수평선처럼 보이는 것을 알 수 있다.

벤치마크는 지역 간 투자성과를 비교하는 데도 유용하다. 〈그림 10-5〉는 전 세계 부동산 투자의 성과를 나타내는 GREFI를 지역별로 비교한 것이다. 그래프를 통해서 2000년대 후반 글로벌 금융위기로부터 미국의 부동산투자가 가장 큰 손실을 입었다는 것을 알 수 있다. 손실을 회복하는 과정에서 가장 큰 이익을 실현한 지역도 미국이다.

〈그림 10-5〉에서는 글로벌 금융위기의 영향 때문에 지역별 수익률 차이가 잘 드러나지 않는다. 〈그림 10-6〉은 〈그림 10-5〉에서 2010년 이후의 수익률지수만 담은 것이다. 그래프에 나타난 바와 같이, 지역별 수익률은 시기별로 매우 다른 모습을 보인다. 또한, 지역별 수익률의 편차도 시기에 따라 다른 것을 알 수 있다. 이러한 차이는 우리가 투자를 계획하고 평가함에 있어서 적절한 벤치마크를 사용해야 하는 이유를 보여 준다.

- 투자평가는 크게 두 가지 차원으로 이루어진다. 포트폴리오의 투자성과를 평가하는 것이 첫 번째고, 투자 성과에 대한 투자담당자의 기여도를 평가하는 것이 두 번째다. 투자론은 그중 전자를 다룬다.

- 부동산투자에 있어서 투자평가는 측정된 실현수익률을 동류집단의 평균적인 수익률지수인 '벤치마크'와 비교하는 방법으로 수행된다.

- 투자평가를 위한 실현수익률은 '지분수익률'로 계산한다. 수익과 위험을 종합적으로 평가할 때는 '위험조정 수익률'을 사용하기도 한다.

- 부동산투자의 실현수익률을 계산할 때는 '미실현 자본이득'을 반영해야 한다. 이를 위해 부동산의 가치를 주기적으로 평가하여 자산가치에 반영해야 한다.

- 수익률지수는 벤치마크지수와 리서치지수로 구분된다. '벤치마크지수'는 투자성과를 평가하고 투자특성을 분석하는 용도의 지수로서, 동류집단 전수조사를 바탕으로 작성된다. 반면에 '리서치지수'는 시장분석 등 성과평가 외의 용도에 사용되는 지수로서, 표본조사를 바탕으로 작성된다.

- 부동산 벤치마크는 크게 상장지수와 비상장지수로 구분된다. '상장지수'는 상장된 부동산 관련 증권의 수익률지수를 말하고, '비상장지수'는 부동산 실물이나 사모투자기구의 수익률지수를 말한다. 성공적인 투자를 위해서는 활용 가능한 벤치마크를 충분히 파악하고 있어야 한다.

ATTENTION,
SALESMEN, SALES MGRS.
LOCATION
LOCATION
LOCATION

Close in to Rogers Park.
Greatest cross section business streets.
Close to L, 35 min. downtown.
Choicest high grade restricted
Apartment locations and valuable corners.
PROFITS to your customers.
IMPROVEMENTS—Quick development.
A LOCATION that builds sales
for you, eliminating all resistance.
Your greatest opportunity to make
money is in THIS PROPERTY.

Success Is Here.
All Our Men Are Making
Money.
Come In—See for Yourselves.
Don't Waste Time—Money.

C. G. ROBINSON,
DIRECTOR OF SALES,
WITTBOLD REALTY CO.,
134 N. LA SALLE ST.   ROOM 600.
Wittbold—a reliable name for 69 years.

부동산투자에 있어서 가장 오래되고 유명한 원칙은 단연 "Location, Location, Location"이다. 움직일 수 없는 부동산의 특성을 직관적으로 상기시키는 이 문구는 많은 사람들로부터 공감을 얻고 있다. 그러나 이 원칙이 누구의 입에서 처음 나왔는지는 분명하지 않다. 그림은 "Location, Location, Location"을 담고 있는 가장 오래된 문헌으로 알려진 「시카고 트리뷴(Chicago Tribune)」의 섹션광고.

A real estate classified advertisement in the *Chicago Tribune*, Sept. 27, 1926.

전략

11

Style

스타일

11.1. 전략으로서의 스타일

스타일의 개념

목적에 부합하는 자산을 찾는 것은 모든 투자자의 바람이다. 그러나 시장에 존재하는 수많은 자산을 일일이 파악하고 비교하는 것은 불가능에 가깝다. 만약 자산들을 수익위험 특성에 따라 몇 개의 집단으로 분류할 수 있다면, 투자자에게 희소식이 될 것이다. 이렇게 분류한 자산의 집단 또는 각 집단의 특성을 투자스타일Investment Style 또는 스타일Style 이라고 한다.

스타일이란 수익위험 특성에 따라 분류한 자산의 집단 또는 각 집단의 특성

스타일은 부동산을 분류한다는 점에서 등급Grade과 유사하다. 그러나 스타일과 등급 간

에는 다음과 같은 차이가 있다. 첫째, 등급이 물건을 중심으로 분류되는 반면에 스타일은 투자의 관점에서 분류된다. 따라서 등급에는 섹터·입지·규모 등 부동산의 특성만 고려되지만, 스타일에는 레버리지·가치창출 등 투자의 방법이 함께 고려된다. 즉, 동일한 등급의 부동산이라도 레버리지를 얼마나 활용하는가에 따라 스타일이 달라질 수 있다. 둘째, 등급이 개별 부동산을 대상으로 하는 반면에 스타일은 여러 부동산으로 구성된 포트폴리오에도 적용된다. 사실, 스타일이 주로 활용되는 분야는 다수의 부동산에 투자하는 투자기구다. 셋째, 한번 정해진 등급은 좀처럼 바뀌지 않는 반면에 스타일은 시간에 따라 변할 수 있다. 스타일분석의 중요한 역할 중 하나는 바로 이러한 변화를 포착하는 것이다.

스타일투자Style Investment란 특정한 스타일의 자산을 취득하여 수익위험 특성의 일관성

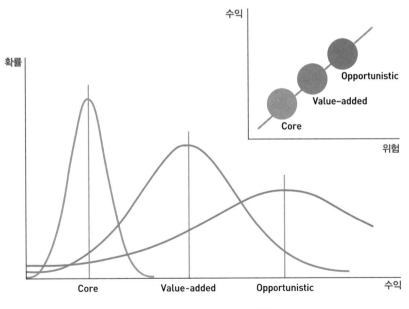

그림 11-1. 부동산투자의 스타일

을 추구하는 전략을 말한다. 주식시장에서는 소형·대형, 가치·성장, 로우모멘텀·하이모멘텀Low Momentum, High Momentum, 로우볼·하이볼Low Volatility, High Volatility, 로우퀄·하이퀄Low Quality, High Quality 등의 스타일투자가, 부동산시장에서는 코어Core·밸류애디드Value-added·오퍼튜니스틱Opportunistic 스타일투자가 대표적이다. 참고로 Core는 저위험 저수익, Value-added는 중위험 중수익, Opportunistic은 고위험 고수익의 특성을 가진다.

스타일투자란 특정한 스타일의 자산을 취득하여 수익위험 특성의 일관성을 추구하는 전략

스타일 분류의 기준이 되는 자산의 특성이나 투자의 방법을 스타일인자Style Factor라고 한다. 주식시장에서는 기업의 규모소형·대형, 내재가치와 시장가격의 비율가치·성장, 최근의 수익률로우모멘텀·하이모멘텀, 주가의 변동성로우볼·하이볼, 재무비율의 우수성로우퀄·하이퀄 등이 대표적인 스타일인자다. 주식투자에서는 각 스타일인자마다 주식을 두 집단으로 분류하는 방법을 주로 사용한다. 반면 부동산투자의 경우, 여러 스타일인자를 종합적으로 고려하여 부동산을 Core·Value-added·Opportunistic 세 집단으로 분류하는 방법을 주로 사용한다. 부동산시장의 대표적인 스타일인자로는 입지·섹터·규모·라이프사이클·레버리지·임대현황 등이 있다.

스타일분석Style Analysis은 스타일인자를 이용하여 자산이나 투자기구의 스타일을 분류하는 것을 말한다. 모든 자산과 투자기구는 스타일투자를 지향하든 하지 않든 결과적으로 자신의 스타일을 가지기 때문에, 스타일분석의 대상이 될 수 있다. 스타일분석은 1990년대 미국의 주식시장에서 본격적으로 발전했는데, 이는 간접투자시장의 성장과 깊은 관련이 있다. 투자기구는 전문적인 자산운용자가 투자를 대신해 준다는 점에서 편리한 금융상품이지만, 사실 투자자 입장에서 투자기구를 선택하는 일은 개별 자산을 선택하는 일보다 어렵다. 투자기구는 여러 자산으로 이루어져 있으며, 자산구성도 시점에 따라 달라

지기 때문이다. 따라서 금융기관은 투자자에게 수많은 투자기구에 대한 정보를 효과적으로 전달할 필요가 있었고, 그 과정에서 스타일분석이 발전한 것이다.

스타일분석의 접근방법에는 크게 두 가지가 있다. 자산이나 투자기구의 특성을 분석하는 방법과 자산이나 투자기구의 수익률을 분해하는 방법이 그것이다. 전자를 자산기반 또는 포트폴리오기반 스타일분석PBSA: Portfolio Based Style Analysis, 후자를 수익기반 스타일분석 RBSA: Return Based Style Analysis이라고 한다.

스타일투자는 기관투자자를 중심으로 자본시장에 널리 확산되었다. NCREIF는 부동산 투자에 대한 스타일의 역할을 다음과 같이 정리하였다.[53] 첫째, 스타일은 투자자로 하여금 자산이나 투자기구의 특성을 쉽게 이해할 수 있게 한다. 이를 통해 정보비대칭에 의한 역선택과 저평가를 방지한다. 둘째, 스타일은 스타일지수라는 벤치마크의 생산을 가능하게 한다. 투자자는 이를 이용해 자신이 투자한 자산이나 투자기구의 성과를 쉽고 정확하게 평가할 수 있다. 셋째, 펀드매니저의 선택에 따라 투자기구의 스타일은 변할 수 있고, 애초에 설정한 투자목적과 다르게 운용될 수 있다. 스타일분석은 투자자로 하여금 이러한 스타일이탈Style Drift을 감지하고 대응할 수 있게 한다. 넷째, 스타일은 다양한 투자상품의 생산을 촉진한다.

스타일의 이론적 배경

스타일은 주식시장에서 발전했다. 스타일에 대한 관심을 불러일으킨 것은 6장에서 설명한 주가의 이례현상이다. CAPM은 시장수익률이라는 단일변수가 개별 주식의 수익률을 결정한다고 보았다. 그러나 실제로는 시장수익률 외에 주식의 수익률에 체계적·지속적

---

53. John Baczewski, Kathleen Hands, and Charles R. Lathem, *Real Estate Investment Styles: Trends from the Catwalk*, NCREIF Styles White Paper Committee, October 2, 2003.

영향을 미치는 변수가 다수 발견되었다. 이를 주가의 이례현상이라고 하는데, CAPM이 발표된 1960년대부터 3요인모형이 발표된 1990년대까지 관련 연구가 집중적으로 이루어졌다.

3요인모형은 주가를 결정하는 변수로 시장수익률과 함께 시가총액과 장부가시가비율을 제시하였다. 주식의 스타일분석에서 널리 사용되고 있는 스타일인자인 규모과 가치성장은 여기에서 비롯한 것이다. 이후 스타일분석은 PBSA와 RBSA라는 두 가지 접근방법으로 발전했고, 그 성과는 주식펀드를 중심으로 스타일투자에 응용되었다.

PBSA의 대표적인 사례는 미국의 투자정보회사인 Morningstar가 개발한 'Style Box^{TM}'에서 찾을 수 있다. 〈그림 11-2〉에서 보는 바와 같이, 주식의 Style Box는 규모와 가치성장을 두 축으로 평면을 구성한 다음, 가로와 세로를 각각 삼등분한 아홉 조각의 상자 모습을 하고 있다. 여기서 아홉 개의 조각은 전형적인 스타일을 나타내며, 개별 투자기구의 스

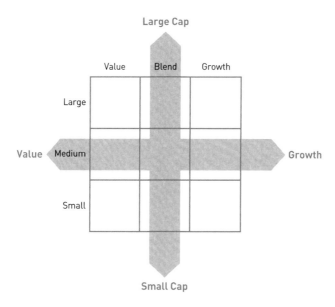

그림 11-2. Morningstar의 주식 Style Box^{TM}

타일은 평면상의 한 점으로 표시된다. PBSA는 개념적으로 합당하기 때문에 스타일분석의 초기부터 널리 받아들여졌다. 그러나 투자기구에 포함된 주식들의 특성 정보를 수집하는 데 많은 비용이 소요된다는 문제점을 가지고 있다.

RBSA는 PBSA의 대안으로 CAPM을 발표한 윌리엄 샤프에 의해 개발되었다.[54] RBSA는 투자기구에 포함된 주식들의 특성을 분석하는 대신에 투자기구의 수익률을 분해한다. 아래 식에서 R_i는 i 투자기구의 수익률을, $F_1 \sim F_n$은 소형주지수·대형주지수와 같은 n가지 스타일인자의 수익률지수를 의미한다. 또한, $\beta_{i1} \sim \beta_{in}$은 i 투자기구가 각 스타일인자에 노출된 정도를 나타낸다. RBSA는 투자기구의 수익률 정보만 사용하기 때문에, PBSA에 비해 사용하기 수월하다는 장점이 있다. 그러나 과거 실적이 없는 신규 투자기구에는 적용할 수 없다는 한계를 가진다.

$$R_i = \beta_{i1}F_1 + \beta_{i2}F_2 + \cdots + \beta_{in}F_n + \epsilon_i$$
ϵ_i: 오차항

부동산투자에 대한 스타일분석은 1990년대에 들어 RBSA를 부동산펀드나 리츠에 적용하는 것으로 시작되었다. 부동산펀드에 대해서는 오피스·리테일·인더스트리얼 등 섹터별 수익률지수가, 리츠에 대해서는 대형주·소형주, 가치주·성장주 등 주식의 수익률지수가 스타일인자로 사용되었다. 이후 투자기구가 아닌 자산에 직접 RBSA를 적용하는 시도도 이루어졌다. 여기서는 임차인집중·잔여임대차기간 등 부동산의 특성변수가 스타일인자로 추가되었다.

RBSA는 사용하기가 수월하지만, 사실 부동산투자에 그다지 적합하지는 않다. 부동산의

54. William F. Sharpe, "Asset Allocation: Management Style and Performance Measurement," *The Journal of Portfolio Management* 18(2), Winter 1992, pp.7~19.

수익률은 측정주기가 길어서 RBSA에 필요한 관측수를 확보하기가 어렵기 때문이다. 따라서 2000년대에는 부동산투자에 PBSA를 적용하기 위한 노력이 다양하게 이루어졌다. 그 결과 수익률 결정요인에 대한 연구가 축적되면서, 부동산투자에 대한 스타일분석은 PBSA가 주를 이루게 되었다.

부동산투자의 스타일 분류체계를 정립한 것은 NCREIF였다. 2003년 NCREIF는 Core·Value-added·Opportunistic으로 세 가지 스타일을 명명하고, 〈표 11-1〉과 같이 분류기준을 제시하였다.[55] NCREIF의 스타일인자는 섹터·라이프사이클·임대율·임차인집중·임대차갱신·레버리지·지역·투자구조의 여덟 가지다. 이 분류는 개념적으로 타당하고 직관적으로 이해하기 쉬워 널리 받아들여졌다. 특히, 2000년대 후반 유럽에서 Value-added 투자가 인기를 끌면서 부동산투자에도 스타일이 크게 확산되었다.

표 11-1. NCREIF의 스타일 분류기준

구분	Core	Value-added	Opportunistic
섹터	오피스, 리테일, 인더스트리얼, 레지던스 등 주요 섹터에 국한	주요 섹터 + 비전형적인 리테일, 호스피탈리티, 실버하우스 등	개발사업, 토지 등 전통적이지 않은 섹터까지 포함
라이프사이클	운영단계	운영 및 임대단계	개발 및 재개발단계
임대율	높음	중간	낮음
임차인집중	낮음	중간	높음
임대차갱신	낮음	중간	높음
레버리지	낮음	중간	높음
지역	기관투자시장	기관투자시장 또는 이머징마켓	2차 및 3차 시장, 해외시장
투자구조	강한 통제	강하거나 중간적인 통제	최소한의 통제

NCREIF의 분류기준은 최초로 표준을 제시했다는 점에서 의의를 가지지만, 실제로 활용하기에는 다소 부족하다. 기관투자자의 부동산투자는 대부분 투자기구를 통해 이루어지는데, NCREIF의 분류기준은 펀드수준보다는 자산수준에 중심을 두고 있다. 또한, 각 스

타일인자에 대한 스타일 분류의 수치적인 기준을 제시하지 않고 있다.

이러한 한계를 넘어서기 위해, 2010년대에는 부동산펀드를 대상으로 스타일인자에 관한 계량적인 연구가 활발하게 이루어졌다. 그 결과, 스타일인자가 재무인자·분산인자·자산인자·기타인자 등으로 보다 정교하게 정리되었다.[56] 여기서 재무인자는 레버리지비율·소득수익비중·자본가치 등을, 분산인자는 자산의 수·섹터의 분산정도·지역의 분산정도 등을, 자산인자는 개별 부동산의 라이프사이클·규모·섹터·지역·임대율 등을, 기타인자는 자산운용자의 재량권·투자구조 등을 각각 의미한다.

스타일분류의 수치적인 기준은 INREV에 의해 제시되었다.[57] INREV은 실제로 운용 중인 부동산펀드를 대상으로 다양한 스타일인자를 검증한 결과, 무수익자산비중·개발사업비중·소득수익비중·레버리지비율의 네 가지가 유의한 것을 밝히고 〈표 11-2〉와 같은 스타일 분류기준을 발표하였다.

한 가지 유의할 점은 Core·Value-added·Opportunistic 스타일은 원래 실물직접투자

표 11-2. INREV의 스타일 분류기준

구분	Core	Value-added	Opportunistic
무수익자산비중 Target Percentage of Non-Income Producing Investments	≤ 15%	15~40%	> 40%
개발사업비중 Target Percentage of (Re)Development Exposure	≤ 5%	5~25%	> 25%
소득수익비중 Target Return derived from Income	≥ 60%		
레버리지비율 Maximum LTV	≤ 40%	40~60%	> 60%

55. John Baczewski *et al.*, *op. cit.*

56. Guoxu Xing, David Geltner, and Jani Venter, "An Analysis of U.K. Property Funds Classified According to U.S. Styles: Core, Value-added, and Opportunistic," *Journal of Real Estate Portfolio Management* 16(2), 2010, pp.119~130.

57. INREV, *INREV Style Classification*, March 2011.

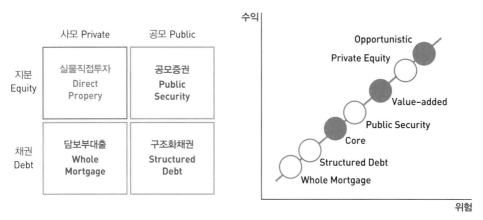

그림 11-3. 부동산투자의 유형

Direct Property Investment에 국한된 개념이라는 것이다. 투자의 정의에서 살펴본 바와 같이, 부동산투자의 대상에는 부동산 실물뿐 아니라 부동산 관련 권리와 금융상품이 폭넓게 포함된다. 또한, 투자의 포지션도 지분투자와 채권투자로 구분된다. 실무에서는 이를 종합하여 부동산투자를 〈그림 11-3〉과 같이 크게 네 가지로 나눈다.[58] 이 중 사모로 자금을 모집해서 부동산의 지분에 투자하는 것을 실물직접투자라고 한다.[59]

11.2. 스타일투자의 발전

스타일투자의 역사

부동산에 대한 스타일투자는 미국의 기관투자자를 중심으로 발전했다. 그 역사는 필립 코너Philip Conner와 유궈 리앙Youguo Liang이 다음과 같이 정리하고 있다.[60]

미국의 기관투자자가 부동산에 본격적으로 투자하기 시작한 것은 1970년대다. 주가의 변동성 증가, 채권의 수익률 하락, 이자율과 물가의 가파른 상승이 그 배경이다. 부동산은 변동성이 낮고, 현금흐름을 발생시킬 뿐 아니라, 주식이나 채권과 수익률의 상관관계가 낮다고 알려졌기 때문에 기관투자자로부터 큰 호응을 얻었다. 이 시기 기관투자자는 대도시 핵심지역에 소재하는 대형 부동산을 트로피자산Trophy Property 또는 코어자산Core Property이라고 부르며 주된 투자대상으로 삼았다. Core 투자라는 용어는 여기서 유래한 것으로 보인다.

1980년대에는 S&LSavings and Loans 부도사태와 같은 금융위기를 겪으면서 이러한 상황을 역으로 활용하는 공격적인 투자가 인기를 끌었다. 금융기관에 쌓여 있는 부실채권을 높은 레버리지를 활용하여 대량으로 매입하는 벌처펀드Vulture Fund가 성행한 것이다. 이러한 투자는 부실채권 매입을 통해 부동산을 유입하는 것뿐 아니라, 부실한 기업이 소유한 부동산이나 운영상태가 부실한 부동산을 대량으로 매입하는 것으로까지 확대되었는데, 특수한 기회를 활용하는 투자라는 의미에서 Opportunistic 투자라고 불리게 되었다.

1990년대에는 시장이 회복되면서 1980년대와 같은 기회가 눈에 띄게 줄어들었다. 당시 시장의 회복은 증권 분야에서 먼저 이루어졌는데, 이는 부동산 관련 증권시장의 성장으로 이어졌다. 1960년대에 이미 제도가 마련되었으나 성장이 부진했던 리츠가 급격하게 활성화된 것도, CMBSCommercial Mortgage Backed Securities와 같은 구조화채권이 다양하게 개발된 것도 이 시기였다. 한편, 시장의 회복은 부동산의 가치상승으로 이어졌다. 그 결과, Core 투자의 수익률이 크게 낮아졌다. 이러한 환경은 새로운 전략을 유행시켰다. 바로 Core 자산에 비해 열위에 있는 부동산을 매입하여 물리적·운영적·재무적 개선을 통해 수익률을 제고하는 것이다. 이는 Value-added 투자라고 불리며 1990년대 후반부터 기

58. Philip Conner and Youguo Liang, "Institutional Real Estate Investment: Evolution and Innovation," *Real Estate Finance* 20(3), 2003, pp.2~10.
59. 그러나 최근에는 스타일투자가 보편화되면서, 실물직접투자가 아닌 다른 유형의 부동산투자에도 Core·Value-added·Opportunistic 분류가 자주 사용되고 있다.
60. Philip Conner *et al., op. cit.*

관투자자의 관심을 끌었다.

자본시장에서 스타일투자나 스타일분석은 이제 보편적인 개념이 되었다. 시중에 출시된 많은 투자기구가 스타일투자를 하고 있고, 많은 기관이 스타일지수를 발표하고 있다. 우리나라에서도 2012년 국민연금이 '가치부가투자'라고 이름 붙인 부동산펀드를 설정한 이후, 스타일투자에 대한 관심이 커지고 있다. 최근에는 자산운용자가 스타일을 명시한 투자기구를 출시하는 사례도 점차 늘어나고 있다. 그러나 미국이나 유럽에 비해서는 아직 시작 단계에 있는 것이 사실이다.

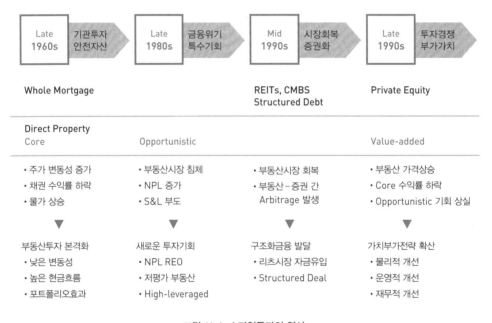

그림 11-4. 스타일투자의 역사

스타일투자의 현황

대부분의 국가에서 부동산은 국부의 상당부분을 차지한다. 그러나 그중 얼마가 자본시장에서 거래되는지는 포착하기 쉽지 않다. 증권시장과 같은 거래소가 존재하지 않기 때문이다. 따라서 스타일투자에 대해서도 시장규모를 총량적으로 파악하기는 어렵다. 다만, 기관투자자의 포트폴리오에서 각 스타일이 차지하는 비중은 어느 정도 파악할 수 있다. PREA는 매년 회원사의 정보를 집계하여 스타일투자 현황을 발표하고 있다. PREA 회원의 70%는 공공, 30%는 민간부문이며, 이들이 운용하는 자산규모는 2017년 기준으로 2조7천억 달러, 그중 부동산 관련 자산은 총자산의 9%인 2천4백억 달러에 이른다. PREA 회원의 포트폴리오 중 채권투자와 스타일이 분류되지 않는 지분투자를 제외한 부동산투자를 스타일별로 분류한 결과는 〈표 11-3〉과 같다.[61] 가장 큰 비중을 차지하는 스타일은 단연 Core로서, 전체 부동산투자의 55~60%에 달한다. 그 뒤를 Opportunistic이 20~25%, Value-added가 15~20% 순으로 뒤따르고 있다. Core 스타일이 가장 큰 비중을 차지하는 것은 연기금을 중심으로 한 기관투자자의 성격상 당연한 일이다.

우리나라에는 PREA와 같이 부동산투자 정보를 공유하는 기관투자자 단체가 존재하지 않는다. 따라서 스타일투자와 관련된 통계를 파악하는 것은 불가능하다. 앞에서 언급했듯이, 우리나라에도 부동산에 대한 스타일투자가 도입된 지 적지 않은 시간이 흘렀

표 11-3. PREA 회원의 부동산투자 스타일 비중   (단위: 백만 달러)

구분	2016		2015	
	금액	비중	금액	비중
Core	121,498.5	62.5%	106,784.7	57.2%
Value-added	31,423.7	16.2%	36,730.7	19.7%
Opportunistic	41,565.5	21.4%	43,269.2	23.2%
합계	194,487.7	100.0%	186,784.6	100.0%

61. PREA, *Investor Report*, July 2017

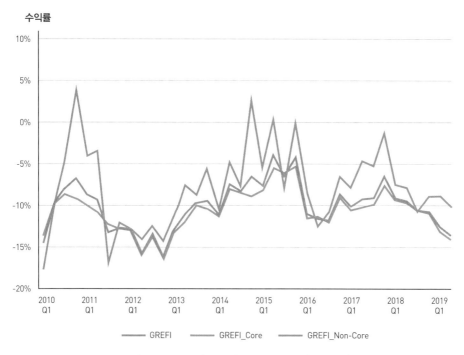

수익률

그림 11-5. GREFI의 Core와 Non-Core 비교(최근 10년)

다. 그런데도 대부분의 기관투자자가 Core 중심의 투자를 하고 있어서 Value-added나 Opportunistic의 비중은 아직 낮은 것으로 알려져 있다.

그렇다면 부동산투자의 스타일은 투자자가 기대하는 수익위험 특성을 만족시키고 있을 까? 이는 각 스타일이 실현한 수익률을 비교하여 확인할 수 있다. 〈그림 11-5〉는 GREFI 의 스타일지수를 나타낸 것이다. GREFI는 부동산투자의 스타일을 Core와 Non-Core로 나누고 있다. 그래프를 통해 Non-Core 스타일의 수익률이 Core보다 높으면서 변동성 또 한 큰 것을 확인할 수 있다. 이는 스타일이 부동산투자의 수익위험 특성을 잘 반영하고 있다는 것을 의미한다.

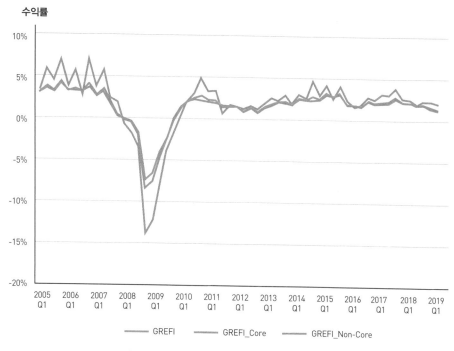

수익률

그림 11-6. GREFI의 Core와 Non-Core 비교(금융위기 포함)

Core와 Non-Core 스타일의 투자성과는 일상적인 시기가 아닌 글로벌 금융위기와 같은 위기의 상황에서도 기대와 일치하는 모습을 보여준다. 〈그림 11-6〉은 〈그림 11-5〉를 과거로 연장하여 글로벌 금융위기 이전부터 그린 것이다. 이를 통해 2000년대 후반 전체적으로 부동산투자의 수익률이 급락한 가운데, Core의 경기하락에 대한 방어력이 Non-Core에 비해 우수했다는 것을 확인할 수 있다.

11.3. CVO_부동산 스타일투자

Core_핵심

Core 투자란 오피스·리테일·인더스트리얼·아파트 등 전통적인 투자섹터에 속하면서 핵심적인 지역에 입지한 부동산에 투자하는 전략을 말한다. 우리나라에서는 핵심투자라고 번역하기도 한다. Core 자산은 안정적인 운영단계에 접어들고, 임대율이 높으며, 임대차가 분산된 등의 조건을 충족해야 한다. Core 투자는 레버리지비율을 낮게 유지하며, 총수익률에서 소득수익률이 차지하는 비중이 자본수익률에 비해 상대적으로 높은 특성을 가진다.

Core 투자의 범위는 시기와 지역에 따라 다르다. 앞에서 언급한 Core 투자의 개념은 사실 부동산투자의 역사가 긴 미국과 유럽의 이야기다. 우리나라에서는 이보다 보수적인 기준이 적용된다. 섹터 면에서는 오피스에 국한하여, 입지 면에서는 서울의 3대 오피스 권역에 국한하여 Core 투자로 인정하는 것이 현실이다. 어떤 자산의 수익위험 특성을 파악하기 위해서는 충분한 기간의 축적된 자료를 분석해야 한다. 따라서 Core 투자의 범위가 확대되는 데 시간이 걸리는 것은 당연한 일이다.

최근 우리나라에서도 핵심권역 오피스에 대한 투자경쟁이 치열해지면서, 새로운 투자기회를 찾는 움직임이 커지고 있다. 미국이나 유럽의 경험처럼 Core 투자의 범위가 확대되고 있는 것이다. 현재로서는 지역의 확대보다는 섹터의 확대가 더 빠르게 진행되고 있다. 유통시장에서 시장점유율이 높은 임차인이 운영하는 대형점, 신용도가 우수한 화주가 임차한 물류센터 등이 서서히 Core 투자로 포함되고 있다.

Value-added_가치부가

Value-added 투자는 Core 투자에 비해 섹터 면에서는 비전통적인 리테일·호스피탈리티·실버하우스까지, 지역 면에서는 대도시 외곽이나 신흥도시까지 범위가 확대된다. 또한, 임대가 진행 중이어서 아직 안정화되지 않은 부동산, 임대율이 낮은 부동산, 임대차가 충분히 분산되지 않은 부동산도 투자대상으로 한다. 게다가 선임대가 일정수준 이상 이루어졌다면, 개발사업도 Value-added 투자의 대상이 될 수 있다. 당연한 이야기지만, 레버리지비율과 소득수익비중에 대해서도 Core 투자에 비해 관대하다. 우리나라에서는 가치부가투자라고 번역하기도 한다.

Value-added 투자가 단지 Core 투자에 비해 열위에 있는 부동산을 매입하는 것만을 의미하지는 않는다. 사실, Value-added 투자의 핵심적인 전략은 말 그대로 자산의 가치를 증대시키는 것이다. 가치증대의 원천은 부동산에서 발생하는 소득의 수준과 질, 지속성을 개선하는 것이다. Value-added 투자의 전문가들은 예외 없이 NOI의 개선을 강조한다. 임차인에게 매력적이지 않으면, 매수자에게도 매력적일 수 없다는 것이다.

흔히 Value-added 투자를 부동산이 가지고 있는 물리적·운영적·재무적 문제를 해결하여 가치를 증대시키는 전략이라고 말한다. 이 말이 Value-added 투자의 핵심을 담고 있긴 하지만, 전부를 담고 있는 것은 아니다. 부동산의 가치를 증대시키는 방법은 보다 폭넓게 이해할 필요가 있다.

브레나 오로티Brenna O'Roarty는 Value-added 투자를 '경기변동에서 기회를 포착하는 전략Cyclical Opportunity'과 '구조변화에서 기회를 포착하는 전략Structural Opportunity'으로 구분하였다.[62] 전자는 시장의 비효율성에 기인하며, 후자는 사회적·기술적·제도적 여건에 기인한다.

구조변화에서 기회를 포착하는 전략은 그것이 주목하는 대상에 따라 다시 시장에 주목

---

62. Brenna O'Roarty, "European Value-added Investing: Leveraging Structural and Cyclical Real Estate Opportunities," *Journal of European Real Estate Research* 2(1), 2009, pp.79~104.

하는 전략, 매도자에 주목하는 전략, 매수자에 주목하는 전략의 세 가지로 구분된다. 시장에 주목하는 전략은 새롭게 성장하는 지역이나 섹터를 남들보다 먼저 발굴하여 투자하는 것을 말한다. 이러한 시장이 기관투자자의 투자대상에 포함될 경우, 가치상승을 기대할 수 있다. 매도자에 주목하는 전략은 문제가 있는 부동산 또는 부동산의 소유자를 발굴하여 투자하는 것을 말한다. 이러한 부동산을 물리적·운영적·재무적으로 개선할 경우, 가치상승을 기대할 수 있다. 매수자에 주목하는 전략은 부동산의 가치를 증대시키는 투자자 고유의 능력을 활용하는 투자를 말한다. 이러한 능력에는 전형적인 패턴이 없다. 투자자의 기술력, 네트워크, 자금력 등 다양한 요소가 해당될 수 있으며, 시기에 따라서 활용 가능한 요소가 달라질 수도 있다.

Opportunistic_기회추구

Opportunistic 투자는 Core 및 Value-added 투자의 한계를 벗어난 고위험 고수익의 부동산투자를 말한다. 우리나라에서는 기회추구투자라고 번역하기도 한다. 원래는 부실채권이나 재무적 곤경에 처한 부동산을 매입하는 것으로 시작되었으나, 최근에는 토지매입·개발사업 등을 포괄하는 전략으로 이해되고 있다. 일반적으로 Opportunistic 투자는 레버리지를 적극적으로 사용한다.

부실채권이나 재무적 곤경에 처한 부동산을 매입하는 Opportunistic 투자는 부동산시장이 급격한 침체기로 접어들 때 활발해진다. 1990년대 후반 우리나라가 외환위기를 맞았을 때 적극적으로 부동산을 매입한 해외투자자가 여기에 해당한다. 이러한 상황은 일상적으로 발생하지 않기 때문에, 다른 투자전략에 비해 투자기회가 적다. 그러나 부실채권이나 부실자산의 매입은 큰 규모로 이루어지므로, Opportunistic 투자의 시장규모가 작다고 말하기는 어렵다.

일상적으로 이루어지는 Opportunistic 투자의 대표적인 사례는 개발사업이다. 개발에 의한 투자에는 토지매입위험·인허가위험·준공위험·시장위험 등 매입에 의한 투자에 없는 다양한 위험이 존재하기 때문에, 고위험 고수익의 특성을 가진다.

우리나라에서는 기관투자자에 의한 Opportunistic 투자가 아직 흔하지 않다. 간혹 개발사업에 투자하는 경우가 있지만, 디벨로퍼나 시공사로부터 충분한 담보 또는 보증을 제공받는 채권투자나 준공 전에 건물을 선매입하는 지분투자가 대부분이다. 그러나 Value-added 투자의 확산과 함께 Opportunistic 투자에 대한 기관투자자의 관심도 커지고 있다.

Core

맨해튼은 세계 경제의 중심이다. 이곳의 부동산에는 우량한 글로벌 기업들이 입주해 있다.

Value-added

세계인으로부터 사랑을 받고 있는 런던의 테이트모던(Tate Modern)은
80년대부터 가동을 멈춘 뱅크사이드 발전소(Bankside Power Station)를 리모델링한 것이다.

Opportunistic

두바이에서는 상상하기 힘든 규모와 테마의 개발사업이 도시 전체에서 이루어지고 있다.

- 수익위험 특성에 따라 분류한 자산의 집단 또는 각 집단의 특성을 '투자스타일' 또는 '스타일'이라고 한다. 투자자는 스타일을 통해서 복잡한 투자의 과정을 간소화할 수 있다.

- '스타일투자'란 특정한 스타일의 자산을 취득하여 수익위험 특성의 일관성을 추구하는 전략을 말한다. 부동산시장에서는 Core, Value-added, Opportunistic 스타일이 대표적이다. Core는 저위험 저수익, Value-added는 중위험 중수익, Opportunistic은 고위험 고수익의 특성을 가진다.

- 스타일 분류의 기준이 되는 자산의 특성이나 투자의 방법을 '스타일인자'라고 한다. '스타일분석'은 스타일인자를 이용하여 자산이나 투자기구의 스타일을 분류하는 것을 말한다.

- 스타일분석에는 'PBSA'와 'RBSA' 두 가지 접근방법이 있다. 부동산에 대해서는 이 중 PBSA가 널리 활용되고 있다.

- 'Core 투자'란 오피스·리테일·인더스트리얼·레지던스 등 전통적인 투자섹터에 속하면서 핵심적인 지역에 입지한 부동산에 투자하는 전략을 말한다.

- 'Value-added 투자'는 Core 투자에 비해 섹터와 지역 면에서 투자범위가 넓다. 또한, 물리적·운영적·재무적 개선을 통해 부동산의 가치를 증대시키는 행위를 적극적으로 한다.

- 'Opportunistic 투자'는 Core 및 Value-added 투자의 한계를 벗어난 고위험 고수익의 부동산투자를 말한다. 가장 대표적인 Opportunistic 투자는 개발사업이다.

12

Ethics

윤리

12.1. 전략으로서의 윤리

투자윤리와 윤리투자

윤리Ethics란 공동의 선에 부합하기 위해 사람이 지켜야 할 도리를 말한다. 반면, 투자는 수익을 추구하는 투자자의 지극히 이기적인 행위다. 따라서 윤리와 투자는 어울리지 않아 보인다. 그럼에도 최근 투자분야에서 심심치 않게 들을 수 있는 단어가 바로 투자윤리Ethics of Investment다. 고객의 이익을 최선으로 하는 금융기관의 윤리강령, 선관주의의무를 중시하는 연기금의 스튜어드십코드Stewardship Code 등 투자윤리와 관련된 사례는 많고 다양하다.

투자윤리는 스펙트럼이 매우 넓기 때문에, 개념을 포착하기가 쉽지 않다. 투자윤리를 제대로 파악하기 위해서는 누구의 선을 위해, 누가 지켜야 할 도리를 말하는지 잘 구분해야 한다. 그것에 따라서 윤리와 투자가 만나는 접점이 두 가지로 나뉘기 때문이다. 투자서비스 종사자가 고객을 위해 지켜야 할 직업윤리Professional Ethics와 투자기관이 사회적 책임을 다하기 위해 지켜야 할 윤리경영Ethical Management이 그것이다. 투자윤리의 개념은 다음과 같이 두 가지로 정의할 수 있다.

직업윤리 차원의 투자윤리란 투자서비스 종사자가 고객을 위해 지켜야 할 규범
윤리경영 차원의 투자윤리란 투자기관이 사회적 책임을 다하기 위해 지켜야 할 규범

윤리투자Ethical Investment란 윤리를 고려하는 투자를 말한다. 투자윤리의 두 가지 차원 중에서는 후자, 즉 기업의 사회적 책임CSR: Corporate Social Responsibility과 연관된다. 윤리투자는 그 기원에 따라 다양한 이름으로 불려왔다. 널리 알려진 이름으로는 책임투자Responsible Investment·지속가능투자Sustainable Investment·임팩트투자Impact Investment·TBL투자Triple Bottom Line Investment 등이 있다.[63]

과거에는 윤리가 도덕과 양심의 문제였다. 그러나 환경오염·노동착취·회계부정 등 비윤리적 경영을 일삼은 기업들이 고객과 정부로부터 외면당하고 재무적 곤경에 처하는 일이 빈번해지면서, 최근에는 기업의 경쟁력, 특히 위험관리의 핵심능력으로 여겨지고 있다. 따라서 투자자에게도 윤리적인 기업이나 자산을 식별하는 능력이 중요해졌다. 도덕과 양심을 넘어 수익창출과 위험관리를 위해 윤리를 적극적으로 고려하는 투자를 책임투자라고 부른다. 최근에는 윤리경영을 독려하는 정부의 지원과 규제가 강화되면서, 책임투자가 기관투자자의 중요한 전략으로 부상하고 있다.

---

63. 임팩트투자란 사회에 긍정적인 영향을 미치는 기업을 지원하는 투자를 말한다. TBL투자란 세 가지 가치를 고수하는 투자를 말하는데, 여기서 세 가지 가치란 이익(Profit), 사람(People), 지구(Planet)를 의미한다.

윤리투자란 윤리를 고려하는 투자

책임투자란 수익창출과 위험관리를 위해 윤리를 적극적으로 고려하는 투자

두 가지 윤리의 상충과 조화

직업윤리, 특히 고객의 자금을 위탁받아 대신 투자하는 자에게 요구되는 직업윤리는 신인의무Fiduciary Duty로 요약된다. 신인의무란 타인을 위해 일하는 수탁자Fiduciary가 일을 맡긴 타인, 즉 위탁자에 대해 가지는 의무를 말한다. 신인의무는 영미권의 신탁법리에서 발전한 개념으로서, 수탁자가 위탁자를 위해 선량한 관리자로서 충분한 주의를 기울여야한다는 선관주의의무 또는 주의의무Duty of Care와 수탁자는 자신이 아닌 위탁자의 이익에 전념해야 한다는 충실의무Duty of Loyalty로 구성된다.

금융산업, 특히 투자산업은 신인의무가 타 산업에 비해 중요하기 때문에, 세계 각국은 법령으로 이를 의무화하고 있다. 미국의 경우 「종업원퇴직소득보장법ERISA: Employee Retirement Income Security Act of 1974」, 「투자자문사법Investment Advisors Act of 1940」 등이 대표적인데, 글로벌 금융위기 이후 「도드프랭크법Dodd-Frank Act 또는 Wall Street Reform and Consumer Protection Act of 2010」에 의해 더욱 강화되었다. 우리나라도 「자본시장과 금융투자업에 관한 법률자본시장법」, 「부동산투자회사법」 등에서 자산운용자에게 신인의무를 엄격하게 부여하고 있다.

최근에는 고객에 대한 책임과 투명성이 투자산업의 발전에 중요하다는 인식이 커짐에 따라, 금융기관 스스로 내부자를 규제하는 노력도 확산되고 있다. 협회 차원에서 윤리강령 Code of Ethics과 행위기준Standards of Professional Conduct을 제정하여 자율규제 하는 것이다. 여기에는 IOSCO가 1990년에 채택한 「7대 행동규범원칙」이 근간을 이루고 있다. 우리나라도 대부분의 금융 관련 협회들이 윤리강령과 행위기준을 운영하고 있다.

신인의무와 관련된 법령이나 자율규제를 보면, 금융기관 종사자뿐 아니라 금융기관 자체에 관한 내용도 많이 포함하고 있다. 사실, 개인의 직업윤리와 기업의 윤리경영은 엄격하

타인을 대리하여 또는 타인을 위하여 행위하는 자가
타인에 대해 가지는 의무

Fiduciary Duty   =   Duty of Care   +   Duty of Loyalty
신인의무   주의의무   충실의무

투자산업

윤리강령(Code of Ethics)과 행위기준(Standards of Professional Conduct)

그림 12-1. 신인의무와 투자산업

게 구분되지 않는다. 기업이 윤리경영을 잘하기 위해서는 임직원에 대한 관리부터 철저히 해야 하기 때문이다.

직업윤리 차원의 투자윤리가 신인의무로 요약된다면, 윤리경영 차원의 투자윤리는 CSR로 요약된다. 앞에서 언급했듯이, 투자산업의 CSR은 윤리투자와 관계가 깊다. 윤리투자는 사회에 부정적인 영향을 미치는 기업이나 자산을 투자대상에서 배제하는 소극적인 방법으로 시작되었다. 그러나 사회 전반적으로 CSR이 강조되면서, 윤리적인 기업과 자산을 적극적으로 발굴하는 방향으로 발전했다.

뒤에서 자세히 설명하겠지만, 윤리투자에서 고려하는 핵심적인 요소는 환경Environment · 사회Society · 지배구조Governance의 세 가지다. 이는 국제사회에서 중요하게 논의된 주제들을 종합하여 UNUnited Nations이 제시한 것이다. 세 가지 요소는 'ESG 이슈'라고 불리며 투자산업에서 중요하게 다루어지고 있다. 책임투자는 '장기적인 수익창출과 위험관리를 위해 ESG 이슈를 신중히 고려하는 투자'라고도 정의할 수 있다.

그런데 기관투자자가 책임투자를 하는 것이 고객에 대한 신인의무에 위배되지는 않을까?

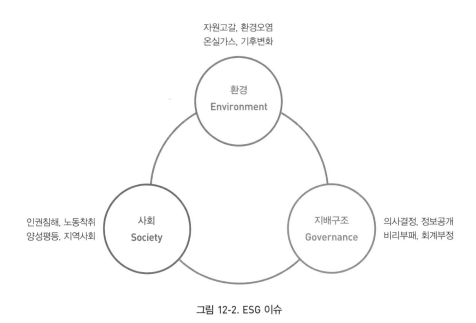

그림 12-2. ESG 이슈

환경과 사회와 지배구조를 고려하는 투자가 자금을 위탁한 고객의 이익에 반드시 부합한다고 할 수 있을까? 사실, 이에 대해서는 지금도 찬반 논쟁이 이어지고 있다. 두 가지 윤리 간에 상충이 존재한다는 말이다.

CSR을 옹호하는 사람들은 기관투자자를 '보이지 않는 오염자Unseen Polluter'라고 부르기도 한다. 고객의 이익만을 최우선으로 하는 기관투자자가 기업이나 자산의 ESG에 무관심하거나 경우에 따라서는 방해하는 일도 서슴지 않는 행태를 꼬집는 표현이다. 그러나 기관투자자의 이러한 행태는 이제 과거의 이야기가 되어가고 있다. 앞에서 언급했듯이, CSR이 기업이나 자산의 장기적인 수익창출과 위험관리에 중요한 요소로 부상하였기 때문이다.

논란은 여전히 존재하지만, 최근에는 두 가지 윤리의 조화, 즉 고객의 가치와 사회적 가치가 상충되지 않는다는 주장이 점차 설득력을 얻고 있다. 법률적 측면에서도 ESG를 고려하는 것이 고객에 대한 신인의무에 위배되지 않는다는 주장이 나오고 있고, 재무적 측면에서도 여러 학술연구가 책임투자의 성과가 우수하다는 것을 밝히고 있다.

12.2. 윤리투자의 발전

윤리투자의 역사

윤리투자의 기원은 종교단체의 경제활동에서 찾을 수 있다. 18세기 미국의 기독교 종파인 퀘이커Quakers 또는 The Religious Society of Friends가 노예거래에 관련된 사업을 거부한 것이나, 이슬람교도가 술·담배·무기·도박·돼지고기 등과 관련된 거래를 하지 않는 것Sharia-Compliant Investment이 대표적인 사례다. 이들은 투자에 따르는 이익을 포기하고 종교적 신념을 고수하였다.

20세기에 들어서는 종교단체뿐만 아니라 일반적인 기업활동에서도 사회적 책임이 강조되기 시작했다. CSR 개념이 싹튼 것이다. CSR은 1950~60년대에 대두된 시민권리·노동문제·양성평등 등 새로운 가치와 맞물려서 비윤리적인 기업을 배척하는 모습으로 확산되었다. 베트남전쟁에서 사용된 네이팜탄의 생산자인 다우케미칼에 대한 불매운동은 유명한 사건이다.

1970~80년대에는 윤리투자가 이론적으로 성숙하였다. 특히 1978년 제레미 리프킨Jeremy Rifkin이 저술한 『The North Will Rise Again: Pensions, Politics and Power in the 1980's』는 시장경제에 기반을 둔 자본주의의 한계를 지적하면서 연기금의 사회적 역할에 관한 새로운 통찰을 제공하였고, 이는 여러 정치인에게 영향을 미쳤다. 윤리투자는 남아프리카공화국의 인종차별정책Apartheid을 종식시키는 데도 역할을 했다. 다수의 기관투자자가 인종차별정책을 고수하는 남아프리카공화국으로부터 투자를 회수함으로써 경제

적 압력을 행사한 것이다.

1984년에는 퀘이커와 관련된 보험기관인 Friends Provident에 의해 최초의 윤리투자기구인 Friends Provident Stewardship Fund가 설립되기도 했다. 이 투자기구는 사회에 긍정적인 영향을 미치는 기업을 지원하고, 사회에 부정적인 영향을 미치는 기업을 배척하며, 기업들이 보다 윤리적이고 책임감 있게 행동하도록 독려하는 세 가지 투자목표를 내세웠다. 이는 네거티브선별을 넘어 적극적으로 윤리적 기업을 발굴하는 포지티브선별과 참여투자의 시작을 연 사건이다.

1990년에는 Domini 400 Social Index가 만들어졌다. 이는 윤리투자의 성과를 보여주는 벤치마크로서 기관투자가가 윤리투자를 해야 하는 실증적 근거를 제공하였다. Domini 400 Social Index를 만든 피터 킨더Peter Kinder, 스티브 리덴버그Steve Lydenberg, 에이미 도미니Amy Domini는 SRI Mutual Fund를 출시하기도 했다. 참고로 Domini 400 Social Index는 현재 MSCI KLD 400 Social Index가 되어 명맥을 이어오고 있다. 이 외에도 Dow Jones Sustainability Indexes가 1999년부터, FTSE 4 Good Index가 2001년부터 발표되고 있다. 책임투자가 활성화되면서 종합지수업체들이 관련 벤치마크를 발빠르게 개발한 것이다.

2000년대에 들어, 윤리투자의 관심사는 ESG 이슈로 집약되었다. 앞에서도 설명했듯이, 여기에는 이전부터 환경·사회·지배구조를 중요하게 다루어 온 UN의 참여가 크게 작용하였다. 각 이슈의 관한 과거의 논의를 하나씩 돌아보면 다음과 같다.

환경문제가 국제사회의 이슈로 부각된 것은 1972년 스톡홀름에서 개최된 유엔인간환경회의UNCHE: UN Conference for Human and Environment에서였다. 이는 최초의 국제 환경회의로서, 1973년 조직된 UNEPUN Environment Programme의 단초가 되었다. 1983년에는 UN 산하에 WCEDWorld Commission on Environment and Development가 조직되었다. WCED는 1987년 지속가능발전Sustainable Development을 위해 다자주의와 상호주의를 강조한 『Our Common

Future』, 일명 Brundtland Report를 발간하였다. 지속가능발전은 1992년 리우데자네이루에서 개최된 유엔환경개발회의UNCED: UN Conference for Environment and Development에서 핵심의제가 되었다. 리우정상회담Rio Summit 또는 Earth Summit이라고도 불리는 UNCED는 2015년 파리기후변화협약Paris Climate Change Accord 등 현재까지 진행되고 있는 환경관련 국제협약의 기초가 되고 있다.

환경문제가 세계대전과 냉전체제라는 격동이 어느 정도 가라앉은 1970년대에 와서 국제회의의 테이블 위로 올라온 것과 달리, 사회문제는 언제나 국제사회의 관심대상이었다. 전쟁과 분쟁, 기아와 빈곤 등 국제기구가 만들어진 원인 자체가 대부분 사회문제이기 때문이다. 우리에게 익숙한 UN 산하기구인 국제노동기구ILO: International Labour Organization, 유엔식량농업기구FAO: Food and Agriculture Organization, 유엔아동기금UNICEF: United Nations International Children's Emergency Fund 등은 UN의 시작부터 또는 그 이전부터 존

그림 12-3. SDGs: Sustainable Development Goals

재한 것들이다. 사회문제에 대한 국제사회의 대응은 1960년대에 들어 기부에서 지원으로 개념적인 발전을 한다. 단순히 식량이나 물품을 기부하기보다는 저개발국가가 자생적인 경제개발을 할 수 있도록 지원하자는 것이다. 1965년 창설된 유엔개발계획UNDP: United Nations Development Programme이 대표적인 사례다.

환경문제와 사회문제에 대한 국제사회의 활동은 2000년을 맞아 UN이 개최한 밀레니엄 정상회담Millennium Summit에서 체계적으로 통합되었다. 이 회의에서 2015년을 목표로 채택한 MDGsMillennium Development Goals가 그 결과물이다. 한편 UNCED 20주년을 맞아 2012년에 개최된 Rio+20에서는 「The Future We Want」라는 성명이 채택되었다. 이 성명은 곧 다가올 2015년을 대비하여 MDGs에 Rio+20의 협약내용을 반영한 의제가 필요함을 역설하였고, 그 결과 2015년 「Transforming Our World: the 2030 Agenda for Sustainable Development」라는 정식명칭을 가진 SDGsSustainable Development Goals가 발표되었다. SDGs는 17 Goals, 169 Targets, 304 Indicators로 구성되는데, 환경문제와 사회문제에 대한 지침을 폭넓게 다루고 있다.

한편 지배구조문제는 우루과이라운드Uruguay Round가 한창이던 1980년대 말에서 90년대 초에 크게 부상하였다. GATT 체제가 WTO 체제로 변화되는 데 큰 역할을 한 우루과이라운드는 무역 외에도 다양한 주제를 다루었다. 그중 환경문제를 다룬 그린라운드Green Round가 특히 유명한데, 이와 함께 지배구조문제와 연관된 윤리라운드Ethical Round와 부패라운드Corruption Round도 중요하게 다루어졌다. 1998년에는 OECD가 각국 정부의 공직자윤리를 다룬 윤리강령 및 행위규범을 제정하였다. 이러한 움직임은 민간기업의 지배구조 개선에서도 발견되었다. 1995년 설립된 기관투자자 비영리단체인 ICGNInternational Corporate Governance Network의 GGPGlobal Governance Principle, 1997년 Ceres와 Tellus Institute이 UNEP의 지원을 받아 설립한 GRIGlobal Reporting Initiative의 SRGSustainability Reporting Guideline 등이 그 사례다.

UN이 환경·사회·지배구조의 세 가지 이슈를 투자의 관점에서 통합하기 시작한 것은 1990년대에 들어서였다. UNCED가 열린 1992년, UNEP는 UNEP FIUNEP Finance Initiative 를 조직하였다. "Changing Finance, Financing Change"를 모토로 하는 UNEP FI는 은행·보험·투자 세 분야의 금융기관으로 구성되었으며, 기후변화·생태계관리·에너지효율·사회문제 등 ESG 이슈를 다루었다. 또한, 2000년에는 CSR과 관련된 UNGCUN Global Compact가 조직되었다. 1999년 다보스포럼에서 제안된 UNGC는 인권·노동·환경·반부패 등 4개 부문에 대해 10대 원칙을 제시하면서 많은 기업의 참여를 이끌어냈다.

UNEP FI와 UNGC는 2006년 책임투자원칙PRI: Principles for Responsible Investment을 발표하고 동명의 이니셔티브를 창설하였다. PRI는 금융기관의 자발적인 참여에 의한 것이라는 점과 세상에 긍정적인 변화를 창조하기 위해 고려해야 할 요소를 환경·사회·지배구조의 세 가지로 명확히 했다는 점에서 큰 의미를 가진다. PRI의 내용은 〈표 12-1〉과 같다.[64]

표 12-1. UN PRI

기관투자자로서, 우리는 수익자가 최선의 장기적 이익을 얻도록 행동할 의무를 가진다. 우리는 수탁자의 역할 속에서 환경·사회·지배구조, 즉 ESG 이슈가 투자포트폴리오의 성과에 영향을 미칠 수 있다고 믿는다. 우리는 책임투자원칙을 통해 투자자를 보다 폭넓은 사회목표와 조화시킬 수 있음을 알고 있다. 따라서 신인의무에 부합하는 선에서, 아래 사항을 서약한다.

1. 투자분석과 의사결정의 과정에 ESG 이슈를 반영한다.
2. 행동하는 소유자로서 소유권 관련 정책과 실행에 ESG 이슈를 반영한다.
3. 투자대상 기업이 ESG 이슈에 대해 적절한 공시를 하도록 노력한다.
4. 투자산업 내에서 책임투자원칙이 채택 및 시행되도록 노력한다.
5. 책임투자원칙의 시행효과를 증대시키기 위해 상호 협력한다.
6. 책임투자원칙의 시행을 위한 활동과 과정을 각자 보고한다.

---

64. UNPRI, *Principles for Responsible Investment 2019*, p.5.

그림 12-4. 윤리투자의 역사

지금까지 살펴본 윤리투자의 역사를 통해, 전통적 윤리투자에서 현대적 책임투자로 넘어오면서 개념적 전환이 있었다는 것을 알 수 있다. 전통적 윤리투자는 희생과 봉사의 차원에서 윤리를 다루었지만, 현대적 책임투자는 환경·사회·지배구조를 고려하는 것이 투자성과, 즉 장기적인 수익창출과 위험관리에 도움이 된다는 인식을 가지고 있다. 책임투자를 통해 경제적 효용을 추구하는 것이다.

한편 UNEP FI는 PRI를 발표한 2006년, 부동산투자를 보다 전문적으로 다루는 UNEP FI PWG_{UNEP FI Property Working Group}를 조직하였다. UNEP FI PWG는 2012년 부동산투자에 책임투자 원칙을 적용한 행위규범인 부동산 책임투자_{RPI: Responsible Property Investment}를 제시하였다. RPI는 부동산에 대한 투자자의 의사결정에 ESG 이슈를 통합하는 것으로 정의된다. UNEP FI PWG는 RPI를 도입해야 하는 이유를 ESG 이슈에 의한 투자 트렌드 변화, ESG 이슈에 대한 정부의 규제 강화, ESG 이슈에 대한 임차인의 관심 증가, 투자자와 이용자 간 소통과 협력 등으로 제시하였다.

윤리투자의 현황

ESG를 투자에 반영하는 방법에는 여러 가지가 있다. 소극적인 방법부터 적극적인 방법까지 네 단계로 나누면 다음과 같다.[65]

첫째, 배제투자Exclusion-based Investing 또는 네거티브선별Negative Screening은 ESG에 부적합한 자산을 투자대상에서 배제하는 전략을 말한다. 과거 종교단체가 비윤리적인 사업에 대한 투자를 거부한 것이 이에 해당한다.

둘째, 통합투자Integration-based Investing는 ESG 관련 위험과 기회를 의사결정에 적극적으로 반영하는 전략이다. 네거티브선별의 반대개념인 포지티브선별Positive Screening이 대표적인 사례다.

셋째, 임팩트투자Impact-based Investing는 투자행위가 특정 이슈에 긍정적인 영향을 미치도

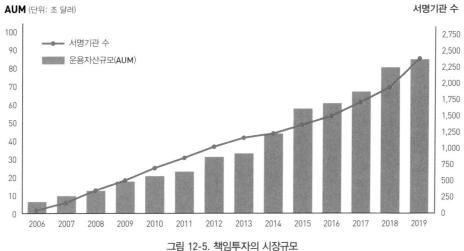

그림 12-5. 책임투자의 시장규모

---

65. Matthew W. Sherwood and Julia Pollard, *Responsible Investing: An Introduction to Environmental, Social, and Governance Investments*, Routledge, 2019, pp.57~129.

록 설계하는 전략을 말한다. ESG에 긍정적 영향을 미치는 기업이나 자산에 파급효과를 기대하고 투자하는 것이 이에 해당한다.

넷째, 참여투자Engagement-based Investing는 투자대상 기업이나 자산과 적극적으로 소통하고 협력하는 전략을 말한다. 기업의 경영이나 자산의 운영에 주주 또는 지분소유자로서 직접 관여하는 것이 전형적인 모습이다.

이러한 책임투자의 시장규모는 급격하게 성장하고 있다. UNPRI는 PRI를 발표한 2006년부터 최근까지 PRI에 서명한 회원 수와 그들이 운용하는 자금의 규모를 〈그림 12-5〉와 같이 제시하고 있다.[66] 그래프에 따르면, 2019년 4월 기준으로 PRI 회원 수는 2,300개 기관, 그들이 운용하는 자금의 규모는 85조 달러에 이른다. 이는 2006년에 비해 10배 이상 성장한 것이다.

〈그림 12-5〉는 부동산뿐 아니라 모든 책임투자의 규모를 보여주고 있다. 이 중 부동산 책임투자의 규모가 얼마인지는 정확히 파악하기 힘들다. 그러나 빠르게 성장하고 있는 것은 분명해 보인다. 전 세계 온실가스 배출량의 1/3, 에너지 소비량의 40%가 부동산에서 비롯하므로, 세계 각국의 부동산 책임투자에 대한 관심이 크게 증가했기 때문이다.

UNEP FI와 Bentall Kennedy, REALPACReal Property Association of Canada이 공동으로 2019년에 발간한 보고서인 「Global ESG Real Estate Investment Survey Results」에 따르면, 전 세계 기관투자자의 93%가 부동산투자의 의사결정에 ESG 이슈를 고려하고 있으며, 90%가 향후 더 심도 있게 반영할 계획인 것으로 나타났다. 책임투자를 추구하는 목적으로는 리스크관리와 투자자 요구를 가장 중요하게 꼽았다.

---

66. UNPRI, *op. cit.*, p.6.

12.3. ESG_부동산 책임투자

Environment_환경

환경을 중시하는 투자는 자원고갈·환경오염·온실가스·기후변화 등을 중요하게 다룬다. 그런데 재무적인 투자에 전문성을 가진 자산운용자 입장에서는 이러한 이슈를 하나씩 고려하는 것도 쉽지 않거니와, 종합적으로 고려하는 것은 불가능에 가깝다. 한 가지 다행인 것은 최근 들어 그린빌딩Green Building의 등급을 평가하는 서비스가 발달해서 투자에 도움을 준다는 사실이다.

그린빌딩이란 에너지효율이 높고 오염물질, 특히 탄소의 배출량이 적은 빌딩을 말한다. 최근에는 그린빌딩의 개념이 확장되어 건설과정이 주변 환경에 미치는 영향, 건물 외장이 도시환경에 미치는 영향, 실내환경이 사용자의 건강에 미치는 영향 등 다양한 측면을 폭넓게 포괄하고 있다. 이러한 요소들을 종합적으로 고려하여 그린빌딩의 등급을 매기는 인증서비스는 세계 각국에 상당수 존재한다. 서비스 제공자 중에는 비영리단체인 민간기관도 있고, 정부가 운영하는 공공기관도 있다. 역사가 길고 권위를 인정받는 인증서비스로는 미국 USGBCUS Green Building Council의 LEEDLeadership in Energy and Environmental Design와 영국 BREBuilding Research Establishment의 BREEAMBuilding Research Establishment Environmental Assessment Method이 있다.

참고로 USGBC는 LEED 프로그램을 실제로 운영하는 GBCIGreen Business Certification Inc.를 별도로 두고 있다. GBCI는 LEED 외에도 사용자의 웰빙Well-Being을 강조하는 WELL 등 다수의 인증서비스를 운영하고 있다. 특히 GBCI는 네덜란드에 근거지를 두고 GRESB라는 성과평가 및 벤치마크 서비스도 제공하고 있다. GRESB는 그린빌딩 인증서비스가 아니라 부동산·인프라 등 실물투자의 ESG 성과를 평가하고, 벤치마크를 제공하는 서비스다. 최근 증가하고 있는 대체투자 수요에 부응한 것이다.

그린빌딩이 투자의 효용을 높이는 경로는 크게 세 가지다. 첫째는 높은 에너지효율, 적은 쓰레기배출 등 기능적인 우수성을 통해 부동산의 운영비용을 절감하는 것이고, 둘째는 글로벌 기업을 중심으로 증가하고 있는 그린빌딩에 대한 임차수요에 대응함으로써 수익을 증대시키는 것이며, 셋째는 시간이 갈수록 강해지고 있는 정부의 환경 관련 규제에 효과적으로 대응함으로써 투자위험을 저하시키는 것이다.

특히 그린빌딩에 대한 임차수요는 녹색임대정책Green Lease Policy이라는 이름으로 확산되고 있다. 녹색임대정책이란 일정 수준 이상의 녹색성능을 가진 건물에만 임차하는 임차인의 자발적인 경영정책을 말한다. 글로벌 기업의 경우, 이미지를 제고하고 CSR을 실천하기 위해 이를 도입하는 사례가 늘고 있다.

Society_사회

자산운용자에게 사회를 중시하는 투자란 기관투자자·투자담당자와 같은 내부자에서부터 협력업체·임차인·방문객·지역사회·지방정부와 같은 외부자에 이르기까지 이해관계자Stakeholder를 배려하는 투자를 말한다. 이 중 기관투자자에 대한 배려는 의사결정이나 투명성과 관계되므로 뒤에서 알아볼 지배구조와도 연관이 깊다.

기관투자자의 투자대상이 되는 대형 부동산의 경우, 상당히 많은 근로자를 고용한다. 여기에는 기획·관리·영업 등 사무직 종사자뿐만 아니라, 청소·미화·경비 등 노동직 종사자까지 다양한 직무가 포함된다. 이렇듯 다양한 근로자를 세심하게 배려하는 것은 부동산의 투자성과에 영향을 미친다. 임차인의 만족도에 직결되기 때문이다. 선진 기관투자자의 경우, 자체적인 고용뿐 아니라 협력업체의 고용에 대해서도 고용안정·근로환경 등에 대한 규칙을 제정하여 운영하는 경우가 늘고 있다.

임차인과 방문객은 실제로 부동산에서 가장 많은 시간을 보내는 사용자다. CSR은 이들을 단지 수익의 원천이 되는 고객으로만 취급하지 않고, 부동산투자의 성과를 공유하는 동반자 또는 이해관계자로 여긴다. 반대로 임차인은 네거티브선별의 대상이 되기도 한다. 부동산투자에 있어서 사회에 부정적인 영향을 미치는 산업을 배제하는 일은 임차인을 선별하는 것과 관련이 있기 때문이다. 사회적으로 부정적인 업종의 기업을 임차인으로 유치하는 것이 단기적인 이익에는 도움이 될 수 있지만, 장기적으로는 부동산의 가치를 떨어뜨린다는 인식이 점차 커지고 있다. 언젠가는 부동산을 처분할텐데, 미래의 매수자도 네거티브선별을 적용할 가능성이 높기 때문이다.

부동산은 지역사회와의 연관성이 매우 크다. 부동산은 위치가 고정되어 있어서 주변에 미치는 영향을 제거하기 어렵기 때문이다. 부동산이 지역사회에 미치는 영향에는 고용창출·공간제공과 같은 긍정적인 것도 있고, 교통유발·상권경쟁과 같은 부정적인 것도 있다. 특히 부정적인 영향은 지역사회의 불만을 야기할 수 있는데, 이는 곧바로 민원해결을 위한 비용으로 이어진다. 많은 투자자가 지역주민에 대해 우선고용·요금할인·문화행사 등 각종 혜택을 제공하면서 좋은 관계를 유지하는 이유는 그것이 투자성과에 영향을 미치기 때문이다.

Governance_지배구조

지배구조를 중시하는 투자란 내부통제·의사결정·투명성 등을 고려하는 투자를 말한다. 자산운용자에게는 여기에 운용보수와 이해상충 문제가 추가된다. ESG 이슈 중 환경과 사회가 부동산의 선택 및 관리와 관계되는 데 반해, 지배구조는 주로 투자기구의 운영과 관계된다.

내부통제란 투자담당자가 투자와 관련된 각종 법규를 준수하도록 관리하는 컴플라이언스Compliance 활동을 말한다. 넓게는 윤리강령과 행위기준의 준수를 관리하는 것까지 포함한다. 효과적인 내부통제를 위해서는 관리체계를 치밀하게 구축하고 운영해야 한다.

의사결정의 합리성과 공정성은 지배구조와 관련해서 가장 중요한 이슈다. 따라서 자산운용자는 투자담당자가 단독으로 의사결정을 하도록 내버려 두지 않는다. 투자담당자의 업무수행을 리스크관리담당자, 컴플라이언스담당자가 검토하도록 할 뿐 아니라, 최종적인 의사결정은 투자위원회와 같은 독립된 기구가 수행하도록 한다. 이를 통해 의사결정의 객관성을 확보하는 것이다. 자산운용자는 이러한 체계를 구축하는 것에 만족하지 않고, 체계가 효과적으로 작동하도록 노력해야 한다.

투명성은 부동산투자와 관련해서 특히 부각되는 이슈다. 부동산은 장외에서 거래되고 거래정보가 공개되지 않기 때문에, 투명성이 결여되기 쉽다. 사모투자기구인 경우에는 문제가 발생할 가능성이 더욱 높아진다. 기관투자자와 감독당국에 대한 보고의무가 느슨하기 때문이다. 그러나 10장에서 설명한 바와 같이, 2000년대 후반 글로벌 금융위기 이후로는 부동산투자의 투명성이 많이 개선되고 있다. 미국과 유럽을 선두로 세계 각국이 사모투자기구의 공시 및 보고의무를 강화했기 때문이다. 여기에는 사모투자기구 보유자산에 대한 주기적인 가치평가의 의무화도 포함된다. 이는 보다 우수한 벤치마크의 작성으로 이어져 부동산시장 전체의 투명성을 개선하고 있다.

자산운용자는 투자기구를 운용함에 있어서 적절하게 운용보수를 책정하고, 이해상충을 방지해야 한다. 운용보수는 대리문제Agency Problem 차원에서 다루어지는데, 대부분의 기관투자자가 이 문제를 해결하기 위해 투자성과가 우수할 경우 많은 보수를 지급하는 성과보수 제도를 도입하고 있다. 이해상충은 동일한 자산운용자가 성격이 유사한 투자기구를 여러 개 운용할 때 발생하기 쉽다. 양질의 부동산을 포착하였을 때 어떤 투자기구로 취득할지를 자산운용자가 결정하기 때문이다. 이때 더 많은 보수를 지급하는 투자기구를 선택하거나, 성과가 저조한 투자기구를 선택하는 등 이해의 개입이 발생할 수 있다. 이에 대비하여 대부분의 기관투자자는 성격이 유사한 투자기구를 여러 개 운용하는 자산운용자를 기피하고 있다.

부동산투자와 관련해서 환경과 사회의 중요성은 크지만, 지배구조는 문제되지 않는다는 견해도 있다. 지배구조는 주로 기업에 관계되는 사안이라는 인식 때문이다. 그러나 이는 부동산투자의 구조를 깊게 고려하지 않은 판단이다. 기관투자자 대부분이 투자기구를 활용하고 있고, 투자기구는 기업에 비해 지배구조와 관련된 문제가 발생할 가능성이 더 크기 때문이다. 부동산투자에 있어서 지배구조의 중요성은 앞으로도 더욱 강조될 것이다.

Environment

싱가포르의 파크로얄 컬렉션 피커링(PARKROYAL COLLECTION Pickering) 호텔은 자국의 인증제도인 BCA Green Mark Certification Scheme에서 플래티넘(Platinum) 등급을 받은 그린빌딩이다. 이 호텔은 성능뿐 아니라 외관에서도 환경에 대한 배려를 적극적으로 보여 주고 있다.

Society

아마존(Amazon)은 최근 미국 시애틀 본사에 아마존스피어스(Amazon Spheres)를 오픈하면서,
시민에게 식물원과 휴식 공간을 개방하였다. 글로벌 기업들은 지역사회에 대한 배려에서도 치열한 경쟁을 하고 있다.

Governance

부동산투자의 지배구조와 관련해서 가장 해결하기 어려운 문제 중 하나는 투자성과의 투명성을 확보하는 일이다.
주기적인 가치평가, 표준화된 성과측정, 합리적인 벤치마크 등 여러 가지 노력에도
아직 만족할 만한 수준에는 못 미치고 있다.

전략 편

- 투자윤리의 개념은 두 가지 차원으로 정의할 수 있다. '직업윤리 차원의 투자윤리'란 투자서비스 종사자가 고객을 위해 지켜야 할 규범을 말하고, '윤리경영 차원의 투자윤리'란 투자기관이 사회적 책임을 위해 지켜야 할 규범을 말한다.

- '윤리투자'란 투자를 함에 있어서 윤리를 고려하는 태도를 말한다. 투자윤리의 두 가지 차원 중에서는 후자, 즉 기업의 사회적 책임과 깊게 연관된다.

- 도덕과 양심의 문제를 넘어 장기적인 수익창출과 위험관리를 위해 윤리를 적극적으로 고려하는 전략을 '책임투자'라고 부른다.

- 책임투자는 세 가지 요소를 중요하게 고려한다. 환경, 사회, 지배구조가 그것이다. 이를 'ESG 이슈'라고 부른다.

- '환경을 중시하는 투자'는 에너지효율, 자원보전, 환경오염, 기후변화 등 환경과 관련된 이슈를 중요하게 다룬다. 이를 실천하는 데는 그린빌딩에 대한 인증서비스가 효과적으로 활용된다.

- '사회를 중시하는 투자'란 기관투자자·투자담당자와 같은 내부자에서부터 협력업체·임차인·방문객·지역사회·지방정부와 같은 외부자에 이르기까지 이해관계자를 배려하는 투자를 말한다.

- '지배구조를 중시하는 투자'란 내부통제, 의사결정, 투명성 등을 고려하는 투자를 말한다. 투자를 실행하는 자산운용자에게는 운용보수와 이해상충 문제가 추가된다.

- ESG 이슈 중 환경과 사회가 부동산과 직접 관계되는 데 비해, 지배구조는 주로 투자기구의 운영과 관계된다.

찾아보기 영문

A

B